U0783064

中国
数字版权保护
与发展报告

2022

中国人民大学国家版权贸易基地 ｜ 编

主编：白连永　执行主编：李方丽

知识产权出版社

全国百佳图书出版单位

—北 京—

图书在版编目（CIP）数据

中国数字版权保护与发展报告. 2022 / 中国人民大学国家版权贸易基地编；白连永主编. — 北京：知识产权出版社，2022.12

ISBN 978-7-5130-8481-9

Ⅰ. ①中… Ⅱ. ①中… ②白… Ⅲ. ①电子出版物—版权—保护—研究报告—中国—2022 Ⅳ. ①D923.414

中国版本图书馆 CIP 数据核字（2022）第 221808 号

责任编辑：李陵书 武 晋　　　　　　责任校对：谷 洋
封面设计：研美文化　　　　　　　　责任印制：刘译文

中国数字版权保护与发展报告 2022

中国人民大学国家版权贸易基地　编
白连永　主编

出版发行：知识产权出版社 有限责任公司	网　　址：http：//www.ipph.cn
社　　址：北京市海淀区气象路 50 号院	邮　　编：100081
责编电话：010-82000860 转 8772	责编邮箱：windy436@126.com
发行电话：010-82000860 转 8101/8102	发行传真：010-82000893/82005070/82000270
印　　刷：三河市国英印务有限公司	经　　销：新华书店、各大网上书店及相关专业书店
开　　本：720mm×1000mm　1/16	印　　张：18.25
版　　次：2022 年 12 月第 1 版	印　　次：2022 年 12 月第 1 次印刷
字　　数：280 千字	定　　价：78.00 元

ISBN 978-7-5130-8481-9

本书编委会

- -

冷文波　北京市委宣传部版权管理处处长

张勇凡　中国人民大学法学院助理教授

张晓霞　人民教育出版社版权与对外交流合作部主任

姜　南　同济大学上海国际知识产权学院副院长

郭　禾　中国人民大学知识产权学院副院长

黄　隽　中国人民大学应用经济学院副院长

梅术文　南京理工大学知识产权学院教授

黎　妍　广东省佛山市委宣传部常务副部长

主编：

白连永　中国人民大学国家版权贸易基地主任

执行主编：

李方丽　中国人民大学国家版权贸易基地副主任

前　言

《中国数字版权保护与发展报告2022》是中国第一个关于数字版权保护与发展的研究报告，由中国人民大学国家版权贸易基地组织编写，全面、系统地反映了2021年度我国数字版权保护与发展基本情况。

2021年是我国《著作权法》实施三十周年，是"十四五"规划开局之年，也是新《著作权法》实施之年，我国版权事业发展迈入新征程。互联网、大数据、云计算、人工智能、区块链等技术加速创新，带来了数字版权领域的深刻变革。一方面，在数字技术的推动下，新业态、新模式不断涌现，以数字阅读、数字音乐、网络视频、网络新闻、网络动漫、网络游戏等为代表的数字版权产业蓬勃发展，NFT、数字人、元宇宙等新兴业态蓄势待发，数字版权产业日益成为版权产业的中坚力量与数字经济的重要增长点；另一方面，数字技术的进步催生了新的版权侵权现象，侵权成本持续降低，维权难度不断加大，这将严重损害著作权人的正当权益，影响优质内容的创作与供给，不利于数字版权产业的健康发展。在实践探索中，以重庆市永川区为代表的地方政府，更新发展理念，创新发展思路，以加强数字版权保护、促进数字版权交易为抓手，积极探索新时代数字版权产业的增长新路径，为数字版权保护与发展的地方实践作出重要示范。

本书分为总报告、行业篇、城市篇、专题篇四个部分，对2021年度我国数字版权保护与发展状况进行了全面回顾与系统分析，对当前数字版权领域的热点与焦点问题进行了专题研究。

总报告全面回顾了2021年我国数字版权相关的政策与法制进展，重点阐述了数字版权产业的市场规模、商业模式及重点行业的发展现状与发展趋势，深入分析了数字版权的司法保护、行政保护与社会协同治理情况，在此基础上剖析了我国数字版权保护与发展中存在的主要问题，并从挖掘数字版权价值、构建数字版权授权交易新体系、创新数字版权侵权治理机制等方面提出了解决思路。

行业篇选取数字阅读、数字音乐、网络视频、网络新闻、网络动漫、网络游戏六大代表性行业，开展专项研究，分析各细分行业2021年度整体发展情况及版权保护状况，梳理其在版权保护与发展中面临的主要瓶颈，并提出对策建议。

城市篇选取北京、重庆、长沙、佛山四个数字版权保护与发展特色城市，梳理其数字版权保护与发展的社会环境、产业发展状况、2021年度版权保护工作，总结地方数字版权保护与发展经验，分析问题并提出对策建议，探索中国数字版权保护与发展的可推广模式。

专题篇选取2021年数字版权保护与发展的热点和焦点问题，包括数字版权交易机制、NFT在版权保护与交易中的应用、虚拟偶像"表演"《著作权法》规制的困境及其破解等热点问题进行学理研究，为理论发展与产业实践提供学术支持。

尽心竭诚，力有不及，不足之处，恳请批评指正！

本书编委会

目录 / Contents

Ⅰ 总报告

Ⅱ 行业篇

III 城市篇

IV 专题篇

I

总 报 告

新时代新机遇：
2021年中国数字版权保护与发展年度观察

李方丽　孙晔*

技术创新是经济发展的源动力。网络技术的飞速发展推动数字版权产业蓬勃发展，也重塑了传统的版权产业结构。一方面，技术进步扩展了作品的使用方式，丰富了作品的使用场景，创新了作品的版权运营模式，催生了诸如数字阅读、数字音乐、短视频、网络直播等新兴业态，为数字版权产业发展带来了众多新机遇。另一方面，新类型作品的出现、版权新业态的发展也带来了新的版权问题，亟须法律制度与司法实践予以回应。同时，技术进步导致网络环境中的版权侵权行为多样化、隐蔽化、即时化，数字版权侵权治理难度进一步加大。

2021年是我国"十四五"规划开局之年，是新《著作权法》正式实施之年，也是我国数字版权产业稳步发展之年。梳理我国数字版权保护与发展的政策与法制环境，阐述数字版权产业中数字阅读、网络动漫、数字音乐、网络视频、网络游戏、网络新媒体等数字版权行业的发展状况，把握数字版权司法保护、行政保护、社会协同治理的最新进展与动向，分析数字版权保护与发展存在的问题并提出解决的对策与建议，有助于全面系统地展示我国数字版权保护与发展的总体状况，为推动数字版权的保护与发展提供参考。

★ 李方丽，中国人民大学国家版权贸易基地；孙晔，首都经济贸易大学。

一、2021年中国数字版权保护与发展的社会环境

（一）政策环境持续利好，数字版权保护水平稳步提升

"十三五"期间，在全面深化改革的大背景下，以习近平同志为核心的党中央明确将知识产权作为国民经济健康发展的核心与关键要素，着力加强知识产权保护力度，并出台一系列政策推动我国知识产权创造、保护、运用、管理能力的全方位提升。2020年11月30日，中共中央政治局举行第二十五次集体学习，主题内容即为加强知识产权保护工作。会上，习近平总书记强调，全面建设社会主义现代化国家，必须从国家战略高度和进入新发展阶段要求出发，全面加强知识产权保护工作。目前，我国知识产权法规制度体系和保护体系不断健全、保护力度不断加强，全社会尊重和保护知识产权的意识明显提升，但存在新业态、新领域知识产权法治化进程较慢，知识产权违法行为泛滥、治理难度大等问题，需在新时期继续全面加强知识产权保护工作。

在党中央的高度重视与支持下，我国将知识产权法治体系的完善作为全面加强知识产权保护工作的重中之重。2021年，我国积极出台加强知识产权保护的相关政策，推动形成快保护、强保护、严保护的知识产权保护格局。3月发布的《中华人民共和国国民经济和社会发展第十四个五年规划和2035年远景目标纲要》中，多次出现"知识产权"相关表述[1]，并在第七章第二节专门

---

1 《中华人民共和国国民经济和社会发展第十四个五年规划和2035年远景目标纲要》第五章第三节"完善企业创新服务体系"中提出"鼓励金融机构发展知识产权质押融资"；第七章第二节"健全知识产权保护运用体制"专节明确"实施知识产权强国战略，实行严格的知识产权保护制度，完善知识产权相关法律法规，加快新领域新业态知识产权立法。加强知识产权司法保护和行政执法，健全仲裁、调解、公证和维权援助体系，健全知识产权侵权惩罚性赔偿制度，加大损害赔偿力度。优化专利资助奖励政策和考核评价机制，更好保护和激励高价值专利，培育专利密集型产业。改革国有知识产权归属和权益分配机制，扩大科研机构和高等院校知识产权处置自主权。完善无形资产评估制度，形成激励与监管相协调的管理机制。构建知识产权保护运用公共服务平台"；第二十一章第一节"加快建立现代财政制度"提出"适当加强中央在知识产权保护、养老保险、跨区域生态环境保护等方面事权"；第六十一章第一节"支持港澳巩固提升竞争优势"提出支持香港建设区域知识产权贸易中心。

规定健全知识产权保护与运用体制，明确提出实施知识产权强国战略，实行严格的知识产权保护制度，完善知识产权相关法律法规，加强知识产权司法保护和行政执法。9月，中共中央、国务院印发《知识产权强国建设纲要（2021—2035年）》，为我国加快知识产权强国建设作出全面部署。《知识产权强国建设纲要（2021—2035年）》提出，到2025年我国知识产权强国建设取得明显成效，版权产业增加值占GDP比重达到7.5%；到2035年，我国知识产权综合竞争力跻身世界前列，基本建成具有中国特色、世界水平的知识产权强国。10月，国务院印发《"十四五"国家知识产权保护和运用规划》，提出要完善知识产权法律政策体系，加强知识产权司法保护、行政保护、协同保护和源头保护，通过全面加强知识产权保护激发全社会创新活力。其中针对"十四五"时期版权工作的相关事宜，也作出了具体部署，包括完善体育赛事节目、综艺节目、网络直播等领域著作权保护制度以及红色经典等优秀舞台艺术作品的版权保护措施，实施版权创新发展工程的具体要求，打造版权产业集群，强化版权发展技术支撑等。12月，国家版权局发布《版权工作"十四五"规划》，明确到2025年版权强国建设取得明显成效的发展目标，实现版权法律制度体系更加完善、版权执法监管不断加强、版权社会服务能力明显提高、国际版权体系话语权不断提升，并提出到2025年，版权产业增加值占国内生产总值的比重提高到7.5%左右，核心版权产业增加值占国内生产总值的比重提高到4.75%左右。这些政策文件的出台，为我国"十四五"时期全面加强知识产权保护打下了坚实基础，在顶层设计层面为提高我国知识产权保护水平提供了强有力的政策保障。

中共中央办公厅、国务院办公厅于2019年11月印发实施《关于强化知识产权保护的意见》，提出健全行政执法部门与公安部门对涉嫌犯罪的知识产权案件查办工作衔接机制。在国家加大知识产权刑事保护力度、严厉打击知识产权刑事犯罪的大趋势下，2021年5月，国家知识产权局与公安部印发《关于加强协作配合强化知识产权保护的意见》，提出两部委建立知识产权保护协调会商机制，联合组建知识产权保护工作专家组，协同合作，共同推动知识产权保护工作深入开展。此外，最高人民法院也对新时代知识产权保护工作提供了大力支持。2021年10月，最高人民法院出台了《关于加强新时代知识产权审判工作为知识产权强国建设提供有力司法服务和保障的意见》，其中明确提出要加强对著作权及相关权利的保护，要依法适用惩罚性赔偿，加大知识产权侵权损害赔偿力度和侵权行为惩治力度。这些意见的出台，为推动2021年包括数字版权在内的知识产权高质量发展，提供了政策保障。

（二）法制环境更加完善，数字版权保护能力持续增强

1.《民法典》

2021年1月1日，《中华人民共和国民法典》（以下简称《民法典》）正式生效实施。《民法典》在原有《民法总则》《合同法》等法律法规基础上，提升了知识产权保护力度，在法律体系层面进一步完善了知识产权保护机制。同时，《民法典》也为知识产权诸法提供了理论指南和法律依托，使知识产权始终受到《民法典》的规定、护佑，以及制约。[1]

从内容上看，针对著作权，《民法典》主要有四个亮点：第一，《民法典》明确规定作品属于知识产权的客体，[2]著作权是作者的专有权利，具有排他性，强调了作者具有阻止他人实施某种行为的权利，在所有权层面为著作权定下了基调；第二，《民法典》规定了著作权可以成为质押的权利客体，质权自办理出质登记时设立，[3]这一规定有利于推动优质作品的质押融资，更好地实现作品价值；第三，《民法典》引入惩罚性赔偿制度，权利人可以针对故意侵犯知识产权的行为要求惩罚性赔偿，相较于"填平原则"而言，这种惩罚性赔偿机制更能够弥补被侵权人的损失，从而有效威慑侵权行为人，减少侵权行为；第四，《民法典》完善了网络侵权责任规定，包括网络侵权制度的一般规定、通知规则、反通知规则及知道规则。在原《侵权责任法》与《信息网络传

1　刘春田：《民法典》与著作权法的修改，《知识产权》2020年第8期。
2　《民法典》第123条。
3　《民法典》第440条和第444条。

播权保护条例》基础上，增加了权利人错误通知的成本，同时明确了网络服务提供者转通知与反通知的义务、实施必要措施、合理期限等。这些规定，体现了《民法典》处理网络侵权行为时的审慎包容态度，也为权利人在遇到网络侵权行为时提供了更加完善的法律依据。

2.《刑法修正案（十一）》

2021年3月1日，《刑法修正案（十一）》施行。近年来，加强知识产权刑事保护是我国全面加强知识产权保护的重要举措之一，《刑法修正案（十一）》顺应时代大潮，加大了刑事手段打击知识产权犯罪的力度。在内容上，《刑法修正案（十一）》修改了关于著作权犯罪行为的条款，特别是对网络环境中的著作权犯罪行为进行了有效完善，从而为我国有效打击网络版权犯罪行为提供了法律依据。具体而言，《刑法修正案（十一）》明确未经著作权人许可，通过信息网络向公众传播其作品的行为构成犯罪，厘清了发行权与信息网络传播权的区别，修正了2011年《最高人民法院、最高人民检察院、公安部关于办理侵犯知识产权刑事案件适用法律若干问题的意见》中被扩大的"发行"内涵，推动刑法与著作权法相关概念在内涵与外延上的统一；《刑法修正案（十一）》将表演者权纳入刑法保护范畴，规定"复制发行录有其表演的录音录像制品，或者通过信息网络向公众传播其表演"的行为可以构成侵犯著作权罪，对通过短视频、网络直播、网络点播等方式侵害表演者权利的行为进行打击，有效提升了对表演者正当权益的保护；此外，《刑法修正案（十一）》还将故意规避或破坏技术措施的行为新增为侵犯著作权罪的罪状，能够通过刑事手段更好地打击盗版小网站、聚合链接平台等侵犯著作权的行为。

3.《著作权法》

2021年6月1日，新《著作权法》施行。十年磨一剑，新《著作权法》顺应时代发展，对技术发展所产生的产业需求作出了回应，并针对长期困扰权利人取证难、维权难、周期长、赔偿低的问题进行了一系列的制度安排。

作为保护著作权的专门法，新《著作权法》以下几方面的内容将对数字版权的保护与发展产生深远影响。

第一，明确作品定义，将新类型作品纳入著作权保护范畴。随着网络技术飞速发展，字体字库、短视频、游戏直播画面、体育赛事转播画面等新类型作品涌现，对著作权法体系提出了新要求。新《著作权法》明确将作品定义为"文学、艺术和科学领域内具有独创性并能以一定形式表现的智力成果"，在作品类型中加入视听作品，并将兜底条款修改为"符合作品特征的其他智力成果"，既为已出现的新类型作品受著作权法保护提供了法律依据，也为未来能够受到著作权法保护的作品类型提供了判断标准，体现出立法的科学性与前瞻性。

第二，修改广播权定义，将网络直播行为纳入广播权范围。近年来，网络直播发展迅速，并自2020年来呈现井喷之势。实际上，主播直播表演才艺、游戏等行为，及直播间播放的背景音乐等，未经作者许可，都属于侵权行为。在《著作权法》未修改前，只能将此种行为解释为侵犯了作者的其他权利。新《著作权法》扩大了广播权的定义，为规制网络直播中的作品侵权行为提供了更直接有力的请求权基础，也将对直播平台规范自身经营行为产生有利影响。而新《著作权法》中对广播权范围的合理扩大，也为盗播重大体育赛事的行为提供了更加明确的法律规制依据。

第三，明确著作权集体管理组织是非营利法人，规范管理，信息公开，推动集体管理组织在作品授权许可方面发挥更大作用。随着数字版权市场的飞速发展，在网络环境中的作品授权许可客观需求越来越大，权利人与使用者都强烈希望通过著作权集体管理制度便捷地解决作品授权问题。由于著作权集体管理组织定位不明确、授权许可缺乏市场激励机制等因素，著作权集体管理组织在对接权利人与使用者、推动作品授权许可方面发挥的作用不尽如人意。新《著作权法》明确著作权集体管理组织的定位为非营利法人，并引入协商定价机制，提升权利人授权给著作权集体管理组织的积极性，推动著作权集体管理组织具有广泛代表性，从而为版权授权许可，特别是网络环境中的版权授权许可效益提升作出更大贡献。

第四，完善技术措施、权利管理信息相关条款的规定，加大对网络环境中作者权利的保护力度。网络技术在近10年间产生了质的飞跃，网络空间成为作品最主要也是最重要的传播场所，对作品技术措施或权利管理信息的破坏行为严重损害了作者的正当权利，产业发展强烈呼吁《著作权法》应对此种行为予以严厉打击。为回应产业需求，新《著作权法》完善了对技术措施与权利管理信息的规定，为网络版权保护提供了更加完备的制度体系。同时，为严厉打击故意破坏技术措施的侵权行为，《刑法修正案（十一）》也将故意破坏技术措施的行为列为犯罪行为，以更好地维护作者在网络环境中的正当权益。

第五，增加惩罚性赔偿制度，法定赔偿上限提高至500万元，明确法定赔偿数额下限为500元，解决长期以来著作权侵权纠纷案件赔偿较低的问题，鼓励作者维权，威慑侵权行为人。惩罚性赔偿机制的引入与法定赔偿数额规定的变动，提高了侵权成本，加大了对侵权行为的震慑力度，有利于遏制侵权行为。

4.《马拉喀什条约》

《关于为盲人、视力障碍者或其他印刷品阅读障碍者获得已出版作品提供便利的马拉喀什条约》（以下简称《马拉喀什条约》）于2013年6月27日在摩洛哥马拉喀什通过，是世界上迄今为止唯一一部版权领域的人权条约。《马拉喀什条约》要求各缔约方满足条约规定的限制与例外，从而有效保障阅读障碍者欣赏作品和接受教育的权利。

我国作为《马拉喀什条约》的首批签署方，推动《马拉喀什条约》在我国生效实施，对阅读障碍者而言意义重大。由于国际条约需以国内法的形式在我国生效，为达到《马拉喀什条约》的缔约方标准，我国对《著作权法》进行了修订，将合理使用情形由原来的"将已经发表的作品改成盲文出版"扩展到"以阅读障碍者能够感知的无障碍方式向其提供已经发表的作品"，体现了《马拉喀什条约》的核心内容。在新《著作权法》施行后，2021年10月23日，十三届全国人大常委会第三十一次会议表决通过了《全国人民代表大会常务委员会关于批准〈关于为盲人、视力障碍者或其他印刷品阅读障碍者获得已出版作品提供便利的马拉喀什条约〉的决定》，意味着我国正式批准《马拉喀什条约》。2022年2月5日，中国向世界知识产权组织交存了《马拉喀什条约》批准书，按照相关程序规定，《马拉喀什条约》于5月5日在我国正式生效。

根据《马拉喀什条约》的规定，为盲人、更广义的视力障碍者和其他印刷品阅读障碍者制作、传播无障碍格式版本的书籍、电影等，均不构成对作者权利的侵害，也不会因单纯破坏技术措施的行为陷入侵权泥淖。同时，在网络环境成为视障人士重要学习渠道的背景下，该条约同样为被授权方制作并通过网络传播无障碍格式作品提供了免责事由。此外，该条约也为跨境交换、进口无障碍格式版本作品的行为提供了豁免，为阅读障碍者阅读其他国家的优秀作品提供了保障。

二、2021年中国数字版权产业发展状况

（一）　2021年数字版权产业市场概况

近十年来，随着互联网用户规模的飞速增长、我国互联网普及率的快速提升，手机作为我国互联网用户最主要也是最重要的上网工具，其用户规模亦不断上升。2021年我国互联网用户规模达到10.32亿人，互联网普及率达到73%。其中，手机上网用户规模为10.29亿人，手机上网用户比例达到99.7%（见图1）。用户代表着需求与市场，庞大的互联网用户群体为我国数字版权产业的蓬勃发展奠定了坚实基础。

2021年，在包括数字版权在内的知识产权政策法规的加持下，我国数字版权产业不断优化升级、实现了平稳增长。

首先，数字版权产业市场规模不断增长。按照世界知识产权组织的分类标准，版权产业被分为核心版权产业、相互依存的版权产业、部分版权产业和非专用支持版权产业。笔者认为，数字版权产业是指基于版权作品的创造、运用、传播而进行的生产经营活动的集合，与实体产品、运输等关联性小，其与

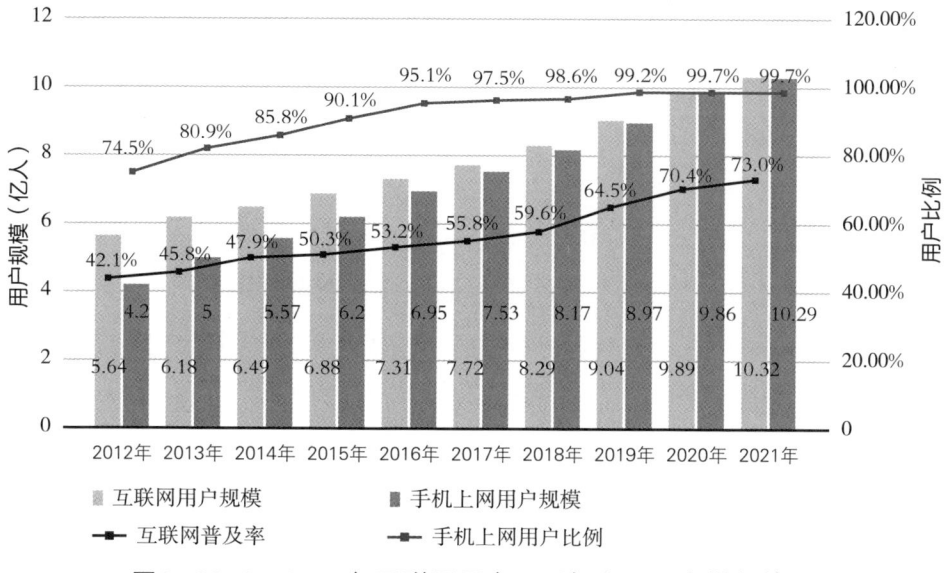

图1　2012—2021年互联网用户及手机上网用户增长情况

数字文化产业具有较高的重合度。由于我国没有数字版权产业的统计口径，因此本报告通过数字文化产业的统计数据来推测数字版权产业的发展状况。据统计，2021年我国总体数字文化产业规模达到7841.6亿元，同比增长14.7%。[1] 在产业构成方面，数字阅读、网络动漫、数字音乐、网络视频、网络新闻、网络游戏等均为数字版权产业的重要板块。

其次，技术重塑数字版权产业生态。在人工智能、虚拟现实、云计算、区块链以及数字孪生技术的驱动下，网络游戏企业入局"元宇宙"，促进产业形态的优化升级。例如，昆仑万维2021年重点关注Opera GX移动端、GXC云游戏社区的研发，并将Opera GX作为元宇宙入口；三七互娱在优质内容的基础上，重点投资半导体、光学等元宇宙底层技术，布局元宇宙上下游、探索元宇宙应用新场景。在技术驱动下，元宇宙的应用场景可扩展到音乐、演出、艺术品、影视等多个领域，进而重塑数字版权的产业生态。

- -

1 数字文化产业规模达7841.6亿元 网络文学版权保护进入生态共治阶段，网址：http://news.cctv.com/2022/05/27/ARTI3dtKvqil8eoUVFBldoTs220527.shtml，最后访问日期：2022年6月30日。

最后，多元商业模式带动数字版权企业发展。"盈利"一直是数字版权产业的核心问题。由于内容成本、技术成本的持续上升，数字版权企业不断探索多元化的商业模式。2021年，广告依然是数字版权产业重要的收入来源。从整体看，2021年互联网广告市场规模达6550.1亿元，同比增长20.4%。[1] 其中，具有交易转化、交互性的媒介广告收入持续上升，短视频广告市场份额占比超过16.6%。[2] 此外，数字版权企业通过提升内容质量吸引更多用户付费，获取收入。截至2021年底，互联网视频年度付费用户7.1亿个，互联网音频年度付费用户1.5亿个。[3] 在广告和用户付费的基础上，数字版权企业也积极探索新渠道。例如，2021年，网络文学在联动影视、游戏的基础上，形成了"文学+微短剧""文学+音频"等盈利模式；短视频平台更加深耕电商带货，联动创作者、品牌方和消费者。

（二）数字版权产业六大板块发展趋势

1.数字阅读：联动视听，创新IP变现模式

2021年，中国数字阅读行业持续增长，总体市场规模达415.7亿元，增长率达18.23%。[4] 用户规模仍呈现上升趋势，达5.06亿人，同比增长2.43%。作为数字阅读的主要部分，网络文学产业规模达358亿元，同比增长24.1%。[5] 网络文学用户规模规达5.02亿人，同比增长6.9%。[6] 其中，免费是拉动用户增长的重要因素。

在运营方面，用户付费、广告依然是数字阅读重要的收入来源。不同于网络视频、数字音乐会员模式，单部书籍付费是数字阅读重要的付费模式。在IP联动方面，2021年，阅文、晋江文学等数字阅读平台联动长短视频、游戏、

1　数据来源于QuestMobile《2021年中国互联网广告市场洞察》。
2　数据来源于QuestMobile《2021年中国互联网广告市场洞察》。
3　参见国家广播电视总局《2021年全国广播电视行业统计公报》。
4　数据来源于中国音像与数字出版协会《2021年度中国数字阅读报告》。
5　数据来源于中国音像与数字出版协会《2021年度中国数字阅读报告》。
6　数据来源于中国互联网络信息中心第49次《中国互联网络发展状况统计报告》。

音频等视听产品，创新IP变现模式。以网络文学为例，其IP运营影响游戏、影视、动漫、音频等超过3037亿元市场，影响范围同比增长2%。2021年，短视频与数字阅读重合用户规模超过2.9亿人，[1]加之网络文学作品成为微短剧的重要内容供给，数字阅读IP运营重视联动抖音、快手等短视频平台。例如，米读小说与快手进行IP合作，出品了《河神的新娘》《闪婚萌妻》等22部微短剧，累计播放量超16亿次，带动全网粉丝量超1100万个。[2]在联动音频方面，数字阅读平台在2021年也加强了与音频平台的合作。例如，阅文集团与喜马拉雅达成合作战略，将网络文学有声剧化。其中，《赘婿》有声剧的播放量达到10.2亿次。[3]此外，2021年，网络文学IP改编动漫剧72部，并获得了较高观看量，如《斗破苍穹》系列动画总播放量超过百亿次。[4]

2.网络动漫：竞争格局分散，头部企业布局全产业链

网络动漫产业链包括动漫内容制作、网络播出平台、周边开发等多个环节。实践中，互联网渠道的拓展促进了网络动漫用户数量、产业规模的增长。2021年，网络动漫用户规模达到3.27亿人，同比增长10.1%，网民使用率达31.7%，[5]网络动漫市场规模也呈上升趋势。其中，2021年，网络漫画市场规模为45.6亿元，同比增长36.2%。[6]在动画市场方面，原创动画数量由2020年的24部增长至42部。整体看，网络动漫市场竞争格局较为分散，头部企业布局全产业链，以进一步提升动漫版权价值。

在市场格局方面，奥飞娱乐、鼎龙文化、约克动漫等传统动漫企业，腾

1　参见QuestMobile《2021中国移动互联网年度大报告》。

2　趣头条以内容进阶，抢占万亿短视频赛道，网址：http://cn.chinadaily.com.cn/a/202102/01/WS6017ccfea3101e7ce973dd1b.html，最后访问日期：2022年6月30日。

3　陈晨：行业观察丨IP化运作助力在线音频市场 "耳朵经济"已进入应用成熟期，网址：https://baijiahao.baidu.com/s?id=1711746586259391285&wfr=spider&for=pc，最后访问日期：2022年6月30日。

4　参见中国社会科学院《2021中国网络文学发展研究报告》。

5　参见国家版权局网络版权产业研究基地《中国网络版权产业发展报告（2021）》。

6　参见国家版权局网络版权产业研究基地《中国网络版权产业发展报告（2021）》。

讯、阿里等互联网企业，以及爱奇艺、哔哩哔哩（B站）、芒果tv等网络视频平台，均为网络动漫领域的重要参与者。从竞争角度看，单个企业不具备市场势力，整体市场竞争格局分散。2021年，动漫制作方、播出平台等持续融资，以提升市场竞争力。截至2021年12月22日，动漫领域共计40起投资事件，同比下降27.27%。虽然投资总数量略有放缓，但是2021年亿元级融资数量8起，同比增长50%。[1] 从投资参与方看，互联网企业成为主要投资方，其中，腾讯投资占比42.5%；从融资参与方看，动画制作公司积极融资，以期获得新的发展机遇。例如，哔哩哔哩以6.12亿元全资收购动画公司绘梦动画。从投融资的角度看，网络动漫领域投融资较为活跃。网络动漫相关企业通过资本运作，联动产业链的上、中、下游，增强竞争力，在分散的竞争市场格局中获得优势。

2021年，网络动漫领域头部企业持续布局全产业链，挖掘版权价值。网络动漫企业围绕动画、漫画等核心内容版权，深度布局数字版权全产业链。以奥飞娱乐为例，2021年奥飞娱乐依然以"超级飞侠""喜羊羊与灰太狼""萌鸡小队""贝肯熊"等重要资源进行布局。在动画方面，2021年，奥飞娱乐制作的《超级飞侠10》《超级飞侠11》动画多次进入收视榜单时段前列；推出的"喜羊羊与灰太狼"系列之动画《羊村守护者4之决战次时代》在芒果tv播放量突破3.9亿次。在此基础上，奥飞娱乐基于动画IP推出口袋小世界、积木桌等多种衍生品玩具，同时还发售"星际熊""阴阳师"等盲盒产品。除了传统类别衍生品，奥飞娱乐不断探索新兴方式，与鲸探、丸卡等数字藏品发行平台合作推出喜洋洋星际系列3D数字手办等数字藏品。[2] 此外，随着腾讯、哔哩哔哩等不断布局动漫制作方，互联网媒介驱动网络动漫领域打破上、中、下游壁垒，实现制作方、播出平台、衍生品生产方的融合发展，进而提升版权价值。

---

1 晓艳：数读2021：40起动漫融资，腾讯、B站贡献29起，8起亿元级融资｜雷报，网址：https://mp.weixin.qq.com/s/hCLlDHYfFbjGrGIQE6qKIw，最后访问日期：2022年6月30日。
2 参见奥飞娱乐股份有限公司2021年年度报告。

3.数字音乐：大力扶持音乐人，虚拟现实技术驱动云演出

在短视频、云演艺的加持下，数字音乐依然是数字版权产业中的重要板块。2021年，数字音乐领域解除独家版权，反垄断重塑数字音乐市场。在总体市场规模上，数字音乐产业持续增长，但增速略有放缓。2021年数字音乐市场规模为790.68亿元，较2020年同比增长8.02%，而2020年同比增长10.24%。[1]在市场结构方面，以腾讯音乐、网易云音乐为核心的市场格局更加稳定。此外，数字音乐用户规模达7.29亿人，较2020年12月增长7121万人，同比增长10.8%。[2]

于数字音乐行业而言，QQ音乐、网易云音乐等平台从上游购买音乐作品，供给下游消费者，是其基础的运营模式。在此基础上，2021年，数字音乐平台更加重视原创音乐，大力扶持音乐人。同时，在虚拟现实技术的驱动下，加强云演出产业布局。2021年，网易云音乐持续推进石头计划、云梯计划、硬地围炉夜等计划，进一步加大流量与收益扶持，支持原创音乐人产出；腾讯音乐则通过音乐人广告计划、亿元激励计划、TME音乐学堂等计划培养、激励、服务音乐人，鼓励原创音乐。原创音乐人扶持计划鼓励了音乐人创作的动力，2021年，有85.4%的音乐人在数字音乐平台发布了原创作品，同比增长5.8%。[3]

在云演出方面，随着2020年云演艺井喷年开启，在5G赋能、视觉技术升级的加持下，数字音乐领域云演出开始进入产业化阶段，其版权价值也不断被挖掘。相较于传统演出，以5G+4K/8K、AR/VR等智能应用为核心的云演出获得了更高质量的连接媒介，提升了用户沉浸体验。2021年3月，爱奇艺制作THE9"虚实之城"沉浸式虚拟演唱会"昼·造梦"；6月，咪咕音乐举办的第十四届音乐盛典咪咕汇；腾讯音乐则持续推进TME Live，并举办了56场演

---

1 数据来源于《2021腾讯娱乐白皮书》。
2 数据来源于中国互联网络信息中心第49次《中国互联网络发展状况统计报告》。
3 参见中国传媒大学张春艳工作组《2021中国音乐人报告》。

唱会。[1] 线上演出不仅能为数字音乐平台带来门票收入，还能带来品牌赞助、虚拟应援物、衍生品等多元收入。

4.网络视频：短视频深耕直播带货，长视频探索盈利之道

2021年，政府层面持续关注网络视频，发布了《互联网平台落实主体责任指南（征求意见稿）》《关于进一步压实网站平台信息内容管理主体责任的意见》《关于进一步加强文艺节目及其人员管理的通知》等一系列政策进行规制，促进了网络视频行业日趋规范化发展。2021年，网络视频在实践中依然呈平稳增长的态势，截至年底，网络视频（含短视频）用户规模达9.75亿人，占网民总体的94.5%，同比增长5.2%。[2]

在短视频领域，2021年短视频市场规模达到2672.9亿元，同比增长高达89.9%；[3] 用户规模则由2020年12月的87335万人增至93415万人，同比增长7.0%。此外，在用户使用时长方面，短视频用户使用时长占比在2021年超越了即时通信，达到25.7%，[4] 即短视频已经成为用户使用时间最长的内容形态。在快速规范发展的背景下，2021年短视频平台重视微短剧发展，深耕直播带货。在内容方面，2021年，抖音、快手等通过抖音短剧新番计划2.0、星芒计划等主力用户进行微短剧创作，丰富短视频内容。以快手为例，截至2021年7月，快手收录的微短剧数量超过3万部，其中2500部播放量破亿；[5] 在直播带货方面，带货数量、视频销量等不断增长。以抖音为例，其带货直播数量同比增长231%，直播销售额同比增长264%。[6] 此外，短视频平台还通过探店、团购等方

1　刘雨婷：腾讯vs网易争音乐流量，社交平台寻存在感，网址：https://www.thepaper.cn/newsDetail_forward_19592835，最后访问日期：2022年6月30日。

2　参见中国互联网络信息中心第49次《中国互联网络发展状况统计报告》。

3　2021年中国短视频行业回顾及发展前景分析：商业模式更近一步，网址：https://www.chyxx.com/industry/1104320.html，最后访问日期：2022年6月30日。

4　参见QustMobile《2021中国移动互联网年度大报告》。

5　深度起底微短剧市场：抖音、快手、微视的短视频必争之地，网址：https://www.the-paper.cn/newsDetail_forward_13841210，最后访问日期：2022年6月30日。

6　参见飞瓜数据《2021年短视频及直播营销年度报告》。

式助推本地生活消费。

在长视频领域，其市场结构稳定，产业市场规模虽持续增长，但增速逐步放缓，2021年市场规模1392.3亿元，较2020年增长195.1亿元，同比增长16.3%；[1] 长视频用户规模8.7亿人，网民使用率84.3%，同比轻微下滑。[2] 对网络视频平台而言，广告、用户付费是最主要的收入来源。2021年，广告收入占网络视频总收入的41.3%，同比下降4.3%，[3] 较2016年下降9.6%。与广告收入下降趋势不同，用户付费逐年升高。从付费用户看，2021年网络视频版权产业通过用户付费获取的收入占总营收的37.7%，同比增长2.9%，较2016年增长18.8%。[4] 2021年网络长视频平台的用户付费分为超前点播与会员订阅两个部分。在超前点播方面，2021年10月4日，爱奇艺、优酷、腾讯纷纷取消超前点播，超前点播不再是各大网络视频平台的盈利方式。此前，2021年，69.3%的用户曾为超前点播服务付费。[5]《扫黑风暴》等剧集为各大网络视频平台带来了高额收入。在会员订阅方面，随着用户付费意愿与平台供给内容质量的提升，会员订阅成为网络视频版权产业的重要收入，截至2021年底，83.9%的用户订阅过会员。[6] 从收入趋势看，会员收入持续增长，如爱奇艺2021年的会员营收额达到167亿元，[7] 收入占比超过广告。虽然网络视频平台收入持续增长，但是仍处于亏损状态。2021年，爱奇艺、腾讯视频、优酷依然亏损，其净亏损

---

1 参见智研咨询《2022—2028年中国在线视频行业投资潜力分析及发展前景展望报告》。

2 参见国家版权局网络版权产业研究基地《中国网络版权产业发展报告（2021）》。

3 参见中研普华产业研究院《2022—2027年中国在线视频行业供需趋势及投资风险研究报告》。

4 参见Mob研究院《2022年中国在线视频行业研究报告》。

5 超前点播数据分析：2021年中国46.8%网民为时间付费而选择超前点播，网址：https://www.iimedia.cn/c1061/81060.html，最后访问日期：2022年6月30日。

6 超前点播消费数据分析：2021年中国83.9%网民表示有充值过视频网站会员，网址：https://www.iimedia.cn/c460/81357.html，最后访问日期：2022年6月30日。

7 iQIYI, United States Securities and Exchange Commission Washington, D.C. 20549 Form 20-F.

为62亿元。[1]因此，网络视频平台仍需继续探索盈利之道。

5.网络新闻：深入推进媒介融合，加大治理力度

近年来，在大数据、云计算、人工智能、区块链等新技术的推动下，网络新闻领域深入推进媒介融合，出现了"全程媒体、全息媒体、全员媒体、全效媒体"。在此背景下，越来越多的用户选择网络媒体观看新闻，截至2021年12月，网络新闻用户数量达7.71亿人，同比增长3.88%。[2]

2021年，主流媒体深入推进媒介融合，建立全媒体传播格局，提升主流媒体的影响力。《人民日报》、中央电视台等中央媒体以及各省、市媒体加强在抖音、快手、哔哩哔哩、微博等网络平台的账号运营，扩大新闻的影响力。例如，中央电视台持续在哔哩哔哩运营央视新闻、央视网、央视频等多个账号。其中，2021年"央视新闻"账号在哔哩哔哩发布的视频新闻中，最高播放量达979.2万次、点赞量高达27.3万次、投币次数1.8万次。[3]为了更好地满足网络用户需求，央视主播康辉、朱广权等在哔哩哔哩发布Vlog，吸引用户关注央视相关账户；此外，其联动B站UP主发布合作视频，触达更广泛的人群。除了在短视频、社交平台等发布视频内容，新闻媒体通过AI计算、模型渲染等技术推出了虚拟数字主播，加强网络新闻领域的技术应用，持续推进媒介融合。

除了主流媒体，自媒体也是网络新闻领域重要的参与者。自媒体围绕"流量"进行运营，易出现洗稿、虚假新闻、标题党、低俗内容等乱象。为了网络新闻规范发展，政府加大治理力度。2021年5月，国家互联网信息办公室（以下简称国家网信办）开展2021年"清朗"系列专项行动，展开"清朗·算法滥用治理""清朗·整治PUSH弹窗新闻信息突出问题"等专项行动，以规范网络新闻分发传播秩序、治理移动客户端PUSH推荐违规；9月，九部委联合印发《关于加强互联网信息服务算法综合治理的指导意见》，12月，国家网

1　iQIYI, United States Securities and Exchange Commission Washington, D.C. 20549 Form 20-F.

2　参见中国互联网络信息中心第49次《中国互联网络发展状况统计报告》。

3　数据来源于B站央视新闻官方号，统计日期截至2022年8月10日。

信办等四部门联合发布《互联网信息服务算法推荐管理规定》，以规范网络新闻领域的算法推送。

6.网络游戏：重视海外拓展，政策规范行业发展

5G、VR、AR等技术的革新，提升了网络游戏沉浸式互动体验；元宇宙、虚拟数字人等新互联网业态为网络游戏产业升级发展提供了新的机遇。2021年，网络游戏依然平稳发展，其用户规模达5.54亿人，同比增长6.9%；[1] 其实际销售收入为2965.13亿元，同比增长6.4%。[2] 受新冠肺炎疫情对经济形势影响，其增幅比例较上年同比缩减15%。

一方面，在平稳发展的趋势下，2021年，网络游戏相关企业在版权运营的过程中愈加重视拓展海外市场。从总体数据看，2021年，中国自主研发游戏在海外市场获得的收入依然持续增长，同比增长16.59%，增至180.13亿美元。[3] 具体到手游市场，美国、日本、韩国和德国是中国手游的前四消费市场。其中，2021年，中国手游出海美国市场的收入为36亿美元，同比增长53%；在日本市场的收入则为30.5亿美元；在韩国、德国市场分别获得了7.5亿美元、4亿美元收入。[4] 此外，42款中国自主研发的手游年收入超过1亿美元。其中，由米哈游开发的游戏《原神》以其精良的制作吸引海外用户，成为社交媒体Twitter、论坛Reddit热度最高的游戏。2021年，《原神》在海外App Store和Google Play的总收入达到18亿美元。[5] 相较于数字版权领域其他细分板块，网络游戏更加重视海外市场，其跨区域的版权运营发展更为迅猛。

另一方面，"规制"一直以来都是网络游戏领域重要的议题。2021年，国家陆续出台了一系列政策，规范游戏产业发展。其中，2021年3月，中宣部出版局下发了《游戏审查评分细则》，重新确立了游戏版号的审查评分制度。

---

1 参见中国互联网络信息中心第49次《中国互联网络发展状况统计报告》。
2 数据来源于中国音数协游戏工委《2021年中国游戏产业报告》。
3 参见中国音数协游戏工委《2021年中国游戏产业报告》。
4 参见汇量科技&Sensor Tower《2022国内手游出海白皮书》。
5 魏一宁：《原神》年入18亿美金背后，米哈游越来越像腾讯，网址：https://baijiahao.baidu.com/s?id=1733685427334101397&wfr=spider&for=pc，最后访问日期：2022年6月30日。

除了审查评分制度，防沉迷也是网络游戏规制的重点。3月，国家网信办就《未成年人网络保护条例（征求意见稿）》中提出未成年人使用网络游戏应设置青少年模式；8月，国家新闻出版署下发《关于进一步严格管理　切实防止未成年人沉迷网络游戏的通知》，其规定需严格限制向未成年人提供网络游戏服务的时间等。2021年，网络游戏虽增速放缓，但在海外市场、政策规制的加持下，仍呈平稳增长态势。

（三）数字版权运营典型案例

1.围绕奥运会赛事，布局版权产业链：咪咕体育赛事版权运营

作为由移动运营商主导的网络视频平台，咪咕视频在近年来才开始布局体育赛事产业。咪咕抓住2020年东京奥运会、2022年北京冬奥会的机遇，围绕体育赛事转播版权，布局版权产业链，进行"版权+"运营，探索多元化盈利渠道。

2021年，会员订阅、广告收入、电商变现、线下品牌定制均为咪咕视频运营版权、获得收入的重要方式。在会员订阅方面，体育赛事是吸引用户的核心。由此，咪咕视频不断与赛事方、其他网络体育平台展开合作，获取内容。截至2021年12月，咪咕视频聚合CBA、五大联赛、亚冠、中超、东京奥运会等30多个体育赛事，日均场次超过20场。[1]与腾讯体育、爱奇艺体育的视频会员模式不同，咪咕既有针对垂直赛事忠实球迷的体育会员，也有满足体育全量赛事观看需求的"通看券"产品。"通看券"意味着用户可以根据实际观赛需求选择15元包月（10张"通看券"）和30元包月（30张"通看券"）两种券包的模式，用户使用"通看券"可以观看咪咕视频上的任一体育赛事内容，甚至可以观看咪咕视频上的其他综艺、影视资源。相比于其他平台的会员模式，咪咕"通看券"在使用上更为灵活，更能深入满足不同类型的用户需求。

----

1 回顾冬奥精彩　中国移动咪咕闭幕式特别节目今晚18：00上线，网址：https://cj.sina.com.cn/articles/view/1703371307/6587622b0200290x9，最后访问日期：2022年6月30日。

在广告方面，咪咕借助5G、4K、VR、云包厢等技术，全面提升用户的观赛体验，同时为创新广告投放方式提供了空间。2021年，咪咕与深圳喜悦机器人、美国TwoGrains展开合作，提出了在赛事直播中应用虚拟广告。随着体育赛事版权的丰富、广告形式的创新，广告成为咪咕体育版权运营重要的变现形式。依托体育赛事，咪咕为500多个品牌提供了广告营销服务。在电商变现方面，以体育赛事为核心，咪咕视频借助赛事转播，联动知名解说，售卖衍生品。其中，咪咕商城推出了运动旅行、潮玩盲盒、文创周边、咪咕潮服、休闲美食等板块，售卖衍生品。在冬奥会期间，咪咕抓住解说黄健翔、运动员王濛的热度，及时推出了其卡通形象手办。在线下方面，咪咕视频联动咪咕咖啡，在实体店打造观赛"第二现场"，联动主题空间、咖啡套餐，将体育赛事从线上延展到线下。

2.深化"一体两翼"战略，提供多元服务：腾讯音乐版权运营案例

作为中国数字音乐产业的重要参与者，腾讯音乐包括QQ音乐、酷狗音乐、酷我音乐、全民K歌等多个平台，并为用户提供在线音乐、线上演出、在线K歌、音乐盛典等多项服务。2021年，腾讯音乐的发展面临新的机遇与挑战：国家市场监督管理总局要求腾讯音乐解除独家音乐版权协议；5G、虚拟现实、实时渲染技术在云演艺领域的应用不断成熟；短视频、直播等平台入局数字音乐产业等。在此背景下，腾讯音乐继续深化内容与平台并举的"一体两翼"战略：在内容端重视原创音乐，开发新的数字音乐版权；在平台端，腾讯音乐注重数字歌曲、云演出等版权运营，满足用户多元需求，获取多元收入。

在整体运营方面，2021年腾讯音乐的市场规模依然呈稳健增长趋势，腾讯音乐总营收达312.4亿元，同比增长7.2%。其中，随着付费用户数量的增长，其用户订阅收入达73.3亿元，同比增长31.9%。[1]

- -

1 腾讯音乐2021年报：付费用户达7620万，多场景打造行业长期价值，网址：https://baijiahao.baidu.com/s?id=1728167757484047476&wfr=spider&for=pc，最后访问日期：2022年6月30日。

在内容端，政策规定驱动独家版权解除，由此，相较于购买版权，腾讯音乐更加重视原创音乐人的发展、开发新的数字音乐版权。2021年，腾讯音乐通过"月亮沙龙""原创音乐共振计划"等方式扶持原创音乐人发展，其平台的入驻音乐人超过30万人，同比增长超过51%，原创歌曲超过210万首。[1] 除了支持音乐人创作，腾讯音乐还通过音乐人广告计划、TME音乐学堂，联动游戏、综艺节目、体育等，帮助音乐人实现全版权运营。其中，2021年8月4日，腾讯音乐推出的音乐人广告计划是国内首创性的举措，即广告内容将被呈现在原创音乐人歌曲界面，并通过算法匹配用户，音乐人可根据广告曝光量结算收入，并与平台分成。

在平台端，腾讯音乐主要依靠数字歌曲的运营以及演出的运营获取收入。在数字歌曲运营方面，腾讯音乐旗下的QQ音乐、酷狗音乐、酷我音乐等平台向上游唱片公司、版权所有者购买音乐作品，以满足用户的收听需求，并通过发展月度付费会员及售卖单曲、专辑等方式变现。在演出运营方面，受新冠肺炎疫情影响，越来越多音乐演出从线下延展到线上。2021年，腾讯音乐上线的云演出达56场。[2] 相较于线下演艺活动，云演艺的盈利方式更加多元：电子门票、虚拟应援打赏、虚拟道具、实物周边衍生品、广告赞助商收入均为云演艺的收入来源。例如，百事可乐对明日之子乐团季"去浪，2021"线上音乐进行了赞助。

可见，2021年，虽然在解除独家版权后，腾讯音乐的发展在一定程度上面临挑战，但是其坚持"一体两翼"的战略，获得了平稳增长。

1　参见腾讯音乐人平台《2021腾讯音乐人年度报告》。

2　推动现场音乐的数字化转型，腾讯音乐成为线上现场音乐演出行业的领先者，网址：https://www.163.com/news/article/H3L1ED3U00019UD6.html，最后访问日期：2022年6月30日。

三、2021年中国数字版权保护进展

（一）提升审判质效，严格刑事保护，司法保护力度进一步加大

2021年，《民法典》《刑法修正案（十一）》以及新《著作权法》相继施行，进一步完善了我国版权保护的法制体系。随着著作权法制体系的不断完善，我国版权司法保护力度进一步增强，有效推动了数字版权市场竞争秩序的不断优化。

一是积极创新工作方法，推动知识产权案件审理提质增效。2016—2021年，我国一审知识产权民事案件数量持续上涨，其中著作权案件占比最高，每年都超过60%（见表1）。在著作权案件中，涉网著作权案件占比最高，约达70%。[1] 2021年，我国一审知识产权民事案件数量达到550263件，同比增长19.4%，著作权案件数量达到360489件，同比增长13.6%。面对知识产权案件数量大幅增加的现实压力，全国各级人民法院积极创新知识产权案件审判工作机制，包括知识产权快审案件示范判决机制和要素式审判机制、知识产权案件小额诉讼程序等，促进知识产权案件繁简分流；同时深入推进智慧法院建设，加大人工智能、大数据分析、区块链等技术在知识产权案件审理过程中发挥的作用，持续提升知识产权案件审判效能。在多方合力下，全国各级人民法院2021年共审结一审知识产权民事案件515861件，审结案件数量较2020年增加73139件，[2] 审结率达93.7%，有力维护了司法系统的正常、高效运转。

---

1 林广海：著作权纠纷——发展态势与制度应对，《版权理论与实务》2021年第1期。
2 2020年全国各级人民法院审结一审知识产权民事案件数量442722件。数据来源于国家知识产权局《2020年中国知识产权保护状况白皮书》。

表1 2016—2021年全国法院新收知识产权案件情况[1]　　（单位：件）

项目	2021年	2020年	2019年	2018年	2017年	2016年
新收一审著作权案件数量	360489	313497	293066	195408	137267	86989
新收一审知识产权民事案件数量	550263	443326	399031	283414	201039	136534
新收一审著作权案件占比	65.5%	70.7%	73.4%	68.9%	68.3%	63.7%
涉网著作权案件数量①	53771	89051	81598	55197	22771	11695

①课题组以"侵害作品信息网络传播权纠纷"为搜索条件，以中国裁判文书网公开的裁判文书为样本，检索而成。

二是加强知识产权刑事保护力度，严厉打击知识产权犯罪行为。网络技术深刻改变了作品的创作与传播方式，既促成了万人出版者时代的到来，也滋生了诸多作品侵权与犯罪行为。网络环境下的作品侵权与犯罪行为呈现出手段方式多、侵权行为隐蔽、侵权频率高、制止难度大的特点，单纯通过民事手段难以有效减少此类违法犯罪行为，需要通过加强刑事打击力度，对此类违法犯罪行为形成威慑。对此，2020年底，最高人民检察院牵头成立了知识产权检察工作办公室，以打破刑事、民事、行政和公益诉讼检察工作壁垒，推动知识产权检察职能一体化。截至2022年3月，北京、海南、陕西等20个省级检察院深化知识产权刑事、民事、行政检察一体履职，强化综合保护，并办理了一批典型案件。除机构改革外，检察机关在工作中主动出击，严厉打击知识产权违法犯罪行为。2021年，全国检察机关共批准逮捕侵犯知识产权犯罪7800余人，起诉1.4万余人，同比分别上升9.2%和15.4%。其中，检察机关批捕侵犯著作权罪367人，起诉679人，有效震慑了著作权犯罪行为。[2] 同时，人民法院充分发挥刑事审判职能，稳步推进对知识产权犯罪案

---

1 数据来源于国家知识产权局2016—2021年的《中国知识产权保护状况白皮书》。
2 数据来源于国家知识产权局《2021中国知识产权保护状况白皮书》。

件，特别是侵犯著作权罪案件的审理工作（见图2）。2021年，全国各级人民法院共审结一审知识产权刑事案件6046件，其中著作权案件313件，占比达到5.2%，较2020年上升0.3个百分点。司法实践也涌现出一批数字版权刑事保护典型案例，为人民法院进行类案裁判提供了参考依据，包括人人影视字幕组侵犯著作权罪案[1]、张某和邱某侵犯网上培训平台题库著作权罪案[2]、四被告非法传播盗版电子书侵犯著作权罪案[3]等。

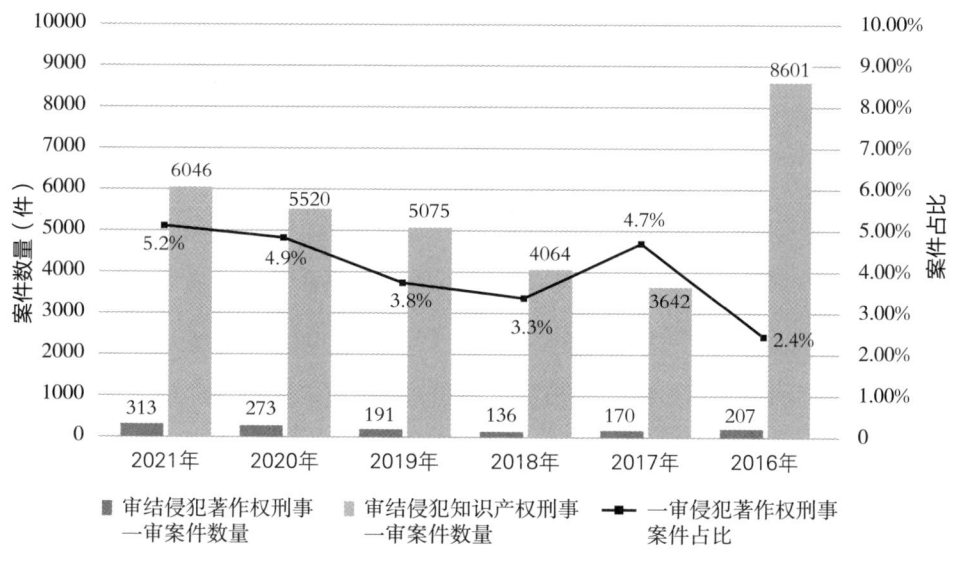

图2 2016—2021年全国各级人民法院审结知识产权刑事案件情况

三是加强新类型案件作者权益保障，积极适用惩罚性赔偿。技术进步推动数字版权产业飞速发展，也催生了诸多新类型作品，这些作品的版权问题需要司法实践率先予以回应。实践中，人民法院发挥审判职能，面对涉及游戏直播画面、短视频、体育赛事转播画面等新类型作品的案件，不拘泥于文本解释，分析作品独创性标准，从而有效厘清了作品的保护边界，维护了新类型作

---

1 上海市第三中级人民法院（2021）沪03刑初101号刑事判决书、上海市杨浦区人民法院（2021）沪0110刑初826号刑事判决书。

2 上海市浦东新区人民法院（2019）沪0115刑初4634号刑事判决书。

3 四川省泸州市江阳区人民法院（2021）川0502知刑初19号刑事判决书。

品作者的合法权益。在中国联合网络通信有限公司安徽省分公司等与咪咕公司著作权权属及侵权纠纷案[1]、"为爱充电"短视频模版被侵权案[2]以及抖音"窗花剪剪"短视频特效被侵权案[3]等案件中，法院认为，涉案体育赛事节目、短视频模板、短视频特效符合作品独创性标准，应当构成作品，受到著作权法保护。此外，新《著作权法》规定了惩罚性赔偿机制，《最高人民法院关于审理侵害知识产权民事案件适用惩罚性赔偿的解释》则为著作权案件中适用惩罚性赔偿的范围、主观故意和情节严重的认定、计算基数与倍数的确定提供了裁量标准，有助于指导具体司法实践适用惩罚性赔偿机制，增加侵权行为人的侵权成本，维护权利人合法权益。在环球影画（上海）商贸公司诉沧州千尺雪食品有限公司等六被告侵害"小黄人"卡通形象著作权案[4]中，法院认为被告将小黄人形象印刷在饮料瓶上并线上线下销售的行为侵犯了原告的著作权，且被告主观侵权态度明显、侵权时间长、范围广、情节严重，应当适用惩罚性赔偿，最终判令被告赔偿原告损失共计500万元。专利惩罚性赔偿早有实践，著作权案件中的惩罚性赔偿则较少适用，这一案件是对著作权案件中适用惩罚性赔偿的有益尝试，能够助力法院在类案中积极适用惩罚性赔偿，威慑著作权侵权行为。

（二）开展"剑网行动"，加强反垄断监管，行政保护能力进一步增强

我国实行司法保护与行政保护相结合的"双轨制"版权保护模式，在网络环境中，行政保护独具优势，不仅能主动进行技术监测，发现并打击数字版权侵权行为，而且能够加强行政执法，及时制止侵权行为，避免权利人损失进

---

1 上海知识产权法院（2021）沪73民终687号民事判决书、上海市浦东新区人民法院（2020）沪0115民初51653号民事判决书。

2 杭州互联网法院（2020）浙0192民初8001号民事判决书。

3 杭州互联网法院（2021）浙0192民初3494号民事判决书。

4 江苏省高级人民法院（2020）苏知终60号民事判决书、苏州市中级人民法院（2019）苏05知初351号民事判决书。

一步扩大。2021年，在国家版权局领导下，全国各级行政管理部门团结协作，加强日常监管，切实开展"剑网2021"专项行动，加强新业态版权保护，有效减少了数字版权市场侵权行为。此外，当权利人作为市场经营主体时，可能因其版权优势或垄断地位，影响市场经营主体自由竞争，对版权市场健康发展产生负面影响。对此，市场监督管理部门积极开展反垄断调查，避免版权垄断妨碍、限制市场竞争，维护了版权市场的正当竞争秩序。

2021年，版权行政管理部门将打击侵权盗版工作置于更加突出的位置。一是加强日常监管，针对侵权盗版行为高发领域，全国各级行政执法部门强化行政执法力度，检查实体市场相关单位36.17万家次，查办实体市场侵权盗版案件1926件。[1]同时，针对长期以来院线电影盗版侵权行为，国家版权局将重点电影列入重点作品保护预警名单，要求网络服务平台严格审查，加强监管，并与中宣部电影局、公安部食品药品犯罪侦查局在2021年春节档期间联合开展了打击院线电影盗录传播集中行动。行动期间，各地版权、电影主管部门检查影院、点播影院等场所1.18万家次，巡查网站（App）2682家次，督导相关网络服务商快速删除涉春节档院线电影侵权链接3万余条，[2]有效打击了盗版侵权行为。

二是开展"剑网2021"专项行动，关注新兴业态版权保护。"剑网"专项行动自2005年开始连续开展17年，成为打击网络侵权盗版行为的重要阵地，为减少网络版权侵权行为作出了卓越贡献。"剑网2021"专项行动不仅关注传统侵权行为高发领域，也关注短视频、网络直播、体育赛事转播、在线教育等新业态、领域的版权侵权行为，并将打击重点向此类新兴业态转移。"剑网2021"专项行动期间，全国各级版权执法监管部门共查办网络侵权案件1031件，关闭侵权盗版网站（App）1066个，处置删除侵权盗版链接119.7万条，推

---

1 2021年版权执法部门打击侵权盗版取得积极成效，网址：https://www.ncac.gov.cn/chinacopyright/contents/12227/355988.shtml，最后访问日期：2022年6月30日。

2 打击院线电影盗录传播集中行动成效显著，网址：https://www.ncac.gov.cn/chinacopyright/contents/12227/354269.shtml，最后访问日期：2022年6月30日。

动网络视频、网络直播、电子商务等相关网络服务商清理各类侵权链接846.75万条，[1] 整肃了网络版权市场竞争秩序，在全国范围内产生良好效果。此外，针对东京奥运会相关赛事节目版权保护的客观需求，国家版权局通过将东京奥运会赛事列入重点作品预警名单、加强对东京奥运会赛事重点监查、召开2020年东京奥运会权利预警和版权保护工作协调会以督促平台主动采取防护措施等方式，减少平台盗播、非法传播东京奥运会赛事节目。在此高压态势下，主要短视频平台清理涉东京奥运会赛事节目短视频侵权链接8.04万条，[2] 有力保障了东京奥运会转播授权方的合法利益。

2021年，除加大对网络环境中侵权行为的监测、惩处力度外，垄断监管也成为版权行政保护的重要方面。原因在于，网络平台一端连接作者，另一端连接用户，不仅提供空间服务，聚集版权资源，而且能够创作作品和获取授权，以版权权利人的身份参与市场竞争。网络平台扮演着权利人与市场经营者的双重角色，未经授权使用网络平台享有的作品权利将侵害平台的著作权，当网络平台所占市场份额达到一定规模时，其行使权利的行为将存在排除、限制市场竞争的可能，从而受到《反垄断法》的规制。在"加强反垄断监管、防止资本无序扩张"的大趋势下，随着《国务院反垄断委员会关于平台经济领域的反垄断指南》生效实施，反垄断监管力度不断加强。2021年7月10日，市场监管总局认为虎牙与斗鱼合并，将进一步强化腾讯在游戏直播市场的支配地位，同时可能导致腾讯在上下游市场实施闭环管理和双向纵向封锁，从而排除、限制竞争，不利于市场公平竞争与消费者利益保障，因此依法终止了虎牙与斗鱼的合并。[3] 7月24日，市场监管总局认为2016年腾讯收购中国音乐集团股权后，实体占有的独家曲库资源超过80%，可能导致腾讯在正版音乐市场获取更多独

1　数据来源于国家知识产权局《2021年中国知识产权保护状况白皮书》。

2　"剑网2021"专项行动取得阶段性成效，网址：https://www.ncac.gov.cn/chinacopy-right/contents/12227/355096.shtml，最后访问日期：2022年6月30日。

3　市场监管总局依法禁止虎牙与斗鱼合并，网址：https://mp.weixin.qq.com/s/EhU-4nXpTSTk3JS1_V1WqQg，最后访问日期：2022年6月30日。

家版权或利用其独家版权资源提高市场准入壁垒，从而对相关市场产生排除、限制竞争的效果，责令腾讯采取解除独家音乐版权等措施，恢复市场正常竞争秩序。[1] 11月18日，国家反垄断局挂牌成立，这也意味着网络巨头平台将迎来更加严格的监管措施。

（三）积极交流合作，加强技术运用，社会协同治理水平进一步提升

我国数字版权市场竞争环境的持续优化，既得益于立法制度的不断完善、司法保护力度的不断加强、行政保护水平的不断提升，也离不开产学研的协同合作。通过广泛整合社会力量，积极开展学术研讨、行业自律等活动，同时加强区块链、人工智能技术在版权确权、存证、交易、侵权监测、维权环节的全链条运用，共同推动形成尊重劳动、尊重知识的社会氛围。

著作权集体管理组织、版权行业协会、学术机构等面对数字版权领域的热点、难点问题，主动开展行业交流活动，积极进行学术探讨，促进了相关版权问题的解决。譬如，随着短视频行业飞速发展，未经授权进行短视频剪辑、"切条"、"搬运"、传播影视剧，以及未经授权使用音乐作品等版权侵权行为引起了业界的广泛关注，2021年4月9日，中国电视艺术交流协会、中国电视剧制作产业协会等行业组织，与行业内头部视频平台，以及正午阳光等影视公司发表联合声明，呼吁短视频平台和公众账号生产运营者尊重原创、保护版权。[2] 随后，包括中国电视艺术交流协会、中国电视剧制作产业协会等在内的逾70家影视传媒单位及500多名艺人再发倡议书，倡议公众账号生产运营者提升版权意识，严格遵循"先授权后使用"原则，并提倡建立授权体系，共同推

1　市场监管总局依法对腾讯控股有限公司作出责令解除网络音乐独家版权等处罚，网址：https://www.samr.gov.cn/xw/zj/202107/t20210724_333016.html，最后访问日期：2022年6月30日。

2　多家影视单位发联合声明，短视频创作不得侵权，网址：https://baijiahao.baidu.com/s?id=1696566905206475272&wfr=spider&for=pc，最后访问日期：2022年6月30日。

动短视频行业构建良好版权生态。[1] 这些行动引起了业界对解决短视频版权问题的探讨，而主要短视频平台也通过加大审查力度、出台相关版权管理措施、积极获取作品授权等方式，有效减少了版权纠纷，推动了短视频平台内容正版化的进程。2021年，"剧本杀"行业异军突起，剧本质量良莠不齐，剧本抄袭、盗版等现象屡见不鲜。2021年3月，中国文化娱乐行业协会旗下正式成立沉浸式剧本娱乐专业委员会，加强"剧本杀"经营者合作，促进行业内容合规、版权合法；9月，12426版权监测中心、上海市闵行区科技创业企业联合会等联合主办热点版权问题研讨会，探讨"剧本杀"行业存在的版权问题及潜在的版权风险，取得了良好的社会效果。

5G、AI、云计算、大数据、人工智能、区块链等技术的飞速发展，不仅推动诸多新兴业态出现，也为数字版权的保护带来了新的机遇。《版权工作"十四五"规划》也强调，加强大数据、人工智能、区块链等新技术开发运用力度，以创新版权监管手段，快、准、狠打击网络侵权盗版行为。2021年，行业协会、网络平台加强技术运用，将区块链等技术运用于数字版权确权、存证、交易、侵权监测、维权等环节，有力加强了网络环境中作者权益的保护能力，有效打击了数字版权侵权行为。2021年6月，中国版权协会在"2021中国网络版权保护与发展大会"上线"中国版权链"。"中国版权链"基于区块链技术追根溯源、不可篡改等特性，融合云计算、人工智能、大数据等技术，围绕版权存证、版权维权、版权交易三大核心场景，能够提供集作品存证、侵权监测、在线取证、侵权下架、纠纷调解、诉讼维权等功能于一体的全流程版权保护服务。[2] 阿里巴巴原创保护平台则围绕DCI，[3] 在作品版权确权的基础上

---

1 邱伟：超七十家影视传媒单位再发倡议：清理侵权短视频，首提建立授权体系，网址：https://t.ynet.cn/baijia/30700542.html，最后访问日期：2022年6月30日。

2 "中国版权链"上线，网址：https://baijiahao.baidu.com/s?id=1701449651856720482&w-fr=spider&for=pc，最后访问日期：2022年6月30日。

3 DCI，即数字版权唯一标识符（Digital Copyright Identifier）。DCI能够为数字作品打上全网唯一标识，查询和验证DCI码即可证明版权归属。DCI标准由中国版权保护中心牵头组织制定，2017年上升为国家标准。

构建了集确权、授权、维权于一体的DCI应用体系。2021年，阿里巴巴原创保护平台实现每日查重图片4.1亿张、维权监测15万件商品，以及可支撑新增原创图片保护量40万张。[1] 而抖音电商的官方维权平台IPPRO总共为3900个权利人和6409份知识产权备案维权提供服务，受理侵权投诉超1万次，删除侵权链接超4.8万条，并通过"情报—研判—存证—打击"系统，主动向警方推送线索，协助警方线下打击侵权案件。[2] 为促进版权交易，阿里拍卖与新版链共建了区块链数字版权资产交易平台，为文学、游戏、动漫、音乐、美术等著作权人提供数字作品版权资产确权认证、上链交易服务。[3]

四、2021年中国数字版权保护与发展问题及对策建议

（一）中国数字版权保护与发展面临的主要难题

1.内容运营不成熟，版权变现能力亟待加强

作为版权产业链的重要环节，版权变现是版权保护的重要目的，同时，也是激发创新的重要动力。虽然数字版权不同细分行业的参与者不断延展产业链，探索盈利模式，但我国数字版权领域内容运营尚未达到成熟阶段。实践中，跨媒介运营能力不足、衍生品缺乏系统开发，这导致版权变现能力亟待加强。

一方面，在数字领域，版权运营就是使作品以不同形式出现在不同媒介，覆盖更广泛的消费人群，即延展产业链，发挥作品版权的放大效应。在数字版权领域，不同细分行业跨媒介运营能力不同。其中，数字阅读跨媒介版权运营能力较强，其内容产品延展到长短视频、音频、游戏、动漫等多个领域。以阅文集团为例，2021年，其与腾讯影业、新丽传媒在长视频领域推出了《赘

---

1 参见阿里巴巴《2021知识产权保护年度报告》。

2 参见抖音电商《2021知识产权保护报告》。

3 阿里拍卖推区块链数字版权资产交易，网址：https://baijiahao.baidu.com/s?id=1708242785891888642&wfr=spider&for=pc，最后访问日期：2022年6月18日。

婿》《斗罗大陆》和《叛逆者》等多个作品；在动漫领域，其"IP"改编了100多部作品；在音频领域，其投资了头部音频分享网络电台喜马拉雅FM，并与之展开合作。2021年，阅文集团在线业务收入53.1亿元，版权运营及其他收入达33.6亿元。[1]相较而言，对短视频、数字音乐较少以其作品为核心进行跨媒介运营，版权价值有待进一步挖掘。

另一方面，虽然网络视频平台、数字阅读、数字音乐、短视频平台在经营过程中不断探索多元化的盈利模式，但从主营业务收入构成看，广告、用户订阅依然是核心盈利模式。例如，在长视频领域，2021年网络视频平台爱奇艺会员收入167.1亿元，占比达54.7%，而广告收入达70.7亿元，占比23.1%；相较而言，将自制内容、独家版权内容售卖给其他平台，获取的内容分发收入为28.6亿元，占比9.3%，而围绕视频内容展开的在线游戏、直播等其他收入为39.2亿元。[2]在短视频领域，2021年快手线上营销服务收入为426.7亿元，同比增长95.7%，占比52.6%；直播收入为310亿元，占比38.2%；其他服务收入为74.2亿元，占比仅为9.2%。[3]广告、用户付费是数字版权产业的直接性收入，而非围绕版权获取的衍生收入。由于缺乏系统的版权开发，数字版权领域衍生收入较低。以影视剧为例，衍生品是国外影视剧的重要收入，其可占总收入的70%。但是在国内，能够进行衍生品运作与推广的剧集仅占少数。例如，2021年，《乡村爱情》推出衍生品盲盒，《斗罗大陆》则推出与剧情相关的魂环戒指等。相较于海外影视剧衍生品发展，国内可运作衍生品的剧集数量较少，且衍生品类型较少、质量有待提升。除了网络剧，数字音乐领域也存在衍生品不足的问题。2021年，日本杰尼斯事务所举办线上演唱会，并同时在线上、线下售卖购物袋、扇子、场刊、手灯、浴巾等衍生品。而腾讯音乐、网易云音乐举

1　张聪：阅文公布2021年财报：在线阅读整体收入达53.1亿，每名付费用户平均每月花39.7元看网文,网址：https://www.163.com/dy/article/H33IOSKG053469LG.html,最后访问日期：2022年6月30日。

2　iQIYI, United States Securities and Exchange Commission Washington, D.C. 20549 Form 20-F.

3　参见快手的2021年年度报告。

办演唱会以赞助为主，较少通过衍生品盈利。

2.授权机制不完善，细分行业相互侵权频繁

随着技术的发展，媒介的范围不断拓展，数字版权产业的边界也在不断更新。其中，网络游戏、数字阅读、长短视频、网络新闻、数字音乐等均为数字版权产业的重要板块。各大业务板块依托不同的媒介生产不同类型的作品。当前，数字版权领域的细分行业之间授权机制不完善，使得不同类型的内容资源难以合法流通，从而导致行业间侵权频发。

一方面，数字版权交易主体多元，且在不同细分市场存在角色的交叉，这导致版权使用方难以溯源版权归属，容易发生相互侵权。以细分行业短视频、数字音乐为例，个人用户既是数字音乐的消费者，同时也是短视频内容创作者，在短视频内容创作过程中，由于部分创作者缺乏版权意识，或难以厘清使用音乐的版权归属，其创作者的短视频内容难免涉及数字音乐侵权。在数字音乐侵权的司法判例中，抖音、快手等短视频平台均为重要的侵权主体。例如，抖音曾就音乐作品《Chu Desu!》《最美的遇见》《1234喜欢你》起诉快手，其认为快手在未获取许可的情况下，提供上述音乐作品供用户录制短视频时作为背景音乐使用。其中，涉及歌曲《Chu Desu!》侵权视频的数量高达1.4万个。此外，中国音乐著作权协会委托12426版权监测中心对快手App侵犯其管理的音乐版权行为进行监测，发现快手平台所载涉嫌侵权的背景音乐素材高达1.55亿个。[1]

另一方面，数字版权领域不同细分行业生产的内容不同，涉及的版权问题也并不相同，加之行业之间对于侵权认定缺乏统一的标准。因此，细分行业之间存在授权壁垒。以长短视频为例，电视剧剪辑、电影解说一直是短视频的重要内容，截至2021年12月底，抖音平台粉丝数量超百万的影视剧剪辑抖音账号超过100个，其中头部账号发布的343个剪辑视频获得1.7亿次点赞量。[2] 2021

---

[1] 此数据来源于中国音乐著作权协会。

[2] 《网络短视频内容审核标准细则》修订版发布，网址：http://www.cnsa.cn/art/2021/12/16/art_1504_27572.html，最后访问日期：2022年6月30日。

年4月，爱奇艺、腾讯视频、优酷等长视频平台，正午阳光、新丽传媒等影视公司，以及中国电视剧制作协会等协会发表联合声明，共同呼吁广大短视频平台和公众账号生产运营者尊重原创、保护版权，对长视频内容二度创作为短视频成为数字版权领域关注的焦点。2021年12月15日，中国网络视听节目服务协会发布《网络短视频内容审核标准细则》，规定"短视频未经授权不得自行剪切、改编电影、电视剧、网络影视剧等各类视听节目及片段"。虽然该细则的出台明确了短视频"二创"影视剧涉及侵权，但是短视频侵权长视频内容的现象依然屡禁不止。

3.新兴业态发展快，网络侵权行为难以治理

互联网深刻改变了作品的创作、传播与运用方式，也为版权产业带来了颠覆性的发展机遇。随着网络用户规模不断扩大，我国数字版权市场规模也飞速增长，数字版权产业在技术变革的过程中驶入发展高速路。2020年，我国网络版权产业市场规模已达到11847.3亿元，同比增长23.6%。[1] 然而，技术发展也为数字版权侵权行为提供了便利，增加了网络环境中版权侵权行为的治理难度。在技术加持下，数字版权侵权行为呈现出多样化、隐蔽化、低成本、高频率等特征，并形成了盗版侵权黑灰产业链，为数字版权侵权行为的监测与打击带来了诸多挑战。在流量与收益的驱使下，数字版权侵权行为屡禁不止，严重侵害了作者与权利人的正当权益，也破坏了市场竞争秩序，遏制了正版数字版权市场的健康、蓬勃发展。以网络文学为例，2021年中国网络文学盗版损失规模为62亿元，保守估计已侵占网络文学产业17.3%的市场份额。[2]

近年来，互联网、云计算、人工智能、区块链等为代表的新一代数字技术飞速发展，网络直播、体育赛事节目、短视频、虚拟偶像、云游戏、云演艺等新业态层出不穷，既为版权资源提供了更加多元的运用场景，进一步提升了版权的市场价值，也催生了许多新的版权侵权行为，对数字版权侵权的治

----

1 数据来源于国家版权局网络版权产业研究基地《中国网络版权产业发展报告（2021）》。
2 数据来源于中国版权协会《2021年中国网络文学版权保护与发展报告》。

理提出了新挑战。以体育赛事节目为例，赛事转播是实现体育赛事节目版权价值的核心环节，也是赛事节目版权运营链条的关键。重要体育赛事的商业价值巨大，转播授权费用也居高不下，如美国职业棒球大联盟（MLB）全明星赛在2014年至2021年赛季的电视转播权授权费用高达124亿美元，[1] 5个赛季的转播权卖出了49.5亿欧元，[2] 职业橄榄球大联盟（NFL）2021年达成的转播协议年均价值超过100亿美元。[3] 在赛事转播费用愈加高涨的同时，盗链、盗播体育赛事节目的侵权行为愈加猖獗，短视频平台、"三无"网站[4] 成为侵权重灾区，不仅分流了正版授权平台的用户与流量，还通过充值、设赌、链黄、分发广告等方式进行变现，形成黑灰产业链，严重危害国家信息安全。一方面小网站自身侵权监管措施不完善，侵权链接下线率普遍较低，而且许多"三无"网站往往将服务器设置于境外，并通过频繁更换域名地址等方式逃避监管；另一方面则由于赛事盗播行为往往具有即时性，平台自有措施及行政监管措施难以及时发现并处理，导致此类新型侵权行为的治理难度大幅提升。我国数字版权产业发展迅速，技术革新推动着新领域、新业态、新模式不断涌现，但版权侵权也出现了新方式、新手段，这就进一步提升了数字版权侵权行为的治理难度。

（二）加强中国数字版权保护与发展的对策建议

1.深入挖掘版权价值，打造版权价值增长新锚点

近年来，虽然数字版权产业市场规模不断扩大，但是从不同细分行业版权运营看，数字领域的版权价值有待挖掘。由此，需在跨媒介运营、衍生品生

---

1 姜栋：论体育赛事转播权的体育法规制，《法学家》2022年第1期。
2 西甲未来五个赛季西班牙国内转播权卖出49.5亿欧元，网址：https://baijiahao.baidu.com/s?id=1719080940825409348&wfr=spider&for=pc，最后访问日期：2022年6月30日。
3 张宾：NFL版权卖出1130亿美元天价背后，呈现出哪些趋势？网址：https://mp.weixin.qq.com/s/fdnJl756KW7uIYWsevguhw，最后访问日期：2022年6月30日。
4 即没有获得电信与信息服务业务经营（ICP）许可证，未取得信息网络传播视听节目许可证，也未经工商登记注册的网站。

产中深入挖掘版权价值，打造版权价值增长新锚点。

一方面，不同细分行业需加强其作品跨时间、跨空间、跨媒介运作能力。如前所述，在实践中，部分数字版权细分行业跨媒介运作能力有待提高。不同于报纸、电视等媒介，以互联网为核心的媒介具有跨时间、跨空间的特征。因此，细分行业在进行版权跨媒介运营时，应充分考量媒介新特征，联动不同地域的不同媒介。例如日本漫画家尾田荣一郎于1997年连载的漫画《海贼王》，不仅在日本富士电视台推出了同名电视动画，还在长视频、数字音乐、网络游戏等领域进行跨媒介运营。在长视频领域，美国流媒体播放平台Netflix将制作推出真人版《海贼王》影视剧；在数字音乐领域，日本组合Arashi与《海贼王》联动推出新歌《A-RA-SHI:Reborn》MV，即由海贼王、Arashi动画形象共同合作出演MV；在网络游戏领域，万代南梦宫游戏公司与DeNA公司共同合作，在中国引进《海贼王》手机游戏《航海王启航》。从日本的漫画作品，到中国的网络游戏，再到美国的网剧，《海贼王》实现了跨时间、跨空间、跨媒介的版权运营，扩大了作品影响力，提升了版权价值。因此，国内数字版权需转变运营思路，积极在多地域、多媒介进行运营。

另一方面，创新衍生品形式，全面提升数字版权领域衍生品质量。在生产端，基于用户消费偏好进行衍生品生产，提升数字版权细分行业衍生品生产能力。例如，爱奇艺、腾讯视频、优酷等网络视频平台需加大网剧、网络综艺衍生品开发力度，结合每部网综、网剧的人物、演员、道具等开发衍生品。为了避免供大于求，合理配置衍生品数量，网络视频平台可通过预售、用户参与定制的方式决定衍生品的类型、数量。除了衣服、盲盒、灯牌等有形物质衍生品，区块链等给数字版权无形衍生品创新提供了技术条件。NFT数字艺术是基于区块链技术的链上数字艺术品，其包括头像、游戏、视频、GIF、摄影等多种形式。2021年4月，说唱歌手Snoop Dogg发布了NFT数字艺术品《A Journey with The Dogg》，其既包括Snoop Dogg的说唱歌曲，也包括西海岸文化、生活碎片等。[1] 从版权运营的角度看，数字NFT是歌手音乐作品在数字领域的延展，是新兴衍生品形式。因此，数字版权领域细分行业可根据内容产品出现的形象、符号等形成NFT数字衍生品，提升版权衍生品的价值。

2.破除细分行业壁垒，构建数字版权授权交易新体系

如前所述，数字版权产业不同细分板块之间授权机制不完善，相互侵权现象频发。由此，需破除细分行业壁垒，从技术、管理多维度构建数字版权授权交易新体系。

实践中，数字版权产业不同细分板块存在壁垒，行业之间难以明确作品在不同媒介的权利归属。因此，通过技术手段对不同细分行业作品的版权信息进行跟踪，并进行公开，是破除行业壁垒的重要渠道。区块链可通过哈希算法对登记的作品版权生成唯一的哈希值，即哈希值将成为作品在区块链平台的"身份证号码"。

在细分行业间溯源版权阶段，搭建区块链交易平台能够将音乐、视频等数字作品的权利人信息、版权交易信息快速打包，利用分布式存储、时间戳等形成不可篡改的数据。[2] 区块链版权交易平台本质上是记录版权详细信息的数据库，与传统版权交易数据库不同，区块链版权交易平台更具透明性、可靠性。当前，在百度超级链版权解决方案平台、阿里云BaaS平台、纸贵版权平台上均能够进行版权登记、溯源、交易。但从应用层面看，以区块链技术为核心的版权交易平台尚未实现多板块的互通，且多应用于侵权固证。为完善数字版权产业各板块间的授权机制，需鼓励不同细分行业的版权持有者进入区块链版权交易平台，进行详细版权登记，确保细分行业之间能够打破壁垒，明确流动后的版权归属，降低侵权动机。

此外，随着技术的变迁，媒介形式也在不断更迭，相应地，数字版权产

---

1 音乐NFT，到底是割韭菜的利器，还是改变行业的钥匙，网址：https://www.sohu.com/a/556653344_121335114，最后访问日期：2022年6月30日。

2 参见中国电子信息产业发展研究院、赛迪区块链研究院和百度发展研究中心等的《区块链数字版权应用白皮书》。

业的细分板块也在不断变化。由于行业之间对于内容侵权认定缺乏统一的标准，细分行业间对使用其他行业的作品是否需要授权缺乏共识，也是行业间侵权频发的原因。基于此，版权立法、司法、行政管理部门应牵头，联动版权行业组织、高校以及版权研究机构，形成版权研究共同体，及时关注新业态产生的版权问题。一方面，在互联网开通关于版权问题的互动交流板块，搜集版权交易参与者遇到的难题，并通过组织研讨会、论坛等形式探讨新兴媒介版权问题，为法规制定提供智力支持。另一方面，版权立法、司法、管理部门在研究基础上，及时回应数字版权领域新难题，明确不同细分行业的内容是否构成作品，进而明晰侵权认定的标准，减少行业间侵权。

3.创新侵权治理机制，擘画数字版权产业发展新蓝图

数字版权侵权行为发生频率高、行为方式隐蔽、治理难度大，严重侵害了数字内容行业创作者的合法权益，也持续挫伤正版平台获取合法授权的积极性，成为当前遏制数字版权产业健康发展的"毒瘤"。只有创新侵权治理机制，提升数字版权侵权治理成效，才能有效减少数字版权侵权行为，维护数字版权市场良好竞争秩序，形成数字版权产业发展新格局。

创新侵权治理机制，需进一步发挥司法保护、行政保护的作用。随着我国数字版权保护环境的持续优化，行政保护与司法保护作为遏制数字版权侵权行为的两道防线，通过积极创新工作方式，加强协同合作，能够有效提升版权治理效果。就司法保护而言，近年来全国的司法系统都在推行智慧法院建设，实现了线上立案、调解、开庭、执行等流程的智能化，在保障当事人诉讼权利的情况下，便利当事人进行维权诉讼。行政保护也为加强数字版权侵权行为的查处力度进行了一系列革新，除通过加强日常监管、开展"剑网"专项行动等方式外，也通过约谈行业平台、召开预警协调会等方式加强数字版权监管力度。除自身工作机制创新外，司法保护与行政保护也可通过创新协同方式，加强沟通配合，形成打击合力。行政保护在日常执法中，能够对侵权行为高发领域、多发地、高发方式、侵权当事人信息有更为深入的了解，基于此优势，行政部门与司法部门可建立信息共享机制，共享侵权高发地、侵权行为方式、侵

权多发行为当事人信息并及时进行更新，从而针对类型化的数字版权侵权行为加强监管。在条件成熟的地方，共建跨区域的数字网络执法中心，组建跨行业的数字网络经济综合执法机构。[1]

提升数字版权侵权治理成效，需继续加强区块链等新技术在版权确权、存证、交易、侵权监测、维权等环节的运用。互联网平台对数字版权侵权行为的过滤、屏蔽，以及对多次侵权账号的封禁等措施，能直接、有效制止数字侵权行为的蔓延，减少侵权行为。实际上，加强数字版权保护水平，最终目的是推动数字版权交易的繁荣，从而推动数字版权产业蓬勃发展。目前，区块链等技术在行业内已经有了一些实践，在作品存证、取证、交易等环节发挥了重要作用，但因新技术具有跨行业、跨领域、多主体的特征，现阶段还存在跨领域资源整合差、平台信息壁垒多、技术协同运用难、侵权监测实效不高等问题，[2]需要进一步加强技术开发与资源整合，从而更好地发挥技术手段对数字版权侵权行为的遏制作用，更好地服务于数字版权交易，实现数字版权产业的长远目标。

----

1 李雨峰，马玄：互联网领域知识产权治理的构造与路径，《知识产权》2021年第11期。
2 参见国家版权局网络版权保护研究基地《2021年中国网络版权保护报告》。

II

行　业　篇

2021年中国数字阅读行业
版权保护与发展报告

刘煜崝★

自国务院印发《"十四五"数字经济发展规划》以来，"加快数字化发展，共建数字化中国"就成为全社会的共识，各类数字化实践迅速展开。作为数字文化产业的源头性行业，数字阅读行业不仅以技术化的手段为全民提供了喜闻乐见的阅读产品，还借助全方位IP运营形成了生态化的产业链，带动了动漫、音乐、影视、游戏等下游产业的发展，释放出了巨大的产业价值，为数字经济的发展作出了杰出贡献。本报告以数字阅读行业为重点分析对象，借助相关政府部门、企业财报、研究机构公开的信息及数据，对该行业中版权保护与发展的现状和问题进行分析，以期提供具有可操作性的对策建议。

一、2021年数字阅读行业整体发展情况

（一）数字阅读行业发展迅速，网络文学占据市场主导

随着网络技术的发展与移动设备的普及，大众的阅读方式逐渐由传统阅读向数字化阅读过渡。调查显示，2021年我国成年国民图书阅读率为59.7%，

★ 刘煜崝，中国人民大学。

数字化阅读方式的接触率为79.6%，较2020年同比增长0.2%。[1] 截至2021年12月底，我国网民规模达10.32亿人，数字阅读用户规模达5.06亿人，网络文学用户规模达5.02亿人，占网民整体的48.6%。[2] 阅读方式的转变直接刺激了相关行业的快速发展，数字阅读产业已成为数字版权产业的重中之重，网络文学产业规模更是持续性增长。

生活节奏的加快与数字化技术的发展，使得数字阅读的大众接受度越来越高，截至2021年底，数字阅读产业整体营收规模达415.7亿元，实现了五年内增长翻倍。2020年，数字阅读方式受到热捧，整体营收激增，增长率高达21.8%。2021年，增长率回落至18.23%（见图1），数字阅读需要新元素以打破行业发展疲态。

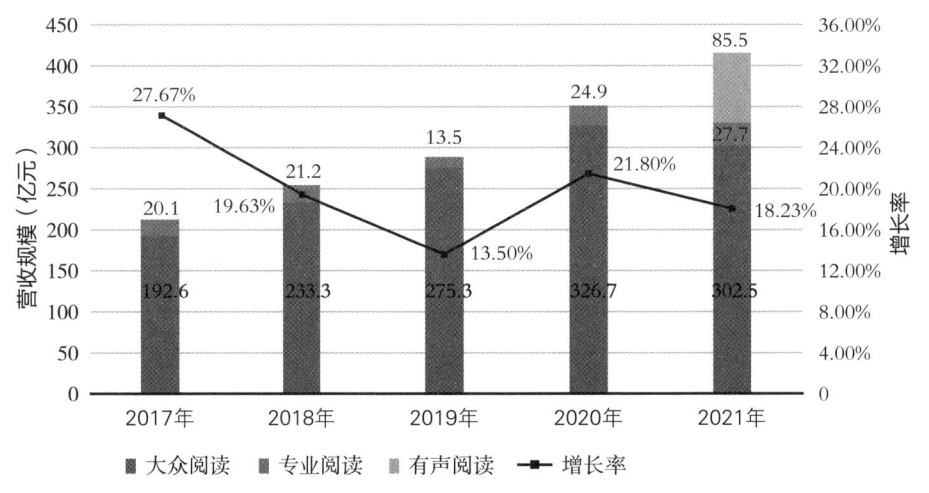

图1 2017—2021年数字阅读产业整体营收规模及增长率[3]

作品是数字阅读产业发展的基石，与之相关的数据能较为直观地反映该产业的供给情况。相比于2020年，2021年全年数字阅读上架作品总量增长11.06%，达3446.86万部（见图2）。其中，网络文学作品占比近五年增长稳定，2020年更是呈现爆发式增长，而出版物数字化作品占比则逐年降低（见图3）。数字阅读作品

---

1 数据来源于中国新闻出版研究院第19次全国国民阅读调查成果。
2 数据来源于中国互联网络信息中心第49次《中国互联网络发展状况统计报告》。
3 数据来源于中国音像与数字出版协会2017—2019年度的《中国数字阅读白皮书》及2020—2021年度的《中国数字阅读报告》。

总量的持续大幅增长符合数字经济建设、政策引导、行业发展等社会现实。网络文学的发展已经进入了繁荣阶段，网文作品整体呈井喷式增长，出现了《大奉打更人》《我们生活在南京》《辞天骄》等多部具有较高IP开发价值的新作。[1] 总体而言，网络文学已成为数字阅读行业发展的重头。此外，数字阅读作品的"出海量"也在四年内实现了大幅增长（见图4），加快了我国对外文化输出的步伐。

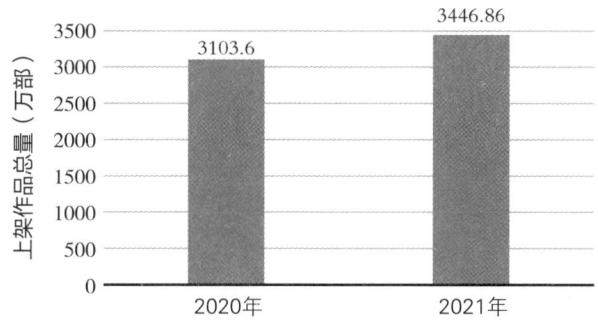

图2 2020—2021年数字阅读上架作品总量[2]

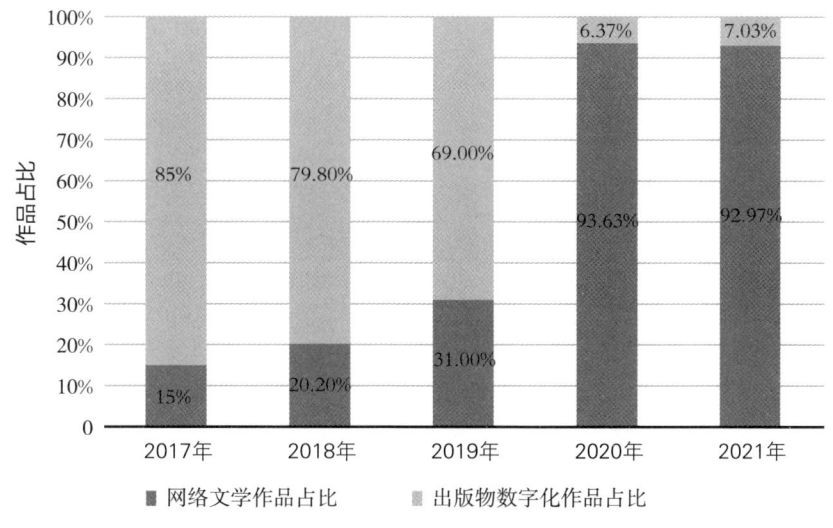

图3 2017—2021年数字阅读作品类型结构[3]

---

1 参见艺恩数据《2021阅文年度好书榜单》。
2 数据来源于中国音像与数字出版协会的《2021年度中国数字阅读报告》。
3 数据来源于中国音像与数字出版协会2017—2019年度的《中国数字阅读白皮书》及2020—2021年度的《中国数字阅读报告》。

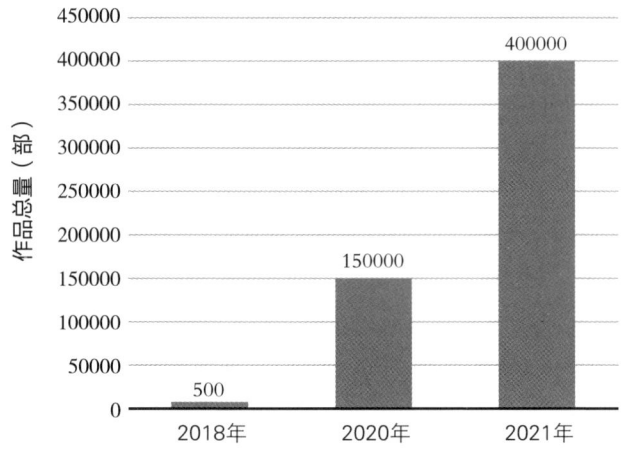

图4 2018—2021年数字阅读作品"出海量"[1]

2017—2020年，数字阅读作者规模持续扩张（见图5），作品的产出量大幅提升，优质作品生产规模扩大，也为后续版权开发提供了丰富的IP资源。产业整体逐步形成良性循环，呈现出繁荣发展的态势。

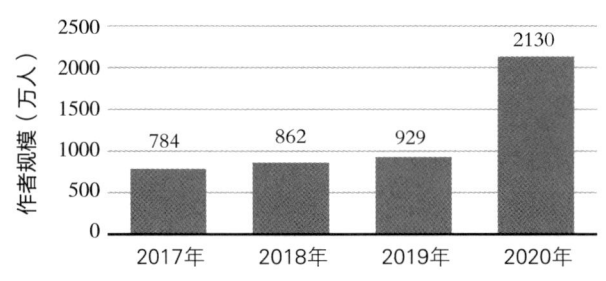

图5 2017—2020年数字阅读作者规模[2]

截至2021年底，数字阅读用户规模达5.06亿人（见图6），五年内增幅达33.86%。基于各地经济发展水平差异、不同年龄阶段的人对娱乐方式的偏好、数

---

1 数据来源于中国音像与数字出版协会2018年度的《中国数字阅读白皮书》及2020—2021年度的《中国数字阅读报告》。由于2019年数据无法获知，图中未作列示，但不影响报告要表达的意思。

2 数据来源于中国音像与数字出版协会2017—2019年度的《中国数字阅读白皮书》及《2020年度中国数字阅读报告》。

字阅读自身的吸引力等因素的影响，数字阅读用户规模涨势逐年放缓，至2021年底增长率仅为2.43%。此外，随着大众数字消费观的转变，用户付费情况也发生了较大变化，数字阅读付费用户占比逐年提升，2021年底达92.17%（见图7）。

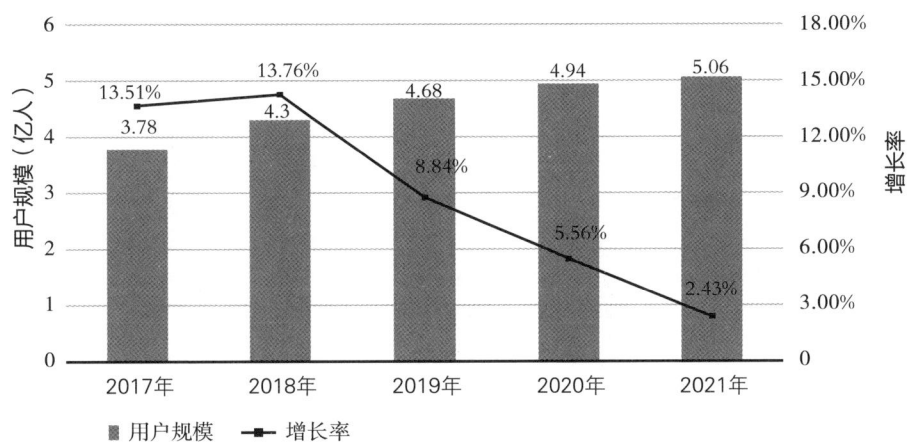

图6 2017—2021年数字阅读用户规模及增长率[1]

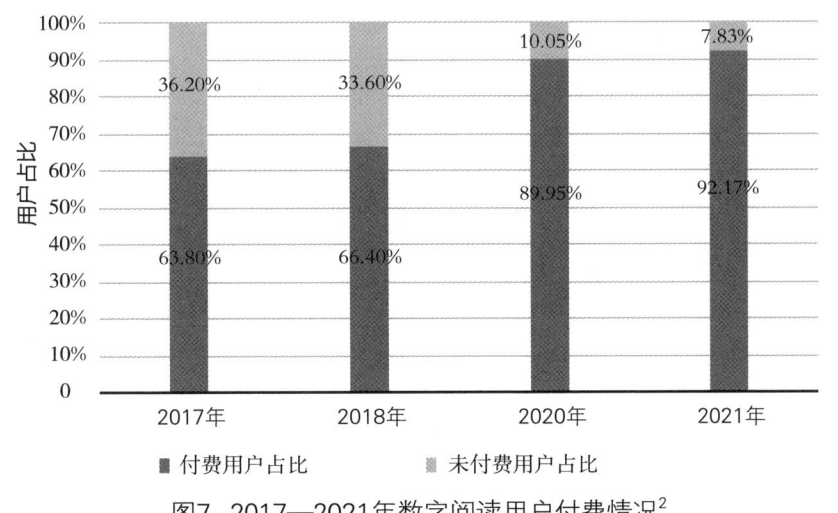

图7 2017—2021年数字阅读用户付费情况[2]

----

1 数据来源于中国音像与数字出版协会2017—2019年度的《中国数字阅读白皮书》及2020—2021年度的《中国数字阅读报告》。

2 数据来源于中国音像与数字出版协会2017—2018年度的《中国数字阅读白皮书》以及2020—2021年度的《中国数字阅读报告》。由于2019年数据无法获知，图中未作列示，但不影响报告要表达的意思。

2021年，我国网络文学市场规模达358亿元，约占数字阅读产业规模的86.12%，已成为数字阅读产业的发展重点和主要产值来源（见图8）。[1]

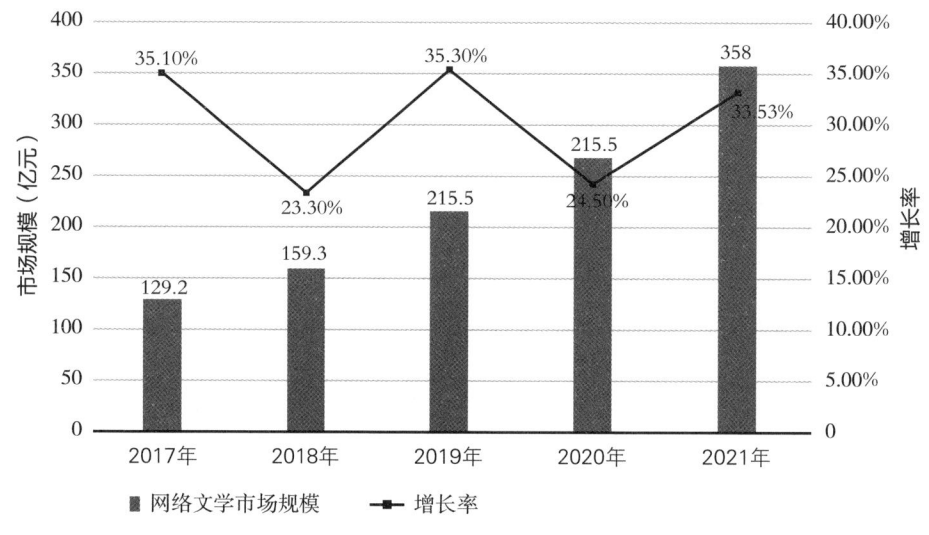

图8 2017—2021年我国网络文学市场规模

（二）免费平台稳居头部地位，行业格局马太效应明显

季度活跃用户指标反映了用户对数字阅读应用软件的使用偏好，能够较为直观地表明行业发展情况。2021年前三季度的数据显示，以番茄免费小说、七猫免费小说为代表的免费阅读平台受到大众青睐，掌阅、QQ阅读等传统阅读平台的排名有所下降，头部免费阅读平台与付费阅读平台的差距大大缩小，甚至实现赶超，稳固占据头部地位（见表1）。活跃用户Top5的应用中，超一半应用采取了完全免费的模式，剩余应用也开始逐步探索"免费+付费"相融合的模式。

---

1 数据来源于中国版权协会《2021年中国网络文学版权保护与发展报告》。

表1 2021年前三季度综合阅读领域季度活跃用户Top5应用[1]

排名	第一季度	第二季度	第三季度
Top1	掌阅	番茄免费小说	番茄免费小说
Top2	七猫免费小说	七猫免费小说	七猫免费小说
Top3	番茄免费小说	QQ阅读	QQ阅读
Top4	QQ阅读	掌阅	掌阅
Top5	宜搜小说	宜搜小说	宜搜小说

从2021年前三季度用户规模数据看，5000万人规模以上的阅读软件变动较小，番茄免费小说、七猫免费小说、QQ阅读、掌阅、宜搜小说等基本稳定在排名前端，500万—2000万人规模的中小平台也较为稳定，基本没有黑马企业突破分界（见表2）。行业整体呈现出强者恒强、弱者恒弱的局面。

表2 2021年前三季度数字阅读App用户规模情况[2]

用户规模	第一季度	第二季度	第三季度
5000万人以上	番茄免费小说 QQ阅读 掌阅 七猫免费小说 宜搜小说	番茄免费小说 QQ阅读 七猫免费小说 掌阅 宜搜小说 米读极速版	番茄免费小说 QQ阅读 七猫免费小说 掌阅 宜搜小说 米读极速版
2000万—5000万人	疯读小说 书旗免费小说 米读小说 微信读书	书旗免费小说 疯读小说 微信读书 百度文库	书旗免费小说 微信读书 华为阅读 疯读小说

----

1 数据来源于易观分析2021年第一、二、三季度的《中国移动阅读市场季度盘点》。
2 数据来源于易观分析2021年第一、二、三季度的《中国移动阅读市场季度盘点》。

用户规模	第一季度	第二季度	第三季度
500 万 — 2000 万人	华为阅读 必看免费小说 连尚免费读书 阅友免费小说 咪咕阅读 追书神器 百度文库 塔读小说免费版 快点 纵横小说 OPPO 书城客户端 多看阅读 晋江小说阅读 搜狗阅读 笔趣阁免费小说 中文书城 爱奇艺阅读 洋葱免费小说 朝夕阅读 热料小说	华为阅读 阅友免费小说 咪咕阅读 连尚读书 必看免费小说 塔读小说免费版 追书神器免费版 爱看书免费小说 多看阅读 快点阅读 晋江小说阅读 搜狗阅读	咪咕阅读 百度大字版 阅友免费小说 必看免费小说 连尚读书 爱看书免费小说 多看阅读 塔读小说免费版 追书神器免费版 晋江小说阅读 快点阅读 搜狗阅读

（三）免费阅读引领行业潮流，版权开发创造营收增点

数字阅读行业营收来源包括订阅、广告、版权和其他（见图9）。2021年，数字阅读行业的订阅营收、广告营收和版权营收均有所增长，增长率分别为6.15%、45.43%、56.94%。由于各大平台均在探索"免费"或"免费+付费"的阅读模式，故订阅营收的增长幅度相对较小；与此同时，版权营收占比大幅增长，这一现象与IP运营成为行业重点密不可分。

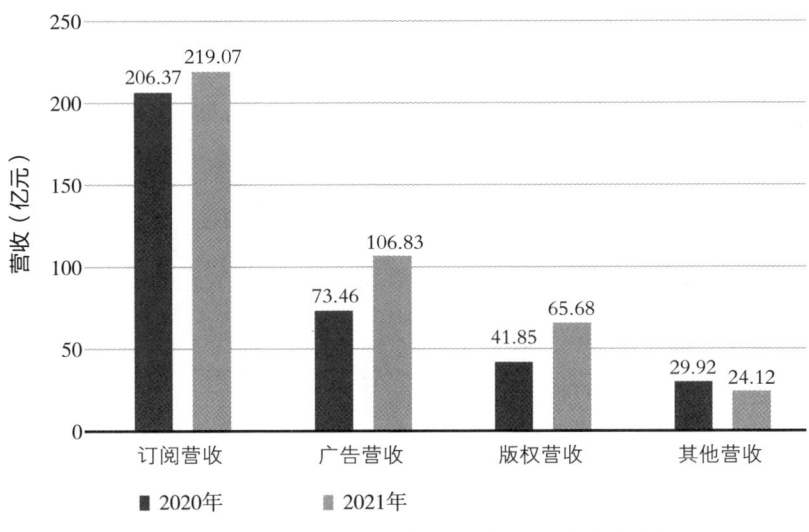

图9 2020—2021年数字阅读行业营收结构[1]

随着免费模式成为行业新风向，以及大文娱产业生态体系的逐步建立，版权运营逐渐成为数字阅读行业营收的新增点。以掌阅科技和阅文集团两家行业龙头为例，掌阅科技近年来大力发展免费阅读，通过优化供给端作品质量、开发内容挖掘和用户行为双向驱动的运营体系来满足海内外用户的阅读需求，并通过与B站、腾讯动漫等平台的合作开发，成功布局IP衍生产业链。[2] 这一运营思路在营收结构上主要体现为数字阅读平台收入波动减少，版权运营收入增长（见图10）。阅文集团的在线业务收入基本上逐年递增，2021年达53.1亿元；版权运营及其他收入则略有减少，2021年为33.6亿元（见图11）。2021年，阅文集团平均月付费用户达870万人（见图12），同比减少14.71%；免费阅读内容平均DAU[3]达1500万人，同比增长50%，实现了付费模式和免费模式的协同发展。[4] 此外，阅文集团在2021年提出"大阅文"战略升级，将网络文学作为战略基石，以IP可视

---

1 数据来源于中国音像与数字出版协会的《2021年度中国数字阅读报告》。
2 财报看掌阅科技：免费阅读成主要收入来源，精品化IP有望持续增长，网址：https://mp.
 weixin.qq.com/s/s87XS4hjJEUFX3sXUvxxnA，最后访问日期：2022年7月4日。
3 日活跃用户量，英文全称为Daily Active User。
4 数据来源于阅文集团2021年年度报告。

化、商品化和跨代际流传为驱动力，致力于与全行业共建IP生态业务矩阵。[1]

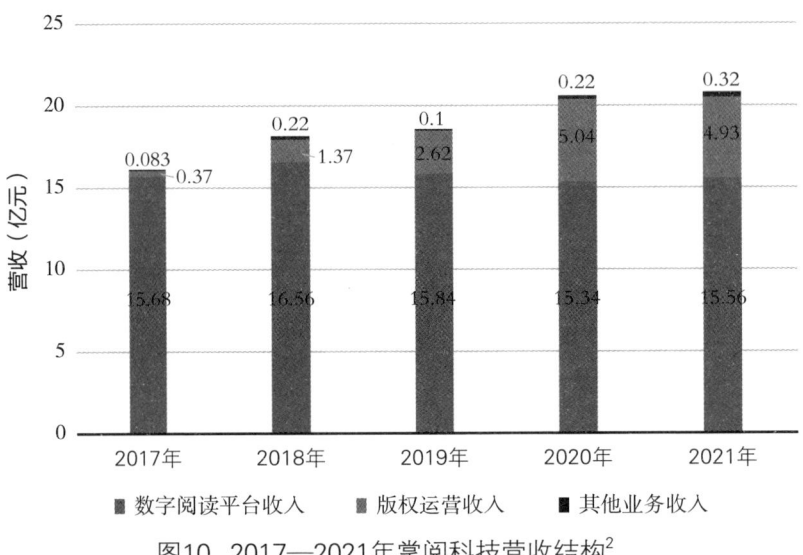

图10 2017—2021年掌阅科技营收结构[2]

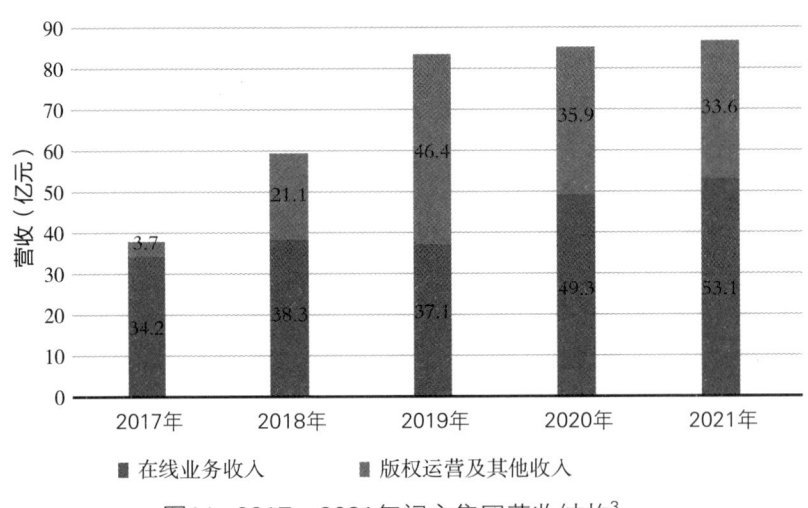

图11 2017—2021年阅文集团营收结构[3]

---

1 数据来源于阅文集团2021年年度报告。

2 数据来源于掌阅科技2017—2021年年度报告。

3 数据来源于阅文集团2017—2021年年度报告。其中，"在线业务收入"以付费阅读、广告和分销第三方网络游戏为主。

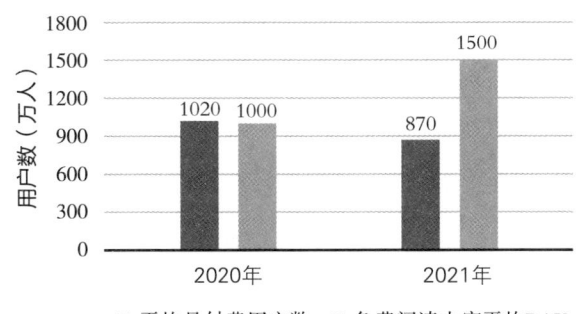

图12 2020—2021年阅文集团平均月付费用户数及免费阅读平均DAU[1]

二、2021年数字阅读行业版权保护状况

（一）版权纠纷持续不断，作者权益获司法保障

为了解数字阅读行业的版权保护现状，笔者以"文字作品""信息网络传播权"等为关键词，以"2017年1月1日至2021年12月31日"为时间限制，在中国裁判文书网上共检索到民事一审案件21326件。从已公开的裁判文书数量可以看出，2020年数字阅读案件一审数量达到近几年的巅峰，2021年数字阅读案件一审数量有所回落，整体而言，数字阅读案件近五年数量呈波动增长态势（见图13）。

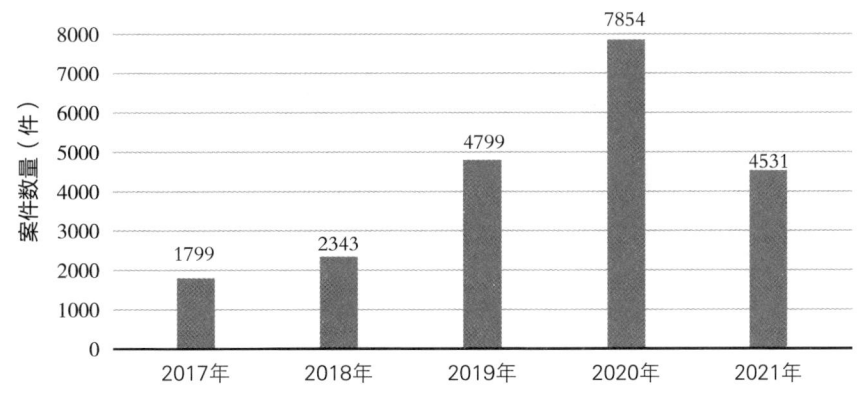

图13 2017—2021年我国各级人民法院数字阅读案件一审审理情况

----

1 数据来源于阅文集团2020年、2021年年度报告。

在2021年相关案件中，赵某馨和周某鸾诉《中国学术期刊（光盘版）》电子杂志社有限公司的系列案件引起了社会广泛关注。赵某馨认为，中国知网在未经自己许可、自己未获报酬的情况下，擅自收录其百余篇论文，向平台会员提供付费下载服务，构成侵权行为。北京知识产权法院认为，学术期刊公司通过其经营的"CNKI手机知网"iOS手机软件向不特定公众提供涉案作品的下载阅读服务，侵害了周某鸾对涉案作品的信息网络传播权，应当承担侵权赔偿责任。同时，北京知识产权法院也指出，学术期刊公司的被诉使用行为不属于《最高人民法院关于审理著作权民事纠纷案件适用法律若干问题的解释》规定的报刊转载法定许可范围。[1]

此外，深圳市中级人民法院出台了《关于加强数字经济知识产权司法保护的实施意见》，从总体要求、保护数字经济创新创意成果、维护数字市场竞争公平、加强平台治理及反垄断、积极应对新型纠纷、深化审判机制创新、保障措施等方面着手，对在司法领域落实党和国家发展数字经济的决策部署提出了意见。作为全国首个从司法角度保护数字经济知识产权的实施意见，该实施意见从多方面为建设国家数字经济创新发展试验区和全球数字先锋城市提供了有力的司法保障。其中，第7条加强数字文化成果保护的意见，对落实数字阅读作品版权保护具有重要指引作用。[2]

（二）多部门联手布"剑网"，各省市积极治侵权

由国家版权局、工业和信息化部、公安部、国家互联网信息办公室四部门联合启动的"剑网行动"，是打击网络侵权盗版的年度专项行动。自该行动开展以来，各级版权执法部门聚焦权利人和群众反映强烈的网络侵权盗版问题，在数字化作品的保护方面取得了卓越的专项治理成果。"剑网2021"专项行动中，各级版权执法监管部门查办网络侵权案件445件，关闭侵权盗版网站

---

1 北京知识产权法院（2022）京73民终31—40号民事判决书。
2 深圳中院发布意见加强数字经济知识产权司法保护，网址：http://www.iprchn.com/Index_NewsContent.aspx?NewsId=134114，最后访问日期：2022年5月31日。

（App）245个，处置、删除侵权盗版链接61.83万条。"剑网2021"专项行动重点打击的领域中，与"数字阅读"有关的内容包括：网络主播在直播中未经授权复制、表演、通过网络传播他人文字等作品的行为；强化在线教育版权监管，严厉打击未经授权制作电子教材，以及通过公众号、App、朋友圈等渠道传播教育培训侵权盗版作品等行为；巩固重点领域治理成果，进一步加强对知识分享平台的版权监管。[1]

此外，各省市从日常巡查、监测预防、处理纠纷等方面对"剑网行动"予以落实，取得了一定成果。例如，北京市持续开展网络版权预警和监测，共发现网络小说等领域侵权链接477.8万条；北京市文化市场综合执法总队查办了中国银河证券股份有限公司侵犯新华社信息网络传播权等案件；各区积极开展网络版权执法检查，东城区在线巡查文化类网站1300余家次，大兴区对网络文化经营单位、网络出版物发行单位进行全面摸底；北京市版权局还分别约请快手、字节跳动，就网络平台做好版权内控、配合支持"剑网行动"等问题进行了沟通。[2]天津市文化市场行政执法总队通过日常巡查，发现爱分享网站存在大量侵害他人著作权的行为，依法责令当事人立即改正违法行为，并处罚金8000元；严肃处理"三人行免费资源网"利用信息网络传播数字化作品的侵权行为。[3]江苏省立案查办通过网络侵犯文学著作权案件14件，其中行政处罚11件，移送司法机关3件。[4]四川省共出动执法人员1500余人次，检查网络平台、经营单位3000余家次，关闭侵权盗版网站8个，删除侵权盗版链接621个。[5]在国家版权局指导下，各省市积极发挥地方能动性，切实加大版权行政保护力度，有力维护了数字阅读行业的市场竞争秩序。

---

1 "剑网2021"专项行动取得阶段性成效，网址：https://www.ncac.gov.cn/chinacopy-right/contents/12670/355098.shtml，最后访问日期：2022年7月6日。
2 数据来源于北京市版权局《北京市"剑网2021"专项行动总结报告》。
3 数据来源于天津市版权局《天津市"剑网2021"专项行动总结报告》。
4 数据来源于江苏省版权局《江苏省"剑网2021"专项行动总结报告》。
5 数据来源于四川省版权局《四川省"剑网2021"专项行动总结报告》。

（三）战略化开展版权保护，多途径探索平台自治

数字阅读平台一直将版权治理作为工作重点，通过合法获得版权、培育自有版权、与作家签订授权协议、积极维权、打击盗版等途径，积极开展版权保护平台自治。

掌阅科技自成立伊始就致力于数字版权的保护与完善，不仅与上千家出版单位、文学网站建立了合作关系，构建了广泛的直接内容采购网，[1] 还研发并搭建了版权支撑系统。该系统经过多次创新升级，具备3重预警机制，可实现16项版权风险识别，能提供5种风险应对方案，为合作出版机构、内容供应商以及作者的版权权益提供了保障，也为公司版权内容审核、制作、管理提供了更严格、更便捷的规范与体验。[2] 阅文集团一直以来都在优化对旗下作家权益的保障，不断完善维权机制，践行平台责任，推动数字阅读产业健康发展。[3] 截至2021年底，阅文集团监测发现，仅10余本重点书就涉及超20万个盗版站点，侵权链接达160万条，因盗版受影响的作家达6万名，断更作品超万部，故正式将版权保护提升至公司战略高度，投入10倍人力，探索版权保护的生态共治。[4] 2021年10月，北京广播电视台举办了"2021声音探索者大会暨北京广播节音频版权论坛"，组织业界人士就有声读物等音频内容的版权保护问题进行探讨，并发布了《保护声音作品著作权公开倡议书》，以加强业界对有声读物版权的重视程度与保护力度。[5]

- -

1 财报看掌阅科技：免费阅读成主要收入来源，精品化IP有望持续增长，网址：https://mp. weixin.qq.com/s/s87XS4hjJEUFX3sXUvxxnA，最后访问日期：2022年6月8日。

2 2022两会"话"知产，掌阅科技多措并举致力保护知识产权，网址：https://mp.weixin. qq.com/s/GFSzU4zYWreLLImEp_macQ，最后访问日期：2022年6月8日。

3 网络文学高质量发展引关注，阅文集团5部作品入选中国作家协会扶持项目，网址：https://mp.weixin.qq.com/s/BI73U7ZHfaj-K36lTVsUIw，最后访问日期：2022年6月8日。

4 全民阅读，不能少了你，网址：https://mp.weixin.qq.com/s/jy_aKITPkpt4csAsn0Uptg，最后访问日期：2022年6月9日。

5 2021声音探索者大会暨北京广播节音频版权论坛举办，网址：http://www.xinhuanet. com/local/2021-10/19/c_1211410200.htm，最后访问日期：2022年7月6日。

（四）开展多元化自律活动，探索行业自律新生态

行业协会也举办了大量研讨会，发布年度报告、倡议声明等，期冀借助多元化的自律活动促进数字阅读行业新生态的形成。2021年4月16日，中国数字阅读大会在杭州召开，大会联合各方共同探讨全媒体时代的数字阅读理念创新、方式创新与实践创新，并发布了《2020年度中国数字阅读报告》。[1] 4月20日，中国音像与数字出版协会知识服务与数字版权保护技术工作委员会在北京成立，旨在提供数字版权保护技术服务，推动行业知识服务转型。[2] 7月19日，第五届中国"网络文学+"大会新闻发布会在北京举办，发布了中国网络文学年度发展报告，解析中国网络文学现状、生态及前景，并与北京广播电视台、喜马拉雅、京东听书、掌阅听书、番茄畅听、企鹅FM等平台代表签署了改编优秀网文作品、录制有声书等合作协议。[3] 9月2日，第五届中国数字出版创新论坛在北京举办，中国出版协会在会上向全国数字出版单位发出"共同促进传统出版业转型、共建优质数字出版业"的倡导。[4] 10月27日，以"打造知识服务新生态，推动数字内容正版化"为主题的第三届中国出版业知识服务大会在北京召开，会上就推动数字版权保护等议题进行了讨论。[5] 2022年5月26日，中国版权协会举办《2021年中国网络文学版权保护与发展报告》发布会，报告指出网络文学已成为数字文化产业的重要内容源头，网络文学版权保护环境向好发展，网文盗版进入生态共治阶段。

----

1 第三届中国出版业知识服务大会在京召开，助力推动数字内容正版化，网址：https://mp. weixin.qq.com/s/vUmz0nLtl8qsSj_r9FnHCQ，最后访问日期：2022年6月9日。

2 中国音像与数字出版协会"知识服务与数字版权保护技术工作委员会"成立，网址：https://mp.weixin.qq.com/s/naEOPZqropdR5JtFXKREkA，最后访问日期：2022年5月30日。

3 第五届中国"网络文学+"大会新闻发布会在京举办，网址：https://mp.weixin.qq.com/s/OZcLMhP6qKElwEpQhSnSIQ，最后访问日期：2022年5月30日。

4 中国版协向数字出版单位发出坚持创新高质量可持续发展倡议，网址：https://mp. weixin.qq.com/s/nYGcxsJbbxhh0UeSAkrSBg，最后访问日期：2022年5月30日。

5 第三届中国出版业知识服务大会在京召开，助力推动数字内容正版化，网址：https://mp.weixin.qq.com/s/vUmz0nLtl8qsSj_r9FnHCQ，最后访问日期：2022年6月3日。

三、2021年数字阅读行业版权保护与发展的问题及对策建议

（一）现存问题

1.作者权益较难保障，底层生态亟待完善

优质作品是数字阅读产业链的核心，作为作品的创作者，作者对于行业的重要性不言而喻。签约于平台的作者，其权益却受到平台的诸多制约。"2020年断更节"引发热议，网络文学作者在行业内的弱势地位受到业界关注，也引发了对网文作者权益保障的诸多探讨。作者与平台之间地位的不平等，主要体现在以下方面：在作品授权阶段，平台提供的签约合同往往对稿费收益约定较低的回报，在版权授权方面则多采用"全版权授权"模式，而占比最大的非头部作者由于在平台面前没有议价权，多数情况下只能被迫接受网文行业长期存在的"霸王条款"；在作品使用阶段，数字技术降低了作品复制和传播的难度及成本，大量未经授权的作品被传输上网，严重损害了平台及作者的利益，也引发了许多侵权纠纷；在维权阶段，由于举证难、周期长、成本高、赔偿低，大量作者逐渐丧失维权动力。

技术进步为数字阅读行业带来了历史性发展机遇，作者的行业门槛降低，职业作家拥有了更多发光机会，也推动阅读爱好者转变为职业作者，增强了数字阅读行业的生命力。然而，低稿酬的现实与"全版权授权"的通行做法导致越来越多的普通网文作家无法依靠写作维持生计，职业群体难以长久。此外，版权全链开发的行业趋势导致迎合市场需求的"定制作品"大量产生，文学创作作品也从内在创作欲求的产物转向流水线产品。在题材限制、写作自由受限的情况下，作者个人的创造能力受到消极影响，市场中的优质作品越来越少。而忽略对作者权益的维护，将直接影响作品的数量与质量，从而波及数字阅读行业自身及下游产业链条。

2.可开发优质作品数量少，全链化版权运营质量欠佳

作品自身的质量，以及后续开发作品的质量决定了数字阅读行业及其下游产业的营收。换言之，作品质量是其版权价值高低的决定性因素，越优质的

作品其市场价值越高。截至2021年底，数字作品上架总量达3446.86万部，同比增长11.06%，题材覆盖古言现言、玄幻奇幻、都市生活、武侠仙侠、灵异科幻等领域。[1] 但是，作品数量与作品质量并未形成正比。首先，2020年全年，能成为IP开发对象的网络文学作品仅占全体作品数量的0.028%，[2] 作品版权开发率如此之低，也使得绝大多数作者都无法享受版权运营的红利。其次，版权开发还常常面临原著侵权和改编侵权的风险。网络文学的影视化、动漫化改编及有声读物的开发等已成为IP运营的重要手段，虽然在选择作品IP时会进行各方面的审慎考察，但数量庞大成为作品侵权调查的难题。如果被开发作品涉嫌抄袭，那么其后续的影视化作品也将面临口碑恶化、侵权抵制、作品被下架等风险。此外，影视化改编作品即便获得原作作者授权，依旧可能会被作者认为改编是对原作的歪曲篡改或是超出改编授权的范畴，侵犯了保护作品完整权，从而面临侵权纠纷。例如，在《九层妖塔》著作权纠纷一案中，原作作者"天下霸唱"（张牧野）就以电影《九层妖塔》是对原著的歪曲篡改为由，起诉了中国电影股份有限公司及导演陆川。一审法院认为，现有证据不足以证明原作作者张牧野的社会评价因改编降低、声誉受损，故张牧野关于其保护作品完整权受侵害的主张不成立。[3] 二审法院则认为，作者的名誉、声誉是否受损并不是损害保护作品完整权的要件，本案中的大幅度改动对原作作者的观点情感作出了本质上的改变，故构成对原作的歪曲、篡改。[4] 最后，已进行IP开发的作品，也常常存在运营质量不高的问题，从而严重影响衍生作品的创收，如知名网文《武动乾坤》的电视剧版，因改编质量欠佳，收视率和网评都较差。总之，可开发的优质作品数量较少，已开发的衍生作品质量不佳，甚至面临版权侵权纠纷等，都对数字阅读的版权运营造成了重重阻碍。

----

1 数据来源于中国音像与数字出版协会的《2021年度中国数字阅读报告》。
2 数据来源于中国音像与数字出版协会的《2021年度中国数字阅读报告》。
3 北京市西城区人民法院（2016）京0102民初83号民事判决书。
4 北京知识产权法院（2016）京73民终587号民事判决书。

3.盗版侵权屡禁不止，维权实践困难重重

盗版小说网站"笔趣阁"仅靠"搬运"小说就年入62亿元广告费的消息爆出后，网文盗版再次引起了广泛关注。[1]

2020年，中国网络文学盗版损失规模达60.28亿元，同比增长6.9%；重点盗版平台整体月活跃用户量高达727.4万人，月人均使用时长接近19小时，月人均启动次数约115次。[2]现有的侵权途径主要包括盗版平台及搜索引擎、应用市场等；主要侵权形式包括无授权登载、抄袭、无授权制成有声书。授权不能或授权不规范、盗版边际成本低、网民版权保护意识淡薄等，都是盗版侵权行为屡禁不止的重要原因。实践中，大多数盗版网站都是"三无"网站，服务器未在国内备案，甚至运营人也在境外，取证极其困难，这也导致数字作品侵权纠纷时常陷入权属认定难、举证与证据公证保全难、诉讼周期长、成本高的困境。盗版侵权行为的猖獗，不仅打击了作者的创作动力，也分流了正版平台的用户，影响平台内容供给，严重破坏整个网文圈的创作生态。此外，考虑到被盗版风险，许多传统出版社对图书作品的数字化热情不高，由此对传统出版业的转型升级造成阻碍，影响了数字出版业的健康发展。

（二）对策建议

1.引导平台自觉维护作者权益，制定格式合同规范营商环境

作者缺少话语权、地位低、无法保障自身权益等现象，集中体现在合同中的权利归属和利益分配等方面。加强作者权益保障，核心在于改革作者与平台利益分配的方式，提升作者话语权。企业需要树立平等互利的发展意识，认清作者在行业发展中的重要性，与作家群体商议形成双方都可接受的利益分配方案，从而建立良好的行业生态环境。由于网文作者和平台之间的纠纷多

----

1 年入62亿，100元就能"入门"，网文大盗"笔趣阁"黑产曝光！唐家三少、猫腻等522名网文作家联名倡议，网址：https://mp.weixin.qq.com/s/yCIkUKWkXzP-souuTsNKesA，最后访问日期：2022年7月7日。

2 参见易观分析《中国网络文学版权保护白皮书2021》。

为合同约定不明导致的版权归属纠纷和利益分配纠纷，故可以在相关行业协会、作家代表等参与的情况下，由数字阅读企业等制定符合双方需求和行业发展规律的著作权格式合同，至少包括作品授权分成合同、作品版权转让合同、作品委托授权合同三类。第三方机构的参与和监督，能够为网文作者与数字阅读平台创建一个平等对话的空间，还能帮助平台厘清不同层级作者的不同诉求，针对不同诉求量身制定相应条款，从而更好地实现与作家群体的良性互动。分门别类、权责清晰的格式合同，不仅能够极大改善作者的弱势地位，还能够对主要分歧条款给出针对性建议，为网文作者提供能够保障自身权益的参考，避免网文作者承担因不了解著作权法律规范而盲目签订合同的法律风险。此外，版权行政管理部门、市场监督管理部门等还应当对网络文学平台的运营加强监管，对涉嫌垄断行为的平台进行调查，依法处理，规范数字阅读行业市场竞争秩序。

2.净化创作生态催生优质作品，加强版权运营顶层设计

优质作品是数字阅读行业发展的核心，版权运营则是数字阅读行业发展的动力。解决可开发的优质作品数量少、版权运营质量欠佳的问题，可从如下方面入手：第一，多角度提升对作者版权的保护力度。通过完善相应法律法规、制定合理利益分配方案、加强司法实践中对作者权益的保护等措施，为作者提供良好的创作环境，减少作者创作的后顾之忧，提升大众创作热情，从而为优质作品的产生及后续的衍生开发奠定基础。第二，提升影视化开发水平。影视化改编是网文IP开发的主要手段之一，但作为主要下游产业的影视行业常面临改编作品评分低、人气差的问题。实际上，IP改编剧本最重要的任务则是忠于原著思想内核，权利人可以与口碑较好的专业影视公司合作，善用与作品气质相投的编剧、导演和演员，从而实现IP作者和编剧之间的有效协作，尽量保留原著的故事核心、主要设定，延续原著IP人气。第三，加强作品IP全链条开发能力。我国IP开发产业链以数字阅读行业为核心，主要围绕影视化展开，但尚未形成成熟、通用的开发模式，下游的动漫、游戏、衍生产品、主题公园等发展相对薄弱。因此，必须做好"网络文学+产业"的顶层设计和布局安排，真正实现优质IP的全链条开发，促进作品版权交易和变现。

3.培育版权意识减少侵权行为，借助区块链技术促进纠纷解决

侵权频发一直是数字阅读行业发展的痛点，而加强数字版权内容的管理则能够有效减少盗版行为。其一，加强版权宣传教育。版权行政管理部门、行业协会等应当积极开展版权保护宣传教育，培育社会大众的版权保护意识，构建版权保护和发展的良好社会氛围。其二，数字阅读平台要加强作品供给侧改革，提供优质作品以满足用户的阅读需求。调查显示，截至2021年底，数字阅读付费用户已达到92.17%，较2020年增长2.22个百分点。[1]用户消费观已经发生了较大转变，只要收费合理，绝大多数用户更愿意购买正版。部分用户因缺少获得某些作品的合法途径，如新上市的书籍、外国著作等，转而通过非法途径获取，滋生了盗版侵权行为。因此，数字阅读平台可以通过加强版权布局，积极引进这部分作品的数字版权，提供获得这类作品的合法途径，能够在一定程度上减少侵权行为。此外，数字阅读企业还应当加强技术措施的开发，可利用DRM等符合数字时代的技术措施保护本平台的数字作品免受侵害。

数字阅读行业面临的维权困境在司法实践中主要体现为举证困难。对此，各权利主体可以利用区块链存证技术，进行区块链存证，以降低维权成本。此外，人民法院也要加强区块链的司法应用，通过构建版权领域的区块链平台协同机制，实现对版权登记、转让等信息的查询核验，为相关侵权案件的证据认定提供便利，从而服务于数字时代的经济社会治理。[2]

1　参见中国音像与数字出版协会的《2021年度中国数字阅读报告》。
2　参见《最高人民法院关于加强区块链司法应用的意见》（法发〔2022〕16号）。

2021年中国数字音乐行业
版权保护与发展报告

邢贺通★

中国数字音乐行业经历了1999—2005年的探索期、2006—2013年的市场启动期、2014—2016年的高速发展期，自2017年起，进入应用成熟期。[1] 2021年，中国录制音乐产业收入中的89.2%来自流媒体。[2] 目前，中国数字音乐行业的发展速度与行业格局调整主要由几大数字音乐平台主导，因此本报告主要围绕数字音乐平台进行研究。

一、2021年中国数字音乐行业整体发展情况

（一）行业发展欣欣向荣，市场规模呈增长态势

2021年，中国数字音乐市场规模达到742.37亿元，同比增长4.48%，继续保持平稳增长态势（见图1）。

★ 邢贺通，西安交通大学。
1 参见易观分析《中国在线音乐市场年度综合分析2022》。
2 数据来源于IFPI《2022年全球音乐报告》。

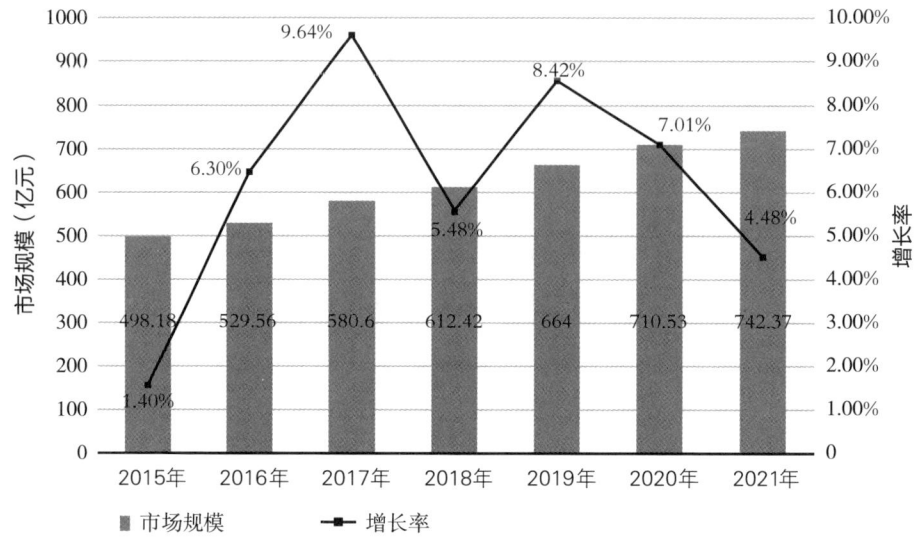

图 1　2015—2021年中国数字音乐市场规模及增长率[1]

　　在用户规模方面，2021年，在疫情常态化背景下，数字音乐行业月活跃用户规模从年初约7.3亿人增长到4月初的约7.6亿人，之后基本稳定在7.6亿人左右，且同比增长总体呈现上涨趋势，可见数字音乐行业用户量庞大，用户活跃度较高（见图2）。在新冠肺炎疫情背景下，线下大型演艺活动受到影响，预计未来数字音乐行业用户量将进一步增加，用户活跃度也将进一步上升。

1　2015—2019年为中国传媒大学音乐产业发展研究中心公布的数据，2020—2021年为易观测算数据，统计口径一致。统计数据中所界定的数字音乐市场规模包括：数字专辑、单曲购买量、平台会员、音乐平台线上演出门票、直播打赏等。参见易观分析《中国数字文化娱乐产业年度综合分析2021》。

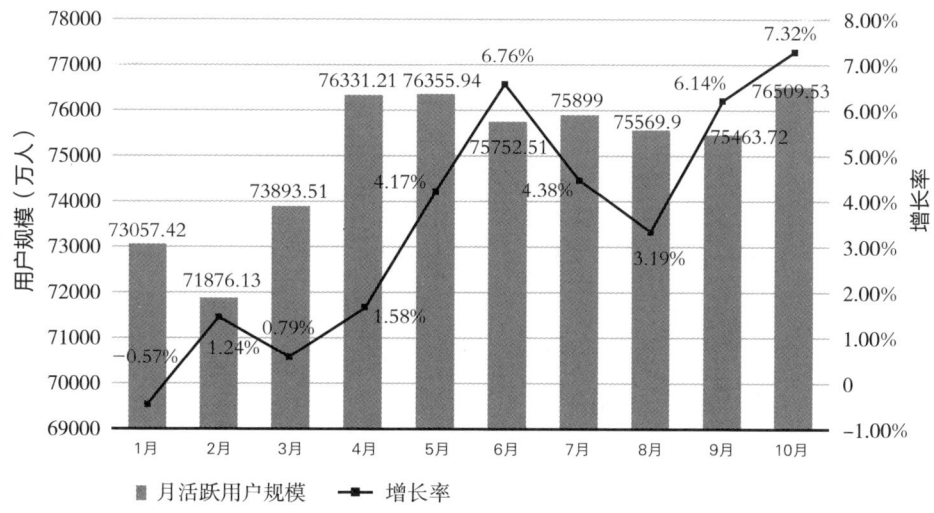

图2 2021年数字音乐行业月活跃用户规模[1]

中国数字音乐行业的发展离不开音乐作品本身，新歌的生产规模无疑是最能体现当前数字音乐行业创作活力的核心数据。在作品规模方面，2021年华语新歌总量达到了114.5万首（见图3），同比增长53.1%，这意味着，2021年平均每过27秒就会诞生一首新歌。[2]

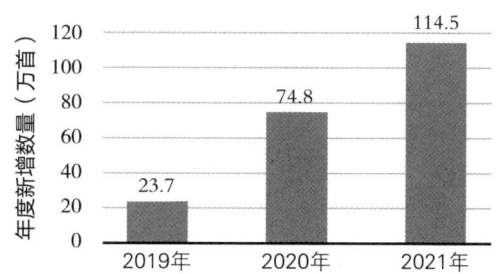

图3 2019—2021年华语新歌年度新增数量[3]

---

1 数据来源于易观分析《中国数字文化娱乐产业年度综合分析2021》。

2 参见腾讯音乐数据研究院《2021华语数字音乐年度白皮书》。

3 数据来源于腾讯音乐娱乐集团旗下QQ音乐、酷狗音乐、酷我音乐的上架歌曲及歌手。

新歌离不开音乐人的创作。在音乐人规模方面，2021年参与新歌创作的作曲人和作词人规模均突破10万人，且数量增幅也超过2020年同期；从发行新歌的华语歌手数量上看，2021年发行新歌的华语歌手达到25.3万人，同比增长90.2%（见图4）。[1]新歌创作规模持续扩大，根本原因在于互联网推动生产力进一步下沉。大量原创音乐人独立创作发行已成为常态，伴随互联网围绕"创作者"所搭建的生产、宣发和销售一体化市场愈发成熟，普通音乐爱好者参与音乐创作和发行的门槛继续降低，音乐行业的生产活力被进一步激发，行业"共创"的特征也更加突出。[2]

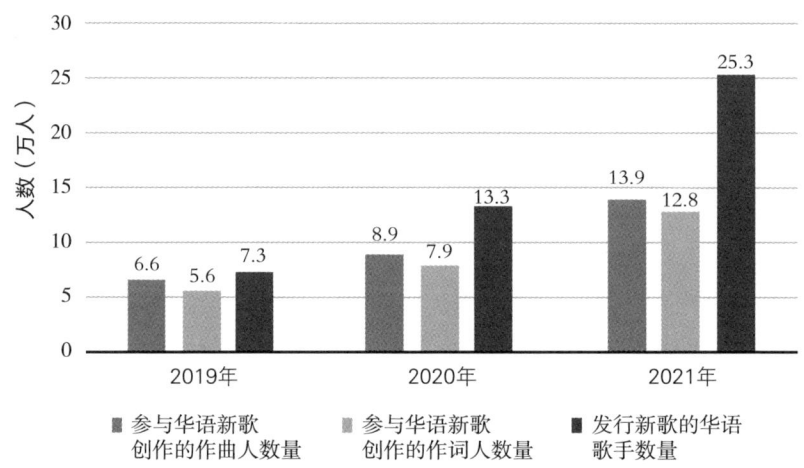

图 4　2019—2021年参与华语新歌创作的作曲人、作词人及发行新歌的华语歌手数量[3]

（二）市场格局呈"一超一强"局面，短视频平台入局数字音乐行业

2015—2021年上半年，中国数字音乐市场版权竞争趋于白热化，并逐渐形成"一超一强"市场格局。腾讯音乐[4]与网易云音乐激烈争夺独家音乐版权

1　参见腾讯音乐数据研究院《2021华语数字音乐年度白皮书》。
2　参见腾讯音乐数据研究院《2021华语数字音乐年度白皮书》。
3　数据来源于腾讯音乐娱乐集团旗下QQ音乐、酷狗音乐、酷我音乐的上架歌曲及歌手。
4　指腾讯音乐娱乐集团，旗下数字音乐平台包括QQ音乐、酷狗音乐、酷我音乐等。

资源，二者占据了93%以上的市场份额。同时，歌手直播服务等音乐衍生娱乐市场受上游独家音乐版权市场格局影响，被腾讯音乐与网易云音乐垄断，77%的市场份额为二者享有。[1]

用户是平台营收的根基，平台的月活跃用户越多，平台营收就越高。笔者统计了2021年1月和2022年1月所有数字音乐平台月活跃用户数据，筛选出排名前六位的平台（见图5）。数据显示，腾讯音乐旗下的酷狗音乐、QQ音乐、酷我音乐与网易云音乐月活跃用户均超过1.5亿人，这4个音乐平台占据了音乐行业的绝大部分市场份额。结合财务数据，腾讯音乐与网易云音乐2021年财报显示，两公司营收分别达312.44亿元与69.976亿元。腾讯音乐与网易云音乐在数字音乐行业形成了"一超一强"的市场格局。[2]

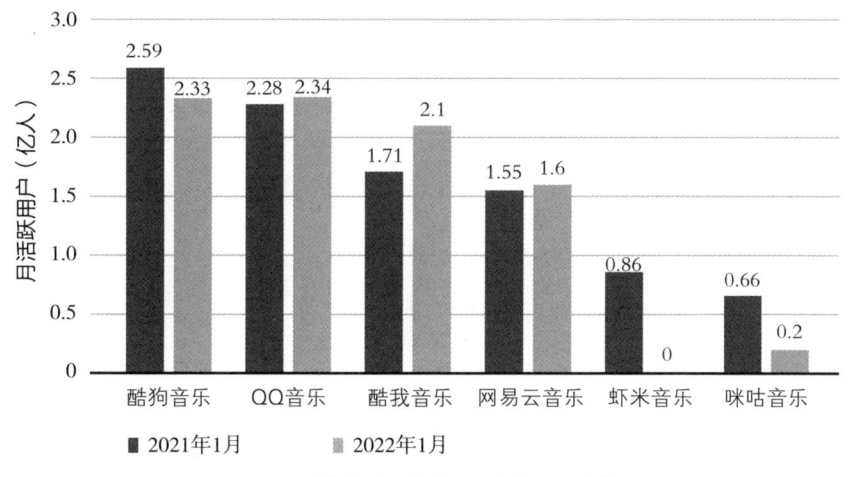

图5 数字音乐平台月活跃用户[3]

---

1 网易云音乐与腾讯音乐再起争执，在线音乐路在何方，网址：https://m.thepaper.cn/newsDetail_forward_18021856，最后访问日期：2022年8月4日。
2 酷狗音乐、QQ音乐和酷我音乐同属于腾讯音乐。2021年1月排名第5位的虾米音乐已于同年2月5日正式停止服务，同年3月5日关闭服务器，因此虾米音乐2022年的数据量为0。
3 网易云音乐与腾讯音乐再起争执，在线音乐路在何方，网址：https://m.thepaper.cn/newsDetail_forward_18021856，最后访问日期：2022年8月4日；智研咨询：2020年中国网络音乐用户规模达6.58亿人，其中手机网络音乐用户占99.74%，网址：https://www.chyxx.com/industry/202102/933364.html，最后访问日期：2022年8月4日。

随着网络直播、短视频的兴起，数字音乐市场"一超一强"的格局也受到了挑战。数据显示，2020年上半年，数字音乐平台用户的月人均使用时长为232分钟，同比下降26.3%，用户对数字音乐平台的黏度有所弱化，数字音乐平台正受到短视频等多类娱乐形式的冲击。[1]

短视频平台已经成为新媒体时代音乐人的重要聚集地，更是当下音乐宣传发行的主要平台之一。2021年，64.75%的音乐人上传过短视频（见图6）。[2]越来越多的原创歌曲和音乐人通过短视频平台被更多受众认识和了解。

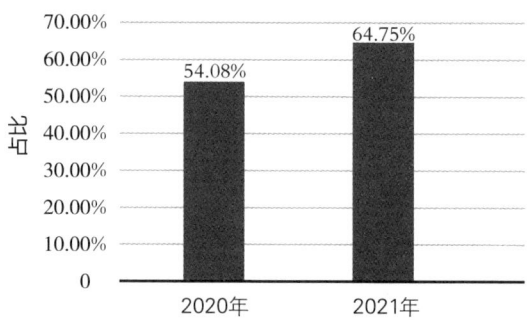

图6 2020年与2021年上传过短视频的音乐人占比[3]

2021年，腾讯音乐与网易云音乐仍然是音乐人的主要收益平台，但短视频平台强势入局，增强了音乐人收益渠道多元化的趋势（见图7）。2021年，以腾讯音乐为主要收益平台的音乐人数量同比下降16.41%，而以短视频平台抖音为主要收益平台的音乐人同比增长8.24%。此外，调查显示，有61.67%的音乐人有直播行为和直播经历，这一群体中有43.82%的音乐人其直播收益来自抖音，并且有超半数的音乐人选择抖音传播自己的音乐作品，抖音在音乐传播领域的发展势头迅猛。随着抖音等短视频平台不断优化作品推广效果、开发新型推广模式，音乐人倾向于投放作品的平台呈现"百花齐放"的景象，[4]这也促

----

1 参见QuestMobile《中国移动互联网2020年半年大报告》。
2 参见中国传媒大学张丰艳工作组《2021中国音乐人报告》。
3 数据来源于中国传媒大学张丰艳工作组《2021中国音乐人报告》。
4 参见中国传媒大学张丰艳工作组《2021中国音乐人报告》。

进了数字音乐版权价值的提升。

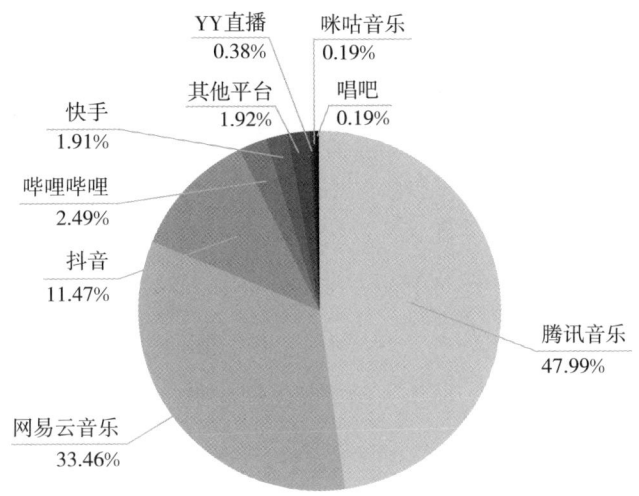

图 7 2021年音乐人的主要收益平台[1]

总体而言，短视频平台异军突起，撼动了腾讯音乐和网易云音乐两大数字音乐平台"一超一强"的市场格局。短视频形态的兴起，正在逐渐影响着中国数字音乐未来发展的方向。[2]

（三）盈利以广告收入与内容付费为主，"独家占有+转授权"模式恐难继续

广告收入是数字音乐平台的主要盈利模式之一。数字音乐平台基于庞大的用户群，产生巨大的流量，而广告是一种简单的流量变现方法，也是最被市场接受的方法之一。[3]广告计费大多根据浏览量、点击量等指标进行，近些年随着大数据等技术的不断发展，平台能够根据用户喜好等信息精准投放广告。在技术加持下，算法推荐为数字音乐平台带来了更多广告收益。

----

1 数据来源于中国传媒大学张丰艳工作组《2021中国音乐人报告》，其中腾讯音乐包含其旗下的所有数字音乐平台。
2 参见中国传媒大学张丰艳工作组《2021中国音乐人报告》。
3 马冬莉：QQ音乐APP的特色创建之道，《传媒》2017年第1期。

内容付费是数字音乐平台另一主要盈利模式。2015年，国家版权局下发《关于责令网络音乐服务商停止未经授权传播音乐作品的通知》，用户版权意识逐渐增强，音乐付费习惯逐渐养成，平台也更加注重内容付费的盈利模式。以腾讯音乐为例，2021年全年，腾讯音乐的数字音乐服务收入114.7亿元，同比增长22.7%，其中，数字音乐订阅收入同比增长31.9%至73.3亿元。[1] 2022年第一季度，腾讯音乐的数字音乐付费用户首次突破8000万人以上，达到8020万人，同2021年第一季度相比增长31.7%，付费率达13.3%，高于2021年第一季度的9.9%与第四季度的12.4%（见图8）。但中国的数字音乐付费率相较于其他国家仍有较大差距。以2018年为例，美国主流数字音乐平台Spotify的用户付费率为46.4%，新加坡的数字音乐付费率达到50%以上，韩国的数字音乐付费率甚至达到90%。[2] 因此，中国数字音乐付费率存在较大上升空间，需要各大数字音乐平台对内容付费模式进行更多的创新。

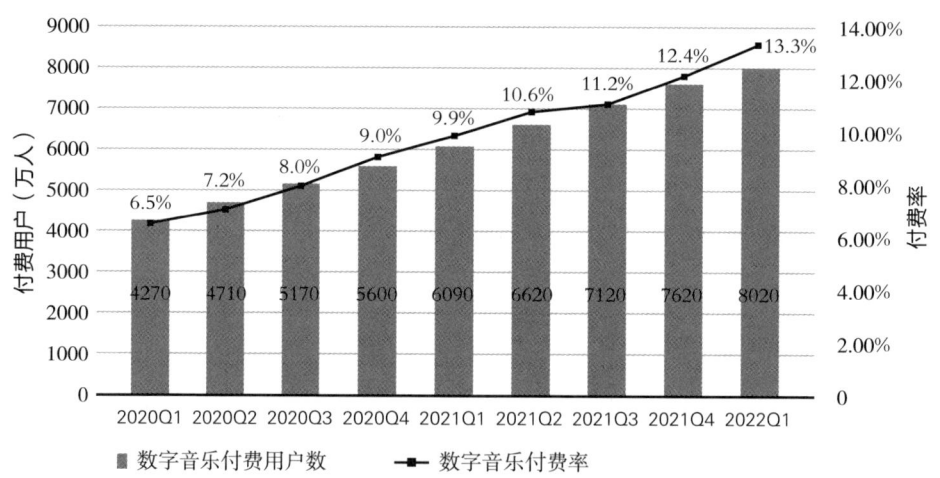

图8　2020—2022年第一季度腾讯音乐数字音乐用户付费情况[3]

1　数据来源于腾讯音乐财务报告。
2　国内仅5%用户为数字音乐付费，平均每月约31元 你会为网上听歌买单吗，网址：https://baijiahao.baidu.com/s?id=1640008963266240290&wfr=spider&for=pc，最后访问日期：2022年8月4日。
3　数据来源于腾讯音乐财务报告。

2015年，《关于责令网络音乐服务商停止未经授权传播音乐作品的通知》发布后，各数字音乐平台纷纷下线未经授权的音乐作品，并以获得独家授权作为首选的授权和竞争模式，展开"争夺数字音乐版权之战"。2017年，国家版权局约谈20余家音乐公司，腾讯音乐、网易云音乐等数字音乐平台开始探索"转授权"模式，并由此开始了"独家占有+转授权"的新盈利模式。拥有更多独家版权资源的平台不但盈利颇丰，而且在数字音乐市场获得了更多话语权。为争夺音乐版权资源，维护自身市场竞争优势，各大平台都在试图与产业链上游的唱片公司等签订版权独家授权协议，腾讯音乐与网易云音乐更是其中的佼佼者。但"版权独家授权"模式盛行之下，独家版权资源集中于少数平台，导致这些平台逐渐具备市场支配地位，影响上下游市场，产生垄断风险。2021年，国家加强对数字音乐平台反垄断的监管，大平台的独家授权模式被"叫停"，数字音乐行业进入"非独家授权"时代。[1] 在此背景下，各大平台都有机会直接从产业链上游获得版权许可，"独家占有+转授权"模式可能难以为继。

二、2021年数字音乐行业版权保护状况

（一）新业态下版权纠纷频发，司法手段助力版权维权

数字音乐版权纠纷主要集中于民事领域，以"音乐作品""数字""网络""在线"为关键词，"著作权合同纠纷""著作权权属、侵权纠纷"为案由，以"2018年1月1日至2021年12月31日"为时间限定，在中国裁判文书网进行检索，共检索到相关案件35411件（见图9）。

---

1 参见北京知识产权司法保护研究会《音乐产业著作权保护报告》。

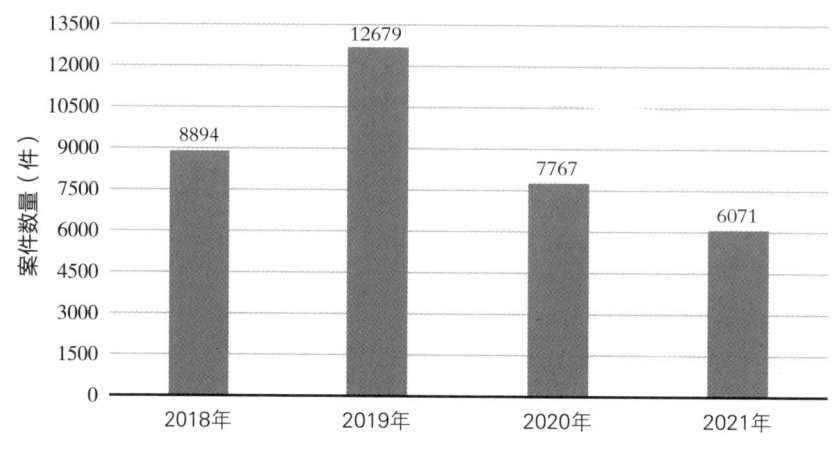

图 9　2018—2021年全国法院审理数字音乐版权纠纷案件数量

地域分布方面，2021年，广东省数字音乐版权纠纷案件最多，达到3373件，占全国法院审结的该类型案件总数的62.09%（见图10）。广州是中国内地流行音乐发源地之一，是中国数字音乐产业发展的领先城市，音乐平台、唱片公司、原创音乐人等主体在此大量聚集，更易产生版权纠纷。

案件审级方面，2021年，仅有17.56%的案件进入了二审，仅有0.17%的案

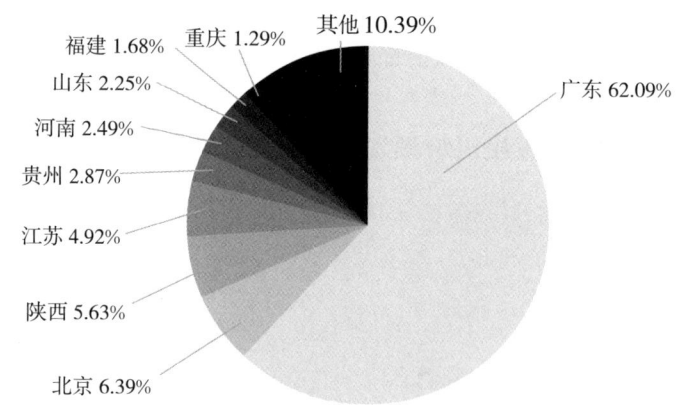

图10　2021年全国法院审结的数字音乐版权纠纷案件地域分布

件进入了再审（见图11）。数据显示，绝大多数数字音乐版权纠纷案件事实比较清楚、证据比较充分，并且司法裁判规则趋于统一，当事人共识度不断提

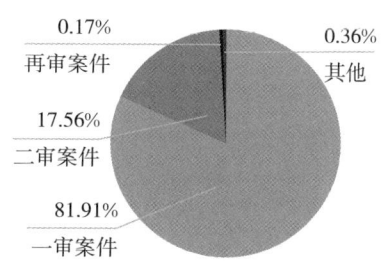

图11 2021年全国法院审结数字音乐版权纠纷案件审级

高，维权预期合理性提升，[1] 因此纠纷多在一审时就能够得到妥善解决。

案件标的额方面，2021年，86.78%的数字音乐版权纠纷案件标的额在10万元以下，案件标的额普遍较小（见图12）。随着短视频、直播等新业态的兴起，数字音乐版权价值也水涨船高，未来数字音乐的版权纠纷案件标的额大概率将呈现上涨趋势。

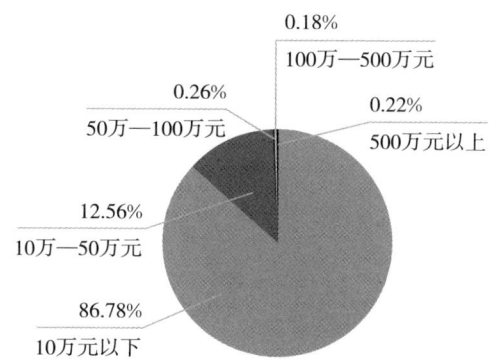

图12 2021年全国法院审结数字音乐版权纠纷案件标的额

2021年，司法实践切实加强了对数字音乐新业态的版权保护力度。在短视频领域，北京互联网法院发布了2021年涉短视频著作权十件典型案例，其中一起案件经审理后认定，短视频平台不仅要对其未经授权擅自上传热门歌曲的直接侵权行为负责，还要对平台用户使用该歌曲录制并上传短视频导致歌曲传播范围扩大的后果负责，表明了在新的传播方式下保护数字音乐版权、促

---

1 参见北京知识产权司法保护研究会《音乐产业著作权保护报告》。

进短视频新业态健康发展的司法态度。[1] 在直播领域，人民法院明确表示未经授权在直播时演唱歌曲的行为构成侵权。在北京麒麟童公司与武汉斗鱼公司侵害著作权纠纷一案[2]中，法院经审理认为，冯提莫等主播在其直播间演唱《小跳蛙》的行为直接侵害了北京麒麟童公司对涉案作品享有的著作权，即2010年《著作权法》第10条第（17）项的"应当由著作权人享有的其他权利"。新《著作权法》生效施行后，直播演唱歌曲的行为可直接受到该法第10条第（11）项的广播权规制。

（二）行政手段推动版权保护，"剑网"专项行动效果显著

数字音乐是网络版权治理较早关注的领域，"剑网2015"专项行动的第一项重点任务便是开展规范网络音乐版权专项整治行动，加强对音乐网站的版权执法力度，严厉打击未经许可传播音乐作品的侵权盗版行为。此次专项行动对数字音乐版权侵权盗版的打击效果明显，改变了此前盗版数字音乐泛滥的局面，因此2015年也被称为"中国数字音乐正版化元年"。[3] 随后，在每年的"剑网"专项行动中，数字音乐版权侵权现象一直受到重点关注。

"剑网2021"专项行动由国家多部门联合启动，重点整治5个领域的版权秩序，其中涉及数字音乐领域版权秩序整治的内容包括："整治网络直播版权乱象，重点打击网络主播在直播中未经授权复制、表演、通过网络传播他人影视、音乐、摄影、文字、游戏等作品及录音录像制品等行为""巩固重点领域治理成果，进一步加强对电商平台、社交平台、知识分享平台的版权监管，着力规范网络新闻、网络音乐、计算机软件等版权传播秩序"等。[4] "剑

1　4·26特辑｜北京互联网法院发布涉短视频著作权十件典型案例，网址：https://mp.weixin.qq.com/s/i3MD6xY3Sy9nXtf-aGvlog，最后访问日期：2022年8月4日。

2　北京知识产权法院（2021）京73民终598号民事判决书、北京互联网法院（2019）京0491民初23409号民事判决书。

3　参见国家版权局网络版权产业研究基地《中国网络版权产业发展报告（2021）》。

4　"剑网2021"专项行动取得阶段性成效，网址：https://www.ncac.gov.cn/chinacopyright/contents/12670/355098.shtml，最后访问日期：2022年8月4日。

网2021"专项行动的成果丰硕,共删除侵权盗版链接119.7万条,关闭侵权盗版网站、App合计1066个,查办网络侵权盗版案件1031件,其中刑事案件135件,涉案金额7.11亿元。[1]

(三) NFT技术成版权保护新手段,行业自律共建版权健康新生态

2021年,NFT市场实现了从加密群体到主流群体的突围,这股热潮也很快渗透到了音乐圈。NFT具有唯一性、不可篡改等特性,[2]解决了数字文件缺乏稀缺性和易遭盗版的问题,在版权确权方面有着天然优势。[3]以胡彦斌《和尚》20周年纪念黑胶NFT为例,其使用了腾讯云至信链作为底层区块链技术,确保藏品信息真实透明,具有可以溯源的唯一标识,从而保证藏品的安全性。[4]中国数字音乐行业的版权保护同样离不开行业自律。2021年,行业协会、企业等通过举办研讨会、发布年度报告、发表倡议声明等方式,借助多元化的自律活动促进版权健康新生态发展。6月,由中国音像与数字出版协会承办的"聚焦版权生态,打造数字音乐产业新格局"论坛在北京举行,就数字音乐版权保护、音乐版权集体管理、数字音乐版权行政执法以及如何加强数字音乐行业自律和鼓励差异化发展等多个热点问题展开讨论。10月,"第八届中国国际版权博览会——中国数字音乐版权发展分论坛"在杭州举办,业内首份以数字音乐版权生态为主题的倡议书《共建数字音乐版权健康新生态倡议书》正式发布。该倡议书从构建版权保护新生态、营造版权流通新秩序、助推华语音乐高质量发展三个角度展开,提出深入推进版权实际运用和价值转化是数字音乐版权事业创新发展的重要命题。

----

1 "剑网2021"行动期间查办网络侵权盗版案1031件,网址:https://news.china.com/domesticzq/13004215/20220426/42122044.html,最后访问日期:2022年8月4日。
2 参见腾讯音乐数据研究院《2021华语数字音乐年度白皮书》。
3 魏鹏举,魏西笑:文化遗产数字化实践的版权挑战与应对,《山东大学学报(哲学社会科学版)》2022年第2期。
4 参见腾讯音乐数据研究院《2021华语数字音乐年度白皮书》。

三、2021年数字音乐行业版权保护与发展的问题及对策建议

（一）现存问题

1.版权成核心竞争资源，独家版权掣肘行业良性发展

"版权独家授权"模式是国家强力打击盗版音乐的背景下，各数字音乐平台为缓解版权矛盾采取相应措施后的产物，在一定程度上缓解了著作权人与数字音乐平台之间的紧张关系。但随着时间的推移，"版权独家授权"模式已经逐渐掣肘数字音乐行业的良性发展。[1]

一是该模式会实质性提高竞争对手乃至行业的成本，造成供给挤压效应，弱化市场竞争。具体而言，占据市场优势地位的数字音乐平台通过与唱片公司开展大量版权独家授权交易，积累了过量的版权，导致市场上的版权供给严重不足，剩余的占据市场弱势地位的平台只能在夹缝中生存，从上游数字音乐版权市场尝试购买残存的版权，在需求大于供给的市场环境下，版权供给价格必然会大幅提高，占据市场弱势地位的平台的成本就会提高。[2]同时，这些残存的版权本身市场价值也不高，因为价值高的版权已经被占据市场优势地位的平台买进，这样也会挤压占据市场弱势地位的平台的利润空间，最终造成"赢者通吃、一家独大"的局面。

二是该模式会阻止潜在竞争对手进入市场，造成市场封锁效应，进一步弱化市场竞争。首先，版权市场的大量版权已经被占据市场优势地位的数字音乐平台独占，潜在的竞争对手更难获得足够的版权量以进入市场。其次，版权独家授权背景下，市场上的竞争对手已经不多，市场巨头很有可能为了进一步巩固优势地位，达成横向卡特尔，联手阻止潜在竞争对手进入市场。在版权独

1　参见易观分析《中国数字文化娱乐产业年度综合分析2021》。
2　王伟：平台独家版权集中的竞争损害及反垄断规制研究——基于腾讯音乐的考察，《管理学刊》2021年第6期。

家授权背景下，横向卡特尔在合谋垄断者的相互监督下将变得更具稳定性。[1]最后，即使由于忌惮于反垄断法的处罚，行业巨头们可能不会明目张胆地达成横向卡特尔，但在巨头双方自营自销自家曲目的条件下，若一方选择拒绝向潜在进入者转授版权，则另一方为了不降低自身的竞争优势，自然会同样拒绝，这样在实质上阻止了潜在竞争对手进入市场。[2]

三是该模式会造成消费者福利被损害。一方面，消费者可能面临为了收听版权分布于不同数字音乐平台的作品而重复充值不同平台会员的困境；另一方面，占据市场优势地位的数字音乐平台可能由于独占大量热门、稀缺的作品版权而向消费者收取高昂的会员费。[3]

2. 实体音乐市场大幅萎缩，录音制作者生存受限

一首音乐作品从诞生到走向市场，需要经过词曲作者创作、歌手演唱、录音制作者制作、平台发行等环节。[4]其中，录音制作者是不可或缺且承上启下的一环：录音制作者寻找、挖掘优秀的音乐作品，发现、培养优秀的音乐新人，制作精美的录音制品。可以说，录音制作者是音乐行业的核心力量。[5]

然而，2010年《著作权法》仅在第42条赋予录音制作者复制权、发行权、出租权和信息网络传播权四项专有权利，既不包括表演权，也不包括广播权。在数字化时代，实体音乐市场已经大幅度萎缩，录音制作者通过行使与制作、发行和出租实体录音制品有关的复制权、发行权和出租权获得的收益可谓微乎其微，主要是通过信息网络传播权的许可这一个单一的收入渠道获得收

---

1 Joseph Farrell, Carl Shapiro, Horizontal Mergers: An Equilibrium Analysis, American Economic Review (1990), p. 107.

2 王伟：平台独家版权集中的竞争损害及反垄断规制研究——基于腾讯音乐的考察，《管理学刊》2021年第6期。

3 龙俊：数字音乐版权独家授权的竞争风险及其规制方法，《华中科技大学学报（社会科学版）》2020年第2期。

4 金春阳，邢贺通：区块链在数字音乐版权管理中应用的挑战与因应，《科技管理研究》2022年第9期。

5 张今，冯艳：再议录音制作者广播权和表演权，《中国版权》2015年第1期。

入。[1] 然而，由于录音制作者与数字音乐平台的谈判地位不对等，导致其也难以通过信息网络传播权获得稳定的收益。这阻碍了录音制作者的发展空间，甚至威胁到了他们的生存。

3. 技术进步促成行业新业态，侵权频发亟待加强保护

随着互联网、5G、XR、人工智能等技术不断发展，数字音乐行业拓展了短视频、直播、云演出、虚拟偶像等新业态。音乐提升了短视频作品的质量，直接展现音乐作品、翻唱音乐作品或将音乐作品作为背景音乐或舞蹈伴奏成为短视频使用音乐的主要形式；云演出则打破了空间束缚，为观众带来全新的线上音乐体验，内容主要包括大型线上演唱会、新歌首唱会、线上Live House以及音乐演艺直播；2021年，虚拟偶像市场爆发，虚拟偶像"表演"音乐作品进一步丰富了音乐作品的使用场景，网易云音乐虚拟艺人"乐灵"、华纳音乐签约虚拟艺人"哈酱"等虚拟偶像成为行业弄潮儿。新业态推动数字音乐版权应用场景进一步多元化，也进一步提升了数字音乐版权价值。然而，在这些新业态中，数字音乐侵权行为发生频率更高、行为更加多变、方式更加分散和隐蔽，从而加大了著作权人的维权难度。侵权行为发现难，维权的成本高、周期长、赔偿低、投入产出比过低等原因导致绝大多数著作权人放弃维权。

（二）对策建议

1. 主动调整发展方向，把握数字音乐市场发展风口

为推动数字音乐行业健康发展，2021年，国家市场监督管理总局依法要求腾讯解除独家版权协议，数字音乐行业进入"非独家授权"时代，为行业带来诸多利好。一是占有市场优势地位的数字音乐平台将失去高额价格市场，中小型的平台将获得更多的市场空间。二是各数字音乐平台将获得更多平等购买版权资源的机会，更多潜在竞争者将进入市场，市场将迎来良性竞争，用户运

1　王迁：传播录音制品获酬权条款研究，《苏州大学学报（哲学社会科学版）》2021年第3期。

营将成为在市场中获得竞争优势的关键。三是增加消费者福祉。消费者不必辗转于多个音乐平台收听音乐作品,市场竞争活力提升,消费者获得更优惠的会员费。四是对原创音乐的扶持力度将加大,原创音乐成为各平台版权库的重要组成部分,有利于华语音乐市场的健康发展。[1]

未来,占有市场优势地位的数字音乐平台为了巩固自己的优势地位,将会更加重视用户运营,为用户提供更优质的服务以增强用户黏性。例如,腾讯音乐拥有雄厚的资金优势和强大的技术团队,可以用技术手段为用户提供优质服务,其旗下的QQ音乐正不断探索"科技+音乐"的可能性,并于2021年11月为音乐爱好者推出AI曲谱,提升用户体验。[2]其他平台则注重细分产品开发,增强市场竞争力。例如,2021年,咪咕音乐增加多种听歌音效,创新互动玩法,用户规模和黏性稳步上升。

此外,由于存量音乐人获取成本高、竞争强,各大平台加大力度培育独立音乐人。例如,2021年,咪咕音乐启动"来电真乐计划",整合宣传资源和演艺资源,为青年音乐人提供全产业链的扶持机会,发掘并储备音乐产业生力军;[3]腾讯音乐启动亿元激励计划3.0,音乐人平均收入增长78%。[4]

2. 落实"传播录音制品获酬权",区块链技术助力制度落地

为有效维护录音制作者的权益,激励行业发展,新《著作权法》第45条[5]为录音制作者规定了"传播录音制品获酬权"[6]。该规定参照了中国在加入

---

1 易观分析《中国数字文化娱乐产业年度综合分析2021》。
2 该功能采用了卷积神经网络和循环神经网络等深度学习算法,通过提取和弦、拍号、节奏、调性等曲谱的基本信息,精准、高效地绘制出吉他曲谱,并支持转调功能。
3 易观分析《中国数字文化娱乐产业年度综合分析2021》。
4 易观分析《中国在线音乐市场年度综合分析2022》。
5 新《著作权法》第45条规定:"将录音制品用于有线或者无线公开传播,或者通过传送声音的技术设备向公众公开播送的,应当向录音制作者支付报酬。"
6 王迁:传播录音制品获酬权条款研究,《苏州大学学报(哲学社会科学版)》2021年第3期;徐聪颖,刘鸿羚:论"传播录音制品获酬权"的强制集体管理,《科技与法律》2022年第2期。

《世界知识产权组织表演和录音制品条约》时声明保留的第15条第1款规定[1]而制定，大大提升了录音制品的保护水平，加强了对录音制作者权益的保护。

区块链技术是落实该权利的重要手段之一。区块链数字音乐平台可以运行智能合约，在满足设定条件的情况下自动进行交易，[2]并将一定比例的版税自动分配给参与音乐作品创作的每一位贡献者。[3]这对落实"传播录音制品获酬权"具有重要作用。因为传播录音制品的人很难自行找到录音制作者并向其直接给付报酬，在许多国家如法国，考虑到传播录音制品行为的多样性和复杂性，对该项权利采用强制集体管理，即由著作权集体管理组织帮助录音制作者实现该项权利。[4]但我国目前针对该项权利并未制定配套的落实措施，且著作权集体管理制度不够完善。以《著作权集体管理条例》第20条为例，该规定剥夺了著作权人在与著作权集体管理组织签订集体管理合同后，自行行使或许可他人代为行使权利的权利。与欧盟相比，原本著作权集体管理制度是为了提升著作权的使用效率，保障著作权人利益，但《著作权集体管理条例》第20条反而限制了著作权人在著作权管理方面的自由，限制了著作权人选择多元化渠道获取收益的权利，不利于著作权人收益最大化，让著作权人产生了是否应该选择著作权集体管理组织代为管理版权的犹豫。[5]综上，利用区块链技术落实该项权利更能保障"传播录音制品获酬权"的实现。

1　《世界知识产权组织表演和录音制品条约》第15条第1款规定："对于将为商业目的发行的录音制品直接或间接地用于广播或用于任何向公众传播，表演者和录音制品制作者应享有获得一次性合理报酬的权利。"

2　Marcus O'Dair, Zuleika Beaven, The Networked Record Industry: How Blockchain Technology Could Transform the Record Industry, Strategic Change (2017), p. 471.

3　金春阳，邢贺通：区块链在数字音乐版权管理中应用的挑战与因应，《科技管理研究》2022年第9期。

4　王迁：《知识产权法教程（第七版）》，中国人民大学出版社2021年版，第269-270页。

5　金春阳，邢贺通：区块链在数字音乐版权管理中应用的挑战与因应，《科技管理研究》2022年第9期。

3. 强化司法震慑作用，完善授权机制实现互利共赢

新《著作权法》引入了学界呼吁已久的惩罚性赔偿制度，该制度的有效实施，具有威慑侵权行为、保护著作权人利益、净化数字音乐市场环境的作用。首先，数字环境下音乐版权侵权成本低、收益高是侵权人愿意铤而走险的根本原因。在个案中适用惩罚性赔偿可以提高侵权人的侵权成本，可以"抬高受害者、否定不法行为来打击加害人"，增强对数字音乐版权侵权行为的威慑性。其次，惩罚性赔偿制度可以使著作权人获得一笔额外的赔偿金，补偿其实际或预期的损失，比"填平原则"更能保障音乐作品著作权人的合法权益。最后，惩罚性赔偿在现有的赔偿机制基础上增加了额外的赔偿金额，使得著作权人维权的预期收益提升，从而可以调动其维权积极性。[1] 因此，在司法实践中，法院可以考虑适时运用惩罚性赔偿制度。

除用法律手段对侵权行为进行围堵外，完善授权机制对解决数字音乐市场版权侵权问题也十分重要。音乐作品著作权人可以基于区块链技术建立"白名单"曲库并设置好价格，通过智能合约，使用方可以选择自己想要使用的音乐作品并直接付款，款项将直接支付给平台或唱片公司，实现快速交易，最终实现互利共赢。

---

1 黄德俊：音乐著作权惩罚性赔偿制度研究，《人民音乐》2021年第2期。

2021年中国网络视频行业
版权保护与发展报告

邓晓敏★

随着2035年建成文化强国的远景目标的提出和新一代信息技术的发展，当前网络视频行业已经由高速增长转为高质量发展，网络视频行业迎来了新的发展机遇。本报告基于网络视频行业数据以及深度观察，总结和分析网络视频行业版权保护与发展的现状与走势，并针对该行业中的版权保护问题提出行之有效的建议，推动网络视频行业的正版化进程。

一、2021年网络视频行业整体发展情况

（一）行业整体增速放缓，海外市场规模不断扩大

2020年，泛网络视听领域产业的市场规模为6009.1亿元，较2019年增长32.3%，其中网络视频市场规模占比超过一半。短视频市场规模为2051.3亿元，同比增长57.5%，占比为34.1%；综合视频市场规模为1190.3亿元，同比增长16.3%。[1] 据国家版权局发布的数据，2020年网络视频（含短视频）产业占整个网络版权产业的21.84%，长视频市场规模占比较上年下降2.4%。[2] 近年

★ 邓晓敏，中国政法大学。

1 参见中国网络视听节目服务协会《2021中国网络视听发展研究报告》。

2 参见国家版权局网络版权产业研究基地《中国网络版权产业发展报告（2020）》。

来，网络视频行业总体市场规模发展趋于稳定，增速有所下降。综合视频行业面临转型挑战，市场规模增长幅度较小；短视频行业近五年市场规模大幅提升，2021年增速明显趋缓，保持稳态增长（见图1）。

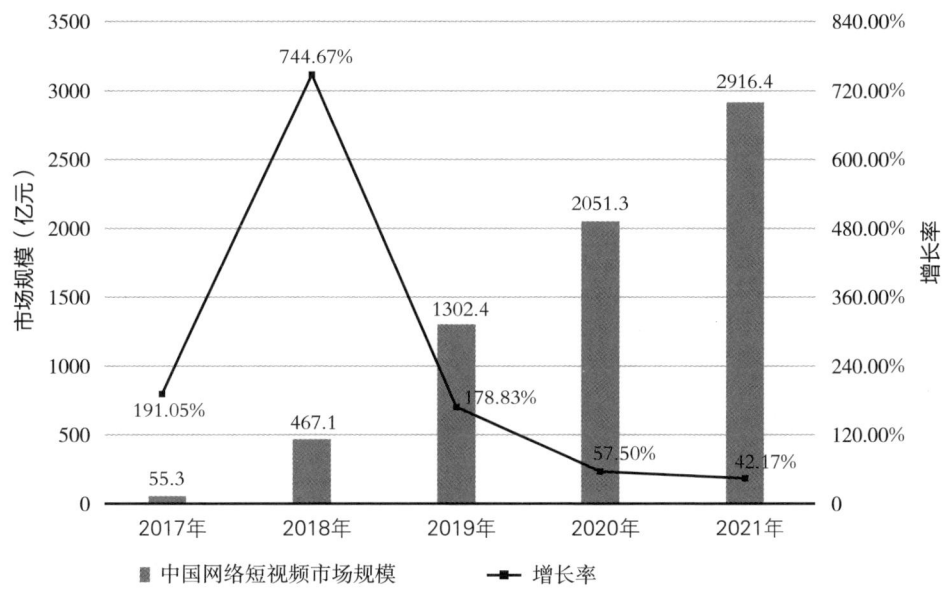

图1 2017—2021年中国网络短视频市场规模及增长率[1]

　　截至2021年12月底，网络视频（含短视频）用户规模达9.75亿人，较2020年同期增加4794万人，占网民整体的94.5%，使用率仅次于即时通信，是第二大网络应用。[2] 2018年以来，网络视频用户规模基本呈稳定增长态势，人口红利基本见顶。其中，截至2021年12月，短视频用户规模为9.34亿人，较2020年同期增加6080万人，占网民整体的90.5%。[3] 2021年，短视频网民使用率持续增长，目前已突破90%，延续流量红利。根据QuestMobile的数据，短视频行业月人均使用时长持续增长，截至2021年12月底达53.2小时，短视频行业成为占

1 数据来源于中国网络视听节目服务协会、中商产业研究院。
2 参见中国互联网络信息中心第49次《中国互联网络发展状况统计报告》。
3 参见中国互联网络信息中心第49次《中国互联网络发展状况统计报告》。

据网络用户时间最长的行业。[1]

国内网络视频市场由增量市场转向存量市场，视频用户红利逐渐消减，我国视频平台加速扩展海外市场版图，创新网络视频出海模式。近年来，国内头部视频企业开始探索新的分发渠道，海外输出重点由内容转向平台。从2019年开始，腾讯WeTV入驻泰国、印尼、越南等东南亚国家；同一时期，爱奇艺海外App（iQIYI）上线后，与马来西亚本地流媒体Astro在运营方面开展合作。[2]海外版抖音TikTok下载量自2021年以来基本稳居全球第一，《华尔街日报》称其为2021年世界上访问量最大的互联网网站，超过了2020年的领头羊——Alphabet旗下的谷歌。[3]网络视频出海仍需克服文化差异、本土优质内容匮乏等困难，寻求更大的市场增量。

（二）综合视频行业三大梯队逐步稳固，短视频平台两大格局趋于稳定

当前，综合视频行业市场呈现多足鼎立的格局，可分为三大梯队。第一梯队分别为爱奇艺、腾讯视频、优酷三大综合视频平台。根据Mob研究院的数据，这三大视频平台的月活跃用户规模均超3亿人[4]。第二梯队是芒果tv、哔哩哔哩两大特色视频平台。芒果tv由湖南广电支持，提供大量优质自制综艺；哔哩哔哩则通过二次元及PUGC、UGC多元社区文化吸引稳定的用户，两者月活跃用户规模均超2亿人。[5]第三梯队则是以PP视频、搜狐视频、咪咕视频为代表的专精视频平台，注重差异化发展，平台规模与第一、二梯队差距较大。

---

1 参见QuestMobile《2021中国移动互联网年度大报告》。
2 趋势 | 从内容输出到平台输出，视频网站出海面面观，网址：https://baijiahao.baidu.com/s?id=1709042861070698379&wfr=spider&for=pc，最后访问日期：2022年7月9日。
3 美媒：TikTok超越谷歌，成2021年全球访问量最多的互联网网站，网址：https://www.jiemian.com/article/6940388.html，最后访问日期：2022年7月9日。
4 参见Mob研究院《2022年中国在线视频行业研究报告》。
5 参见Mob研究院《2022年中国在线视频行业研究报告》。

2021年，爱奇艺、腾讯视频、优酷、芒果tv、哔哩哔哩五大平台用户渗透率为93.2%，[1]市场集中度较上年进一步提升。

近年来，短视频行业迅速发展，占据互联网流量阵地，创作生态日益完善。抖音、快手地位逐渐稳固，且抖音的用户规模明显处于领先地位。据QuestMobile的统计数据，2021年12月，抖音、快手两大短视频平台月活跃用户分别为6.72亿人、4.11亿人，其余排名前五的同类App也均属于快手系或字节系（见图2），用户向头部应用靠拢，短视频行业的"双寡头"格局已经确立。作为传统长视频平台的腾讯视频、爱奇艺亦尝试开发短视频App应用，企图扩大其在网络视频市场的份额，但目前看来难以在短视频领域"溅起水花"。

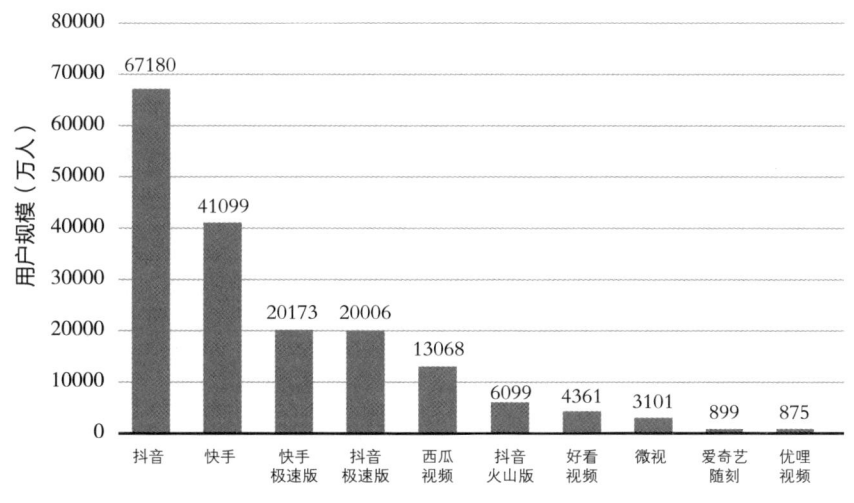

图2　2021年12月短视频行业App月活跃用户规模Top10[2]

目前，长视频与短视频领域均已逐渐呈现"寡头竞争"的中场格局，头部企业进一步实现更高维度的效率、体系竞争。长视频领域，五大平台延续自身优质IP，争夺用户注意力。爱奇艺用心打造自制剧，对标奈飞（Netflix），

1　数据来源于QuestMobile《2021中国移动互联网年度大报告》。

2　数据来源于QuestMobile《2021中国移动互联网年度大报告》。

在独播剧集的内容和数量上居行业前列。腾讯视频2021年花费669亿元购入优质内容，在原创内容生态的基础上产出优质IP，持续进化平台营销能力。优酷发布"扶摇计划""好故事计划"两大计划，全面加速短剧精品化、规模化。芒果tv推动品牌与产业生态全面升级，靠综艺带动广告收入。B站的二次元、动漫、UP主创作依然作为其竞争王牌，UP主数量和原创内容飞速增长。2021年，自腾讯视频的《扫黑风暴》超前点映售价策略被点名批评后，长视频平台相继取消超前点映，平台对内会员增速持续放缓，降本增效迫在眉睫；对外短视频竞争加剧，且广告业务也被蚕食。[1] 短视频领域，抖音、快手继续头部化，并通过"极速版"App进一步抢占市场份额。抖音还试图带领字节跳动旗下的其他衍生短视频App发展。2021年，更契合下沉市场新网民使用习惯的短视频极速版应用加速普及，从2019年到2021年，三线及以下城乡短视频用户占比从56.7%增至64.1%。[2]

（三）技术推动内容创作升级，网络视频运营效益整体提升

近年来，互动剧、竖屏剧、沉浸视频等新兴内容形态蓬勃发展，网络视频行业将技术融入内容创作，呈现出"场景化流通、数字化消费、沉浸式体验"的特点。[3] 内容消费层面，5G、4K/8K、VR技术促进产业底层技术升级，催生消费新场景。阿里旗下的"帧享"作为在超高清技术领域的探索，从内容制作、流媒体传输到终端呈现，为消费者提供高品质的观影体验。产品服务方面，网络视频与文化、旅游等传统产业相互融合，提供跨屏幕的镜像传屏、多屏互动、多屏协同等新功能，开拓新的娱乐消费方式。运营分析层面，企业通过大数据和智能算法技术，深度了解用户需求和消费行为，提升用户留

---

1 孙晓磊，崔世峰，刘京昭：数字内容行业深度报告：2021年综述及2022展望，网址：https://view.inews.qq.com/a/20220510A06R5K00，最后访问日期：2022年7月9日。

2 参见国家版权局网络版权产业研究基地《中国网络版权产业发展报告（2021）》。

3 张苗苗，赵京文：国际网络视听发展的主要特点、挑战及治理思路，网址：https://www.thepaper.cn/newsDetail_forward_13692092，最后访问日期：2022年7月9日。

存率和观看时长。

长短视频双向渗透发展，平台运营能力加强。2021年，抖音、快手分别上线抖音短剧新番计划2.0、星芒计划等鼓励用户进行微短剧创作，瞄准竖屏微短剧的内容运营。长视频平台则侧重开发8—10分钟的横屏微短剧，并升级微短剧分账模式。视频内容的多元化、垂直化发展，促进内容生产与变现效率提升。网络视频平台从"砸钱"抢用户进入了内容自制与版权运营阶段，逐渐向上游产业链渗透，自制原创内容吸引用户。以爱奇艺为例，2021年第四季度爱奇艺内容成本同比下降5%，[1] 原创内容比重增加，延续剧场化运营模式，深入挖掘用户价值。在内容变现方面，视频平台开拓联名、剧场等"花式"付费方式，提供多样化产品服务。短视频平台也开始尝试短剧分集付费的模式。

（四）长短视频之争进入白热化阶段，平台合作探索共赢路径

2021年4月，17家影视行业协会，54家影视公司，5大视频网站联合514位演员连发两次行业声明，将对网络上针对影视作品内容未经授权进行的剪辑、"切条"、"搬运"、传播等行为，发起集中、必要的法律维权行动。该声明发布后，仅B站一家短视频平台就下架了将近2/3的短视频剪辑内容，引起广泛争议。然而，由于缺乏实质性措施，短视频侵权仍处于"一举报就下架，不举报就抬头"的状态，相关案件纠纷仍不断增长。2021年6月至12月，腾讯在全国13个省份的18家法院起诉抖音168次，标的总额超过29.43亿元。其中《斗罗大陆》案的标的额最高，达到8亿元。[2]

在拉锯战陷入困局时，平台合作成为解决短视频版权问题的重要方式。2021年11月，乐视视频与快手达成合作，授权快手部分独播剧版权供短视频二

----

1 一文详解腾爱芒、B站等平台2021年财报：营收增长放缓 持续推进降本增效，网址：https://new.qq.com/omn/20220327/20220327A04RL500.html，最后访问日期：2022年7月27日。

2 腾讯就《斗罗大陆》向抖音索赔8亿，半年起诉总额超29亿元，网址：https://baijiahao.baidu.com/s?id=1719757597645088209&wfr=spider&for=pc，最后访问日期：2022年7月9日。

创作者进行创意剪辑，快手用户可在快手平台的乐视视频小程序观看乐视版权影视作品。这是长短视频平台的首次合作，开创了行业先河。2022年3月，抖音对外发布与搜狐就二次创作达成合作的声明，进一步缓解了长短视频的紧张关系。

二、2021年网络视频行业版权保护状况

（一）探索新类型案件审理规则，加强视听作品司法保护

在中国裁判文书网高级检索中输入条件——"案由：侵害作品信息网络传播权""全文：视频""文书类型：判决书"发现，2021年侵害作品信息网络传播权案件共11071件，网络视频著作权纠纷案件共3875件，占全部涉网著作权纠纷案件的35.%（见图3）。数据显示，2018年以来，网络视频著作权纠纷案的比重逐年上升。自2018年9月9日至2022年2月28日，北京互联网法院共受

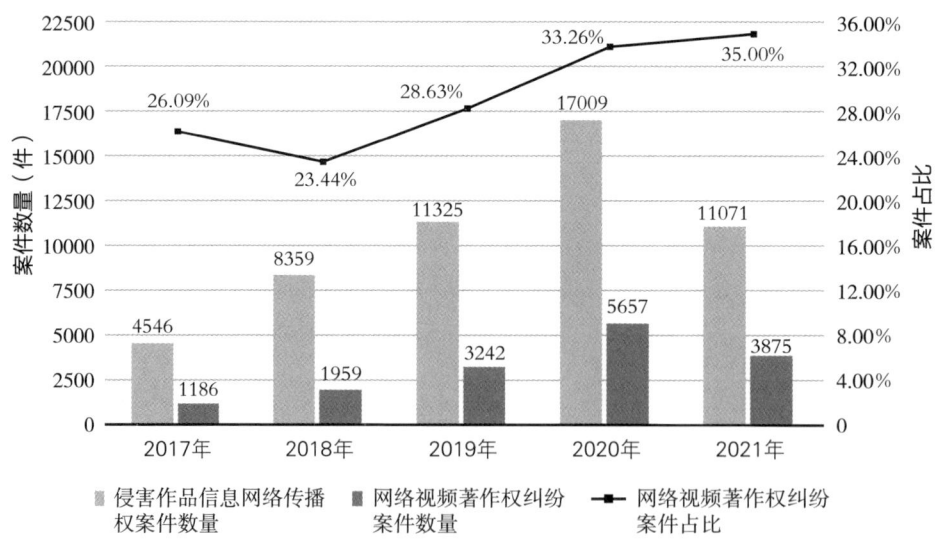

图3　2017—2021年网络视频著作权纠纷案件数量[1]

1　数据来源于中国裁判文书网。

理涉网著作权纠纷案件107982件，其中涉短视频著作权纠纷案件2812件，占全部涉网著作权纠纷案件约2.6%，同期审结2026件。[1] 近年来，网络视频著作权纠纷案件收案数量增幅明显，被诉侵权类型复杂多样，包括"切条"长视频、"搬运"短视频、添加背景音乐等。同时，新类型创作和传播行为引发的诉讼也不断涌现，如剪辑长视频画面配以文字内容制作解说类短视频，模仿他人短视频拍摄主题、内容及方式制作相似短视频等。2021年6月1日，新《著作权法》正式施行，引入著作权侵权惩罚性赔偿制度，加大版权保护力度，但目前适用量不过百件。

短视频新类型案件频出，相关审理规则逐步确立。2022年"4·26"期间，北京互联网法院归纳了多项关于短视频著作权纠纷的裁判理念，其中包括具有独创性的带货短视频应作为视听作品予以保护等。[2] 2021年，在首例短视频模板侵权案[3] 中，杭州互联网法院认定"为爱充电"短视频模板属于类电作品受到著作权保护；在首例短视频特效侵权案[4] 中，杭州互联网法院认定短视频特效道具有著作权，确立了短视频新类型作品版权保护的司法裁判规则。在首例MOBA游戏短视频侵权案[5] 中，广州互联网法院明晰了MOBA类游戏连续画面构成类电作品的裁判思路，规范了游戏视频直播的行业秩序。

网络视频作品的刑事保护力度加强。《刑法修正案（十一）》规定侵害作品信息网络传播权的行为情节严重可构成侵犯著作权罪，并将侵犯著作权罪法定最高刑提至10年。2021年，全国公安机关深入推进"昆仑"专项行动，知

---

1 北京互联网法院召开涉短视频著作权案件审理情况新闻通报会，网址：https://www.bjinternetcourt.gov.cn/cac/zw/1651208413055.html，最后访问日期：2022年7月9日。

2 4·26特辑｜北京互联网法院发布涉短视频著作权十件典型案例，网址：https://baijia-hao.baidu.com/s?id=1730739858416210849&wfr=spider&for=pc，最后访问日期：2022年7月9日。

3 杭州互联网法院（2020）浙0192民初8001号民事判决书。

4 模仿抖音"窗花剪剪"特效道具，法院一审判决构成对视听作品的侵害，网址：https://mp.weixin.qq.com/s/pZDk3de7c730bvqXwZXVzw，最后访问日期：2022年7月25日。

5 广州互联网法院(2019)粤0192民初1092—1102号、1121—1125号民事判决书。

识产权被纳入专项行动重点打击领域。"昆仑"行动中,被查处的"人人影视字幕组"侵犯著作权罪案[1]入选2021年中国版权十件大事。该案件的判决结果厘清了影视作品翻译"字幕组"行为的性质,彰显了我国打击侵权盗版、加强版权保护的决心。[2]

(二)完善行业监管标准,采用灵活多样的行政监管方式

网络视频行业新业态、新模式大量涌现,相关监管标准也要适应行业规范发展的新需求。2021年,出台《关于进一步加强文艺节目及其人员管理的通知》《关于进一步压实网站平台信息内容管理主体责任的意见》等30多个涉网络视听作品的部门规章和规范性文件,涵盖视频内容全产业链,加强对文娱领域综合治理的部署,针对影视领域的"阴阳合同"、劣迹艺人、低俗炒作、盗版侵权等问题综合施策,引导和推动视频平台准确把握内容管理主体责任,为视频平台内容审核管理提供基础性规范。在反垄断领域,《国家反垄断委员会关于平台经济领域的反垄断指南》《互联网平台分类分级指南(征求意见稿)》等规范性文件正式发布,对平台实施分类分级管理,规范网络视听生产经营秩序。[3]斗鱼、虎牙直播平台的合并计划被市场监管总局"叫停",成为首起被禁止实施的经营者集中管理案件。同年,工信部整治恶意屏蔽网址链接和干扰其他企业产品或服务运行等问题,拆除视频平台之间的壁垒,有效回应抖音起诉腾讯旗下产品微信和QQ限制用户分享来自抖音内容的反垄断诉讼。

2021年,行政执法继续发挥效率高、时间短、方式灵活等优势特点,开展"剑网2021"专项行动、打击院线电影盗录传播集中行动、东京奥运会版权保护集中行动、短视频治理等专项整治活动,加强网络视频行业重点领域版权

1　上海市第三中级人民法院(2021)沪03刑初101号刑事判决书、上海市杨浦区人民法院(2021)沪0110刑初826号刑事判决书。

2　2021年中国版权十件大事,网址:https://www.ncac.gov.cn/chinacopyright/contents/12227/355815.shtml,最后访问日期:2022年7月9日。

3　2021年网络视听政策与治理盘点,网址:https://xw.qq.com/cmsid/20220111A02O8800,最后访问日期:2022年7月9日。

监管。"剑网2021"专项行动将短视频、网络直播、体育赛事等领域的版权保护作为重点任务，重点打击未经授权对视听作品删减"切条"、批量上传大型体育赛事节目等侵权行为。根据国家版权局的公开数据统计，近五年来，"剑网行动"共查办网络盗版侵权案件3292件，关闭盗版网站、App共6504个，删除侵权盗版链接共809.64万条，网络侵权盗版整治效果显著（见表1）。

表1　2017—2021年"剑网行动"相关数据

项目	2017年	2018年	2019年	2020年	2021年
查处网络盗版侵权案件数量（件）	543	544	450	724	1031
其中：刑事案件（件）	57	74	160	177	135
删除侵权盗版链接数量（万条）	71	185	110	323.94	119.7
关闭盗版网站、App数量（个）	2554	—	—	2884	1066

2021年2—3月，国家开展院线电影版权保护集中行动，严厉打击春节档院线电影盗录传播等违法犯罪行为，全国各地版权执法部门出动执法人员3.65万余人次，开展市场巡查4926次，检查影院、点播影院等场所1.18万家次，巡查网站（App）2682家次，督导各网络服务商删除涉院线电影侵权链接近4万条，关闭侵权网站（公众号）45个，查办涉院线电影侵权重点案件39件[1]，有效遏制了院线电影盗录传播势头。各地公安机关会同版权部门相继查处了浙江金华"2·19"盗录传播春节档院线电影案等一批重点案件，保持对院线电影侵权盗版的高压态势。

针对当前比较突出的"××分钟看电影"等短视频侵权盗版问题，国家电影局、国家版权局相互配合，继续加大对短视频侵犯电影版权的打击力度。自2021年10月以来，国家广电总局持续督导抖音、快手等10多家短视频企业，

1　打击院线电影盗录传播集中行动成效显著，网址：https://www.ncac.gov.cn/chinacopyright/contents/12625/354313.shtml，最后访问日期：2022年7月9日。

开展为期2个月的短视频节目和账号专项治理工作，清理违规账号38.39万个，违规短视频节目102.40万条，[1]未经授权传播视听节目的现象得到遏制。

重点作品预警方面，从2014年起，截至2021年底，国家版权局共发布66批重点作品版权保护预警名单，以列举项数计算，共涵盖1045部作品（见图4）。2021年，国家版权局公布了15次重点作品版权保护预警名单，将东京奥运会赛事节目等106部作品纳入预警保护，要求各网络服务商重点审查涉名单内作品的侵权行为。此外，版权局还要求各地行政执法监管部门对本地区主要

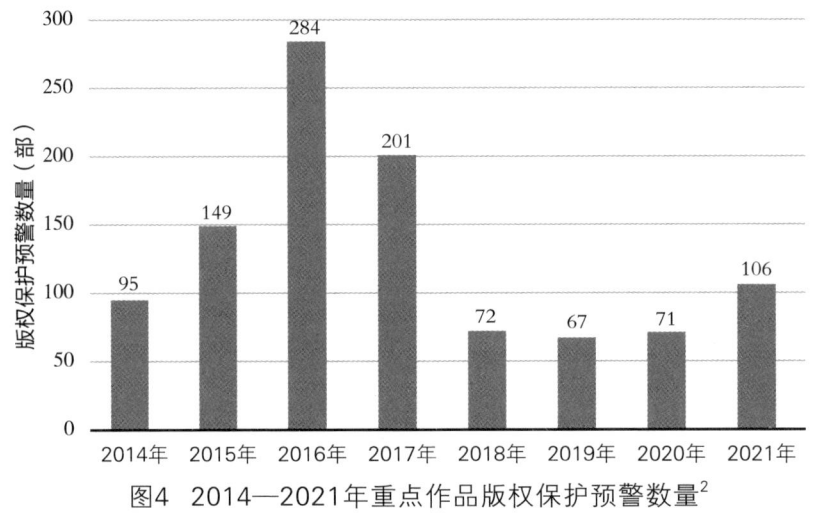

图4　2014—2021年重点作品版权保护预警数量[2]

网络服务商发出版权预警提示，对未经授权通过信息网络非法传播版权保护预警重点作品的，依法从严从快予以查处。

案件查处方面，2021年各级版权执法部门检查实体市场相关单位36.17万家次，查办实体市场侵权盗版案件1926件，[3]版权保护环境持续优化。各省版

1　国家广播电视总局开展短视频专项治理取得实效，网址：www.nrta.gov.cn/art/2022/1/11/art_114_59287.html，最后访问日期：2022年7月9日。

2　数据来源于国家版权局官网。

3　2021年版权执法部门打击侵权盗版取得积极成效，网址：www.ncac.gov.cn/china-copyright/contents/12227/355988.shtml，最后访问日期：2022年7月9日。

权局分别发布本省市的2021年打击侵权盗版典型案例，集中展示各省市版权执法相关部门查处侵权盗版案件的工作成果。

（三）多元参与行业共治，版权保护社会协同治理持续强化

视频平台通过技术升级，提升侵权监测处理效率，探索版权治理规则。12426版权监测中心数据显示，快报、西瓜视频、搜狐视频、趣头条、抖音等平台侵权二创短视频7天下线率均超过90%，平均治理周期为24小时。[1] 短视频平台与创作者联手，共同抵制"搬运"、抄袭等侵权行为。2021年，抖音安全中心上线"粉丝抹除""同质化内容黑库"两项安全功能，从源头治理生产同质化文案的账号，使其博流量的"愿望"落空。快手启用AI智能识别技术打击恶意"搬运"、盗用和侵权等"李鬼行为"，事先将"真李逵"的视频特征等相关信息入库，迅速识别定位"假李逵"作品并进行相应处罚。[2] 中小企业平台的版权保护技术也得到了地方政策的扶持。2021年，深圳市知识产权局联合腾讯安全为大湾区十万家中小微企业提供免费的版权保护普惠服务。

行业协会联合企业发布自律公约，积极推进实施短视频侵权治理等措施，承担网络版权社会治理的责任。2021年，中国音像著作权集体管理协会官方发布公告，要求快手平台停止侵权行为并下架首批10000部涉嫌侵权视频，呼吁存在涉嫌侵权行为的互联网平台积极通过著作权集体管理组织解决相关问题。同年，中国演出行业协会联合14家视频平台共同发起《构建清朗网络文化生态自律公约》，中国网络视听节目服务协会发布《网络短视频内容审核标准细则》，共同促进网络视频行业规范化。在文旅部的指导下，中国演出行业协会及无忧传媒等30家经纪机构和媒体共同发布了《网络表演（直播、短视频）经纪机构行业自律倡议书》，提出6项行业共识和自律举措，从源头加强对网络表演者的管理。《中国网络电影从业者自律共识》对网络电影从业者提出

----

1 参见12426版权监测中心《2021年中国短视频版权保护白皮书》。
2 参见《快手创新与知识产权白皮书》。

"5个坚持"，促进网络电影行业优秀作品创作。

三、网络视频行业版权保护与发展的问题及对策建议

（一）现存问题

1.新型创作形式频出，作品认定标准有待细化

网络视频内容多元化、多样化发展，新类型创作和传播行为激增，新型创作成果的客体属性认定存在争议，短视频权属认定规则不明晰，网络视频平台注意义务及版权责任设定标准不一，视频领域相关著作权问题审理规则亟须细化。新《著作权法》实施以来，对于视听作品及"符合作品特征的其他智力成果"的认定规则有待进一步明确，二创短视频的可版权性、权利归属、合理使用等问题需要裁判规则和司法实践指引，"一刀切"打压二创作品不利于知识传播和行业发展。

2.作品授权许可机制滞后，影响内容创作生态

目前著作权授权模式流程烦琐、效率低下，呈现出与数字时代脱节的疲态，在短视频领域出现失灵现象。[1] 短视频侵权问题解决的核心在于，如何确立"先授权再使用"的二度创作授权机制。该问题有以下难点：首先，著作权人与平台用户订立版权许可协议的成本非常高；其次，长视频平台极少将独家版权授权短视频平台用户使用；再次，短视频平台内大多数内容属于权属不明的状态；最后，由于著作权授权成本远高于侵权成本，创作者通常会放弃寻求授权。数字环境下海量授权需求出现使得"一对一"授权已不具有现实可能性，而集中许可机制存在作品价格与市场需求不符以及授权效率低下的问题。著作权集体管理组织的费率谈判、批量许可及使用费收取的效果不佳，阻碍版权要素流动与市场交易。高效便捷的授权许可机制的缺失，影响着当前的内容创作环境。

---

1 孜里米拉·艾尼瓦尔：聚焦"5G+智能"时代：数字出版著作权法治理困境及应对，《科技与法律》2022年第2期。

3.盗版侵权形式复杂多样，导致维权难度增大

目前，网络视频盗版侵权呈现碎片化、科技化、国际化的特征，侵权监测和维权成本高、难度大。一方面，未经授权的"切条"、"搬运"、剪辑视频层出不穷，文案抄袭、创意剽窃等处于侵权模糊地带的行为屡见不鲜，不少侵权人利用视频平台侵权处理的时间差以及法律界定的边缘地带，损害版权人的合法利益及创作积极性。另一方面，盗版盗播资源网站通过利用技术规避、利用监管漏洞、将服务器架设于境外等方法，大量发布盗版资源、盗播链接来非法牟利，已形成相对成熟且分工有序的侵权利益链，严重扰乱网络视频行业的市场竞争秩序。

（二）对策建议

1.完善顶层法律规范设计，细化各类案件裁判规则

制度完善方面，加快推进《著作权法实施条例》《著作权集体管理条例》等法律法规的修订，细化视听作品的认定规则，增加网络服务提供商版权责任的相关条款，规范版权登记、交易、集体管理规则，建立多元纠纷解决机制，完善网络视频法律规则的顶层设计。司法审判领域，进一步明确视听作品的表现形式、独创性与"固定"的内涵，确立短视频的版权保护标准；依据视听作品与职务作品的权属规则认定短视频作者，合理分配相关利益。在合理使用问题上，运用"三步检验法"解决混剪类或解说类短视频著作权争议，为新领域、新业态问题提供指导性意见，发挥司法引领作用。

2.建立版权授权信息系统，优化版权许可授权机制

面对当前猖獗的视频作品版权侵权现象，单靠外部力量打击与惩戒无法根治，应当建立透明、高效的版权授权市场机制，从内部疏通版权许可交易。在基础建设上，开发版权内容数据库，开通版权查询系统，建立版权交易服务平台，解决版权人信息不明的问题，实现版权信息开放、共享。在授权模式上，探索效率更高的默示许可模式，完善传统许可模式，建立"推定无偿许

可"模式以及相互转换模式构成的多元许可制度体系。[1] 版权默示许可制度在交易成本与传播效率上具有明显优势，大大简化了授权流程。在短视频领域，当用户将其作品上传至平台后，即被视为许可作品进一步使用，平台用户可以在标注出处的前提下自由使用作品，版权人在事后有权要求用户创作者支付相应的许可使用费。[2] 著作权集体管理组织应当在版权授权许可中发挥积极作用，进一步解决好权利管理、大规模授权等问题。

3.推广版权侵权监测技术，探索版权保护技术新机制

新技术的出现为网络版权保护提供了有效的治理手段，如通过区块链、水印式版权识别码、反盗链等技术，可以有效监测、溯源盗版侵权行为发生地并及时阻断传播链，防止侵权损害的进一步扩大。人工智能、算法的发展与运用，增强了网络视频平台的版权管理与审核能力，推动平台治理措施升级。目前，国内已有不少技术先进、体系成熟的版权监测系统，为不同的视频平台提供服务。例如，腾讯区块链版权保护平台提供版权审核、确权存证、监测取证、版权维权、代理服务等，已向数百万版权企业开放。易犬（EQain）版权开放平台通过API一键接入，为千万短视频作者提供不同作品类型的版权监测、区块链版权存证等服务，并通过主流监测中心实现95%以上的维权成功率。[3]

4.明确平台版权治理责任，构建保护与发展新格局

司法实践中，避风港规则和技术中立原则不再是网络视频平台逃避责任的工具，不少法院已要求平台采用与其技术能力相适应的版权过滤措施，承担主动发现、制止版权侵权行为的注意义务。视频平台作为网络内容发布的"守门人"，在发现与阻断侵权上具有绝对优势。平台版权治理责任的明确，对于营造健康良好的网络生态至关重要。一方面，要密切关注世界各地的立法趋

---

1 饶世权：网络短视频产业的法治治理：理念、规则和机制——以著作权分享为视角，《中国编辑》2021年第1期。

2 李捷：论网络环境下的著作权默示许可制度，《知识产权》2015年第5期。

3 参见12426版权监测中心《2020年中国网络短视频版权监测报告》。

势，对平台设定与网络视频产业发展相一致的法律义务。欧盟《数字化单一市场版权指令》要求在线内容分享平台应承担符合高行业标准的职业注意义务，尽最大努力确保特定作品的不可获得性；美国则在避风港规则下提高平台的版权注意义务；我国应当结合本国国情，探索符合当前网络版权行业发展的平台责任。另一方面，要界定好视频平台与平台用户的版权责任，厘清责任界限。在具体实践中，平台作为侵权责任的第三方角色，需要分析平台在间接侵权行为中扮演的具体角色与其主观状态[1]，判定与其具体行为、技术水平与管理能力相一致的版权责任。

---

1 丛立先：短视频保护：厘清责任界限 营造健康生态，《中国出版》2021年第17期。

2021年中国网络新闻行业
版权保护与发展报告

徐朗　刘艳花*

　　近年来，网络技术与媒体行业深度融合，加之自媒体的兴起与新闻聚合平台的入局，网络新闻行业呈飞速发展态势。传统媒体持续加强全媒体信息服务和综合服务能力，网络新闻成为重要的收入增长点和业务转型点。同时，自媒体兴起，成为网络新闻行业的新生力量，并通过多种形式参与内容创作、信息传播与媒体运营，抢占网络新闻市场份额。此外，新闻聚合平台的兴起，既催生了网络新闻行业的多种新兴业态，也给网络新闻行业带来了一系列版权问题。

一、网络新闻行业市场发展总体情况

（一）行业发展迅速，免费依然是主要模式

　　在互联网技术的助推下，媒体与智能技术、互联网平台加速融合，2021年，网络新闻行业的发展依然呈上升趋势。从用户规模看，截至2021年底，中国网络新闻用户规模达7.71亿人（见图1），占网民总数的74.7%，较2020年同

★ 徐朗，对外经济贸易大学；刘艳花，中国人民大学国家版权贸易基地。

比增长3.8%。[1] 随着互联网的进一步普及，短视频平台、新闻聚合平台等不断下沉，网络新闻的下沉市场用户规模也持续增长。2021年，在三线及以下城乡网络新闻的月活跃用户规模达4.19亿人，同比增长6.2%，[2] 高于总用户规模的增幅。此外，相较于数字版权行业其他细分领域，老年用户对于网络新闻应用的使用率较高，达77.9%。[3]

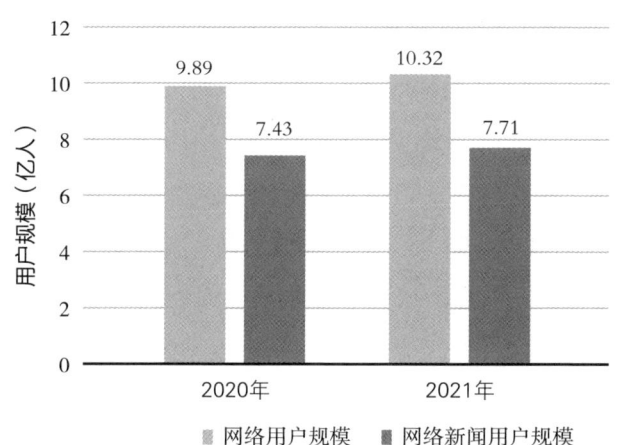

图1　2020—2021年中国网络用户及网络新闻用户规模

此外，主流媒体、商业媒体纷纷布局网络新闻领域，获取互联网新闻信息服务许可，展开市场竞争。截至2021年12月底，互联网新闻信息服务单位总计3208家，共计12625个许可服务项。其中，互联网站1846个，应用程序2910个，公共账号7671个。[4] 与数字版权其他细分行业不同，网络新闻用户付费意识仍处于萌芽阶段，只有较少的新闻媒体能够通过用户付费盈利，免费依然是主要的模式。在网络新闻版权运营逻辑中，媒体通过免费的新闻内容吸引用户，并以用户为资源向广告商出售广告位进行变现。因此，广告依然是网络媒体的主要盈利模式。虽然付费并非网络新闻领域的主要运营模式，但是财新、

1　参见中国互联网络信息中心第49次《中国互联网络发展状况统计报告》。
2　参见中国互联网络信息中心第49次《中国互联网络发展状况统计报告》。
3　参见中国互联网络信息中心第49次《中国互联网络发展状况统计报告》。
4　参见中华全国新闻工作者协会《2022年中国新闻事业发展报告》。

界面新闻等网络新闻媒体仍在积极探索付费订阅领域。例如，自2017年起，财新全面推行新闻付费阅读。其中，《财新周刊》数字版定价为每年298元，《财新mini》每年的订阅费则为98元。2021年，财新付费用户超过70万人，居全球数字订阅排行榜前10位。[1]

（二）深入推进媒介融合，优质内容成竞争关键

在技术的助推下，网络新闻领域深入推进媒介融合，不同类别的平台在网络新闻领域展开竞争。其中，人民日报、新华社、中央电视台等主流媒体，以及微信、微博、今日头条等媒体平台均为网络新闻领域重要的竞争主体。

一方面，主流媒体不断向互联网领域延伸，提升传播力、影响力与引领力。主流媒体以网站和社交媒体为传播平台，以多媒体产品为内容，成立专门的新媒体部门，建设机构自办传播平台，积极入驻第三方互联网平台，与用户开展互动，完善移动传播体系。截至2021年12月底，人民日报客户端用户自主下载量达2.73亿次；[2]新华网桌面端日均页面浏览量超过1.2亿次，移动端日均覆盖人群超过1.3亿人；[3]人民日报微博粉丝数超过1.4亿人，微信公众号用户订阅量突破4100万人，抖音账号粉丝数超过1.4亿人，快手账号粉丝数超过5400万人。[4]在网络新闻领域的竞争中，主流媒体注重通过互联网渠道输出优质内容。2021年，人民日报社推出的中英双语微视频《见证：50年了，看中国交出的答卷！》，在不同网络平台累计播放量超过2亿人次；[5]新华社填词的《后妈茶话会》，以生动的形式讲述中美抗疫差距，截至2022年8月21日在哔哩哔哩获得455.1万次观看、47.7万人次点赞、19.4万个投币。[6]此外，新华社海外

1　财新付费用户突破70万　国际最新排名稳居前十，网址：https://www.caixin.com/2021-12-07/101814824.html，最后访问日期：2022年7月20日。
2　参见人民日报社《人民日报社社会责任报告（2021年度）》。
3　数据来源于新华网。
4　参见人民日报社《人民日报社社会责任报告（2021年度）》。
5　参见人民日报社《人民日报社社会责任报告（2021年度）》。
6　此数据来源于新华社B站官方账号。

账号推出的《迪迩秀》节目具有较高热度，视频《20年！美国成功把阿富汗政权从塔利班换成了……塔利班》在新华社推特、脸书、优兔账号的总浏览量近700万次。[1]

另一方面，网易、新浪、腾讯、今日头条等新媒体平台也在互联网领域与主流媒体展开竞争。在网络新闻领域，新媒体平台既通过自营渠道发布新闻内容，也通过平台的个人自媒体账号传播内容。以新浪为例，新浪网、新浪新闻App专门转载新闻内容；微博则通过不同新闻媒体账号、个人账号发布信息内容，实现内容的传播。随着网络新闻领域日趋规范化，新媒体平台也更加注重通过优质内容吸引用户。例如，腾讯新闻在及时、准确发布资讯的基础上，从人物、行业、社会三个维度进行内容构建，[2]发布深度评论、特稿等文字内容，以及《十三邀》《酌见》等原创性视频内容。在2021年网络媒体发展排行榜中，腾讯网位居第三，与其他媒体展开竞争。[3]

（三）智能技术持续赋能，网络新闻产业链优化升级

随着媒介融合的进一步推进、智能技术持续赋能网络新闻业，网络新闻的采编、呈现、分发实现了转型升级。

在生产端，机器学习、数据挖掘是新闻采写自动化的基础。在实践中，新华社的"快笔小新"、今日头条的"Xiaomingbot"、腾讯的"Dreamwriter"均在体育赛事、财经新闻等报道中实现了新闻的自动化生产。随着智能技术的进一步升级，网络新闻智能化由机器写作、人工播放升级到全时、全自动的内容播报与传输。例如，2021年每日经济新闻与小冰结合AI写稿、算法推荐等技术，利用AI数据库、AI电视台展开财经内容全媒体、全媒介矩阵式覆盖战

1 国社小姐姐英语高能DISS美军混乱撤离阿富汗，网址：https://baijiahao.baidu.com/s?id=1709053280804772217&wfr=spider&for=pc，最后访问日期：2022年7月20日。
2 弋瞳：腾讯新闻：2021年，如何重构内容与信息的价值，网址：https://new.qq.com/omn/20211208/20211208A03JJ300.html，最后访问日期：2022年7月20日。
3 参见国家信息中心《2021中国网络媒体发展报告》。

略，[1] 上线了"每经AI电视"，即通过人工智能技术完成自动采编播一体化，智能写稿技术自动完成新闻内容生产，虚拟主播完成24小时不间断的新闻视频播报。

在呈现端，全媒体生态智能技术、媒体平台技术和高清视频技术赋能新闻报道，提升了用户观看网络新闻的体验。2021年，中央广播电视总台利用AI智能追踪拍摄设备、4K摄像机等直播设备提升节目质感。在北京2022年冬奥会和冬残奥会中，中国自主知识产权的5G、云转播、超高清视频、自由视角等赛事转播技术投入应用。中央广播电视总台央视奥林匹克频道（CCTV-16）成为国际上首个以4K超高清和高清标准24小时上星同步播出的专业体育频道。[2]

2016年，中国互联网信息中心发布报告称，在分发端，算法智能分发的新闻数量已然超过网络新闻总量的50%，成为用户获取网络新闻最主要的方式。[3] 算法推送在为用户带来便利的同时，也引发了诸多负面影响。2021年，我国出台了《关于加强互联网信息服务算法综合治理的指导意见》《互联网信息服务算法推荐管理规定》等相关政策，规范算法应用。在此背景下，算法推荐更加规范化，今日头条、微信、微博等App开启了算法推送关闭功能，即用户可以通过后台关闭App提供的"个性化推荐"。

二、2021年网络新闻版权保护状况

（一）司法实践从严认定合理使用，"洗稿式"抄袭受到重点关注

在中国裁判文书网上，以"侵犯信息网络传播权"为案由、"新闻"为

---

1 每经联手小冰打造"每经AI电视"：全球首个AI驱动视频直播电视产品上线，网址：http://www.nbd.com.cn/articles/2021-12-20/2047923.html，最后访问日期：2022年7月20日。

2 参见中华全国新闻工作者协会《2022年中国新闻事业发展报告》。

3 张荡：算法分发新闻模式背后的博弈，《新闻论坛》2020年第4期。

关键词，共检索到2012—2021年公开的民事案件一审裁判文书8788份。如图2所示，2012—2020年，网络新闻版权侵权案件在数量上总体呈现递增趋势，并从2017年起数量大幅上涨，在2020年达到最多。2021年，网络新闻版权侵权案件数量有所下降，但仍处于近五年的第2位。

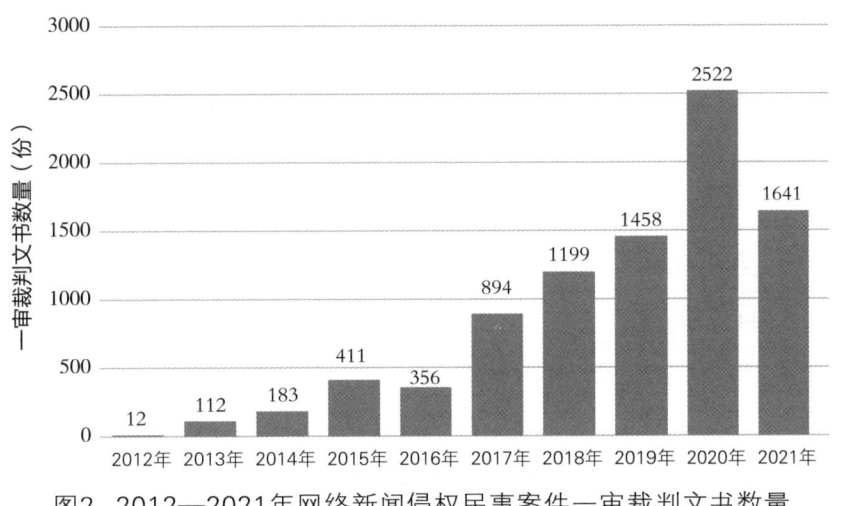

图2　2012—2021年网络新闻侵权民事案件一审裁判文书数量

网络新闻往往使用图片、视频等素材来丰富新闻内容，因此在法院审理的网络新闻版权侵权案件中，涉案的作品类型也主要为摄影作品、美术作品、文字作品以及短视频等视听作品。同时，由于新闻时效性特征突出，短时间内辐射的人群越多，网络新闻的版权运营价值越大，所以，因转载或对同类事实报道表达类似引起的侵权纠纷，也是网络新闻版权侵权案件的主要类型。在此类案件中，被告通常强调自己的报道属于时事新闻或构成合理使用，不属于侵权行为。为有效保障新闻原创作者的合法权益，针对前述行为，如果新闻报道中出现除新闻基础要素外的独创性表达，如个人判断、评论或者是原作者对新闻进行的创造性编排，那么这种未经授权的转载属于侵犯他人新闻作品版权行为，应当承担侵权责任。

自媒体成为网络侵权行为高发主体。自媒体通过对原创新闻进行"换皮"，甚至利用自动"洗稿"软件进一步降低侵权成本，再分发引流，攫取利益，严重损害了网络新闻原创作者的合法权益。对此，法院从严认定自媒体"洗稿"的性质，严厉打击此类侵权行为。在腾讯计算机公司、腾讯科技（深圳）公司与新茶公司不正当竞争纠纷案[1]中，深圳市中级人民法院认为，被告新茶公司研发并向网络用户提供"洗稿"软件，用户使用该软件能够将网络内容创作平台上的高点击量和热点文章进行聚合、"搬运"、智能重写、原创度检测和上传。用户使用该软件并没有创作出新作品，其创作的内容在本质上是对原作品的抄袭，即通常所说的"洗稿"。用户的行为直接侵犯原创内容作者的著作权，而新茶公司引诱用户"洗稿"的行为，妨碍、破坏、干扰了包括腾讯公司（指上述两公司）运营的企鹅号在内的自媒体平台的正常经营活动和经营秩序，构成不正当竞争。加之新茶公司主观恶意重、侵权规模大，且拒不提交侵权获利的财务账册，故全额支持腾讯公司490万元的赔偿诉求。2022年，深圳市中级人民法院将该案作为2021年度深圳法院知识产权民事行政典型案例予以公布。

（二）行政部门积极出台内容政策，多措并举规范网络新闻市场秩序

网络新闻作为社会公众了解和参与公共事务、进行舆论监督的最重要的信息来源，相较于其他类型作品而言社会公益性更强。虚假新闻或信息的传播，一方面会严重损害社会公众的知情权，打击公众参与公共事务的积极性，另一方面也可能导致个人陷入舆论风暴，生活受到严重影响。因此，网络新闻的行政保护注重出台相关政策，规范新闻媒体的生产、传播行为，着力减少制造、传播虚假信息的现象，同时通过加强日常监管、开展"剑网"专项行动等方式，打击未获许可的转载、"洗稿"抄袭等侵权行为。

一方面，国家互联网信息办公室出台一系列政策，规范媒体行为，加强网络新闻内容监管。2021年1月8日，就《互联网信息服务管理办法（修订草案征求意见稿）》公开征求意见。1月22日，发布新修订的《互联网用户公众

1　深圳市中级人民法院（2021）粤03民终26107号民事判决书、深圳市南山区人民法院（2020）粤0305民初19052号民事判决书。

账号信息服务管理规定》，规定公众账号信息服务平台和公众账号生产运营者向社会公众提供互联网新闻信息服务，应当取得互联网新闻信息服务许可。9月15日，发布《关于进一步压实网站平台信息内容管理主体责任的意见》，从完善平台社区规则、加强账号规范管理、健全内容审核机制、提升信息内容质量、规范信息内容传播、加强重点功能管理、坚持依法合规经营、严格未成年人网络保护、加强人员队伍建设九方面压实网站平台履行信息内容管理主体责任的工作要求。10月20日，公布最新版《互联网新闻信息稿源单位名单》，明确对不具有互联网新闻信息采编发布服务资质的单位从事新闻信息采编和发布行为，将依法依规处罚。[1] 此外，2021年8月27日，国家网信办启动清朗·商业网站平台和"自媒体"违规采编发布财经类信息专项整治，着力打击财经"黑嘴"、敲诈勒索、造谣传谣等行为，截至2021年9月8日，主要商业平台网站处置违规"自媒体"账号2929个，清理有害信息47153条。[2]

另一方面，各地版权管理部门在国家版权局指导下，开展"剑网2021"专项行动，打击网络新闻版权侵权行为。各地在专项行动期间，对主要新闻信息类网站采取定期巡查监控等措施，加强对新闻媒体及所属网站、移动应用程序、公众号等新媒体平台内容来源和导向的把关，将动态更新的备案网站和属地移动应用程序纳入技术监测巡查范围，规范使用他人新闻作品的行为。2021年，上海市版权局对微信公众号"众斯资产"未经许可登载《21世纪经济报道》的文字作品案依法予以行政处罚。[3] 云南查办省内首个网络新闻作品侵权案件，对未经许可擅自转载新华社新闻作品的太平洋证券公司作出行政处

---

[1] 稿源单位名单目前分为三类：具有互联网新闻信息采编发布服务资质的互联网新闻信息服务单位；依法设立的报刊社、广播电台、电视台、通讯社和新闻电影制片厂等从事新闻采编业务的单位；各级党政机关开设的官方发布平台等。

[2] 迅速行动！一批财经"黑嘴"账号被关停封禁，网址：http://www.cac.gov.cn/2021-09/08/c_1632692977572857.htm，最后访问日期：2022年7月28日。

[3] 数据来源于上海市文化和旅游局执法总队《"剑网2021"专项行动工作总结》。

罚。[1] 宁夏对"人民新闻网""宁夏在线"等四家未获取互联网新闻信息服务许可证，假冒中央和地方新闻网站采编发布时政新闻，严重扰乱网络传播秩序的网站作出及时关停的处置。[2] 新疆开展网络新闻媒体版权专项整治，删除篡改新闻标题类稿件12篇，下架转载主流媒体新闻未标注稿件来源36篇，约谈违规发布互联网新闻信息网站3家，关闭新闻专栏3个。[3]

（三）平台着力完善侵权惩处机制，大力提升原创新闻版权保护水平

作为内容提供者以及服务提供者，网络新闻服务平台也积极建立原创保护机制，尽可能提高侵权处理效率和惩处力度，降低权利人维权成本，维护绿色网络生态。目前，新浪微博、腾讯微信公众平台、知乎、今日头条等平台已形成较为完善的原创保护机制，充分发挥用户监督功能，严肃处理"搬运"、抄袭原创内容的行为以及未经授权的转载行为，取得了积极效果。例如，截至2021年12月31日，共有超4200万篇文章在微信平台运用了原创声明功能，日群发付费文章超过1400篇。[4] 同时，网络新闻服务平台也积极完善内部治理机制，响应国家专项行动，落实网站平台信息内容主体责任。2021年8月，国家网信办启动违规采编发布财经类信息专项整治，抖音、新浪微博、腾讯、快手等平台纷纷发布"自媒体"违规采编财经新闻的专项整治公告，按照专项整治要求开展自查自纠，并开设举报入口鼓励网民监督举报。专项整治行动开展一周内，新浪微博处置违规账号52个，今日头条关闭"自媒体"账号26个，删除违法违规信息3204条，百家号累计处理违规账号880个。[5] 2021年9月，新浪微

---

1 数据来源于云南省版权局《关于打击网络侵权盗版"剑网2021"专项行动工作情况的报告》。

2 数据来源于宁夏回族自治区版权局《关于开展打击网络侵权盗版"剑网2021"专项行动情况的报告》。

3 数据来源于中共新疆维吾尔自治区委员会宣传部《新疆维吾尔自治区开展打击网络侵权盗版"剑网2021"专项行动情况报告》。

4 数据来源于腾讯微信平台《2021年品牌和第三方版权保护报告》。

5 迅速行动！一批财经"黑嘴"账号被关停封禁，网址：http://www.cac.gov.cn/2021-09/08/c_1632692977572857.htm，最后访问日期：2022年7月28日。

博发布《娱乐自媒体号违规行为界定及处罚措施（试行）》，对不实爆料、造谣传谣等7类违规类型按情节严重程度给予禁言、中止收益等处罚措施，维护网络新闻和信息传播真实性。

三、网络新闻行业版权保护与发展的问题及对策建议

（一）现存问题

1.新闻转载免责边界模糊，合理使用制度难以适用

对网络新闻而言，其传播速度越快、传播范围越广，越能保障公共利益实现。《著作权法》亦是考虑到新闻在互联网传播中的社会公共价值，才专门设置了新闻报道的合理使用条款。[1]实践中主要对转载"时事性文章"的合理使用存在争议，这是因为"时事性文章"内涵与外延规定不清晰直接导致司法实践对此类新闻的合理使用认定标准不统一。同时，新闻行业的发展导致新闻媒体盈利模式转变，宽泛认可"时事性文章"的合理使用会助长未经许可的转载行为，严重损害原创媒体的经济利益，因此法院趋向于从严认定"时事性文章"的合理使用情形。[2]数字技术时代新作品形式及新传播方式不断变化，网

---

1 《中华人民共和国著作权法》第24条第1款第（1）—（4）项。

2 笔者以中国裁判文书网为数据库，以"时事性文章""合理使用"为关键词共筛选出600多篇判决书。从裁判结果看，涉案文章很少被认定为时事性文章，即便被认定为时事性文章，法院也未进一步说明认定理由，如在南海网传媒公司、武进日报社侵害作品信息网络传播权纠纷案［最高人民法院（2020）最高法民申2496号民事裁定书］中，最高人民法院认定《武进日报》所转载的两篇文章"万达将投资数百亿在海口建万达广场与文化旅游城"（文章编号35）和"两家企业绿豆冰沙抽检不合格三亚市食药监启动核查程序"（文章编号56）属于关于政治、经济的时事性文章，但未进一步说明理由。或涉案作品属于非时事性文章，但法院最终裁决被告不构成侵权，如张家界本地网络公司、北京全景视觉网络科技公司侵害作品信息网络传播权纠纷案［湖南省高级人民法院（2018）湘民终697号民事判决书］。即便法院认定对事实新闻可以构成合理使用，解释了合理使用限度，但对依照"行业惯例"做法提出新型合理使用的抗辩亦未置可否，如上海万得投资管理公司与天相投资顾问公司、北京天相通和信息技术公司等侵害作品复制权纠纷案［北京市高级人民法院（2016）京民申4457号民事裁定书］。

络新闻的创作形式更加丰富，传播手段也呈现多元化趋势，不仅涌现出众多新类型作品，也催生了新场景下的合理使用行为，但许多新场景下的合理使用行为并未被司法实践承认。此外，为吸引读者，新闻配图、配视频已成为行业惯例，然而《著作权法》并未明确新闻配图是否能够纳入时事新闻合理使用的范围之中，导致新闻媒体因转载新闻配图而被诉侵权的情形时有发生。即便新《著作权法》已经生效，时事新闻的合理使用问题仍未彻底得到解决，这必然影响新闻的传播速度与广度，不利于网络新闻行业健康发展。

2.深链引流影响新闻价值变现，新闻聚合平台版权侵权高发

新闻聚合最早出现在20世纪末21世纪初，Yahoo News、Google News、Huffington Post都是新闻聚合的标志性平台，我国新闻聚合平台的代表则包括今日头条、腾讯新闻、百度新闻等。由于时效性强、更新速度快、文章量大，网络新闻被新闻聚合器抓取的情况十分普遍。一些新闻聚合平台通过设置深层链接的方式向用户展示具有版权的新闻内容，同时通过算法技术收集用户喜好并进行精准推送，增加用户黏性，在此过程中以投放广告、收取订阅费用、运营带货等方式，完成流量变现。新闻聚合平台为用户提供了便捷服务，但实际上严重损害了被链新闻媒体的利益。作为内容创作者，原创内容的产出需要付出成本，尤其是作为发布独家信息的精品新闻App媒体，还需付出信息、人力、物力运营、推广等成本，这些成本主要通过订阅费用、广告收入和授权许可费用收回。新闻聚合平台设置深层链接将网络新闻直接推送给用户，且深链作品的呈现方式与被链网站无异，用户直接阅读深层链接内容实际上会减少被链网站的访问量，从而导致内容创作者流量减少，订阅收入与广告收入降低，影响其版权价值实现，最终影响的是网络新闻行业的内容质量。当然，新闻聚合平台长久以来同样深陷版权泥淖之中，新闻内容创作者及具有合法授权的传播者认为新闻聚合平台未经授权直接转载新闻，构成侵权，要求新闻聚合平台承担侵权责任，即便新闻聚合平台设置深链并未直接侵权，但设链引流同样具有不正当竞争嫌疑。而法院对此态度则较为明确，未经授权的转载行为构成侵权，倘若设置深链行为造成被链新闻流量减少，则具有"搭便车"嫌疑，属于

不正当竞争。

3.技术发展加大作者维权难度，自媒体侵权影响行业健康发展

网络传播具有实时性、交互性，由此，信息网络环境下的版权侵权特点也发生了重大变化。以往利用单一的网络平台公然传播盗版内容的方式，逐渐转为利用网盘、社交平台、二手交易等多平台相互关联、快速传播。对网络新闻而言，同平台不同方式侵权，如将文字转为图画、视频，以及跨平台新闻"搬运"成为侵权常态化手段。由于侵权行为人发布侵权信息的平台并不固定，侵权链接、关键词不断变化，导致侵权事实难以被及时发现，并且侵权行为人身份也很难确定，权利人维权难度大幅提升。而且，网络新闻价值高、社会关注度大，一些黑灰产专门盗载网络新闻为自身引流，这些盗载网络新闻的人员分工协作，将目标网址层层嵌套，行为隐蔽，极大增加了打击难度。

同时，技术发展降低了网络新闻的创作与传播门槛，自媒体逐渐兴起，并成为网络新闻行业的重要内容生产者与传播者。目前针对正规新闻媒体已经建立起一套行业标准，但自媒体发展时间短、速度快，相关行业准则尚未完善，从业者亦是良莠不齐。自媒体从业者普遍缺乏专业培训，版权意识较为淡薄，极易产生侵权纠纷；部分自媒体缺乏自律性，为追求流量，在违法侵权手段、技术上不断翻新，导致"搬运""洗稿"等版权侵权现象屡禁不止。自媒体"搬运""洗稿"不仅侵犯了原创作者的版权，还损害了原创作者的创作动力，容易导致劣币驱逐良币的现象，影响网络新闻行业的健康发展。

（二）对策建议

1.把握利益平衡原则，明确时事新闻合理使用标准

网络新闻的创作与传播关系到三方利益：新闻创作者、新闻传播者、社会公众。过度保护作者权益将不利于网络新闻传播，影响社会公众利益实现；而过度保障社会公众利益则容易忽略作者权益，最终影响作者创作积极性，不利于新闻创作与传播。因此，《著作权法》规定了时事新闻的合理使用，目的便是追求作者、传播者与社会公众的利益平衡。随着数字技术的进步，传

统媒体转型升级，自媒体异军突起，这二者均具有新闻创作者与传播者的双重身份；新闻聚合平台强势入局，加速改变了网络新闻行业发展格局；尽管社会公众接触新闻报道的方式更加多样化，仍主要通过新闻报道了解时事、参与社会公共事务、进行舆论监督。在网络新闻行业参与主体多元化的情形下，需要继续把握好利益平衡原则，更好发挥《著作权法》时事新闻合理使用制度的作用，保障各方利益的实现。在新《著作权法》实施后，司法实践应当先行先试，对时事新闻合理使用情形进行积极实践。一是对"时事性文章"的认定标准予以明确，即为宣传和报道国家关于政治、经济和宗教方面的方针、政策而创作的作品，[1] 着重强调国家宣传方针政策的公益目的，将多数关于"时事"的文章排除出合理使用范畴，避免"时事性文章"成为肆意侵权的保护伞；二是对配图、配视频的时事新闻的转载是否构成合理使用予以明确，倘若该配图或视频是新闻报道不可缺少的部分，应当构成《著作权法》认可的合理使用行为。此外，对能构成合理使用的新闻使用行为，法院也应将其纳入合理使用范畴之中，如短视频这类新型作品，倘若其本质为新闻报道，则使用他人作品仍然可以构成合理使用。

2.完善授权许可机制，推动新旧媒体加强版权合作

新闻聚合App的目标网站多以对所发布新闻享有著作权的知名媒体为目标网站，其聚合行为对被链网站产生了替代作用。随着信息传输技术的发展，不经服务器存储或中转、通过其他文件分享技术也可将相关作品置于网络之中，以单纯的服务器标准界定信息网络传播行为不够准确，最高人民法院关于审理侵害信息网络传播权民事纠纷的司法解释也明确突破服务器标准，强调使公众能够直接获得作品的行为构成"提供"行为。实际上，提供深层链接的行为客观上也造成了用户的流失，因而实践中法院对新闻聚合平台设置深层链接的行为往往认定为侵权行为。

解决新闻媒体、自媒体与新闻聚合平台间的版权摩擦，还应通过合同约

1　孙昊亮：媒体融合下新闻作品的著作权保护，《法学评论》2018年第5期。

定授权许可等方式，双方取长补短，加速媒体融合。新闻聚合平台可以为传统媒体、自媒体拓宽传播渠道，实现更广范围的内容覆盖，传统媒体、自媒体也可以为新闻聚合平台提供更多优质内容，并通过新闻聚合平台获得更高关注度，聚合平台的用户获得信息则更为便利，且新闻聚合平台通过算法技术分发重要政策、社会热点等，能够及时给出公共预警，维护了公众合法权益。网络环境的发展使海量作品得以迅速传播，新闻聚合平台通过取得授权的方式设置深层链接，既维护了著作权人的利益，促进了新闻时空传播的广度，又能避免自身陷入侵权泥淖，更保障了社会公众利益，一举三得。

3.约束新闻聚合行为，强化平台主体责任

在网络新闻传播过程中，算法推荐已成为新闻聚合平台进行内容分发的重要方式。在算法分发新闻内容过程中，选取何种目标变量（用户性别、点击频度、页面停留时长等），如何设定分类标签与权重，都会影响信息分发的结果。算法推荐虽然能够更精准把握用户喜好，但也在客观上增加了平台对内容版权的侵权风险。部分新闻聚合平台为追逐流量、攫取商业利益，利用技术分发侵权内容，进一步加剧了著作权人的损失。2022年3月，被称为算法推荐第一案的爱奇艺公司诉字节跳动公司侵害《延禧攻略》信息网络传播权一案[1]在北京市海淀区人民法院作出判决，法院认为，字节跳动公司将用户上传的截取自《延禧攻略》的短视频向公众传播并推荐，用户构成直接侵权，字节跳动公司构成帮助侵权，应承担侵权责任。此外，大众传媒建立在新闻业发展的基础上，何种内容获得最优先传播级别会由"编辑"贯彻新闻单位意志作出抉择，保障新闻的真实性、准确性与及时性，传播正向价值观。技术进步扩大了新闻受众，满足了用户多元化需求，但平台仍需承担起社会责任，避免将虚假新闻、造谣信息、违法内容通过技术分发并广泛传播。因此，对新闻聚合平台而言，一方面应强化其内部版权保护机制建设，加大对原创内容的审查力度，尽可能避免侵权内容受到算法青睐，进一步损害网络新闻著作权人的权利；另

---

1 北京市海淀区人民法院（2018）京0108民初49421号民事判决书。

一方面需加强内容监管，加大对造谣信息发布主体的处罚力度，尽快建立失信"黑名单"制度，避免违法消息、虚假报道在平台蔓延。

4.提升版权保护意识，强化自媒体行业自律

自媒体入局时间短、发展速度快，成为网络新闻行业重要的参与主体。也正因如此，自媒体从业者普遍版权保护意识较弱，这一方面导致自媒体间"搬运"、"洗稿"、抄袭等行为层出不穷，另一方面，自媒体同样成为版权侵权的受害者，饱受侵权主体不易确认、侵权取证难、维权成本高等困扰。加强自媒体版权保护意识、增强自媒体伦理建设、提升自媒体行业自律水平，才能有效消除此类版权侵权困境，保障自媒体的良好行业生态。具体而言，原创者应该提升内容版权保护意识，在创作时也须注意对内容所涉版权信息作出明确标注，并积极运用平台举报机制以及法律武器对抗版权侵权行为。对新闻服务提供者而言，可以增强原创激励与侵权惩戒，对创作者进行必要的版权提示，对平台用户加强版权宣传教育，畅通平台内部不良信息举报渠道。此外，相关行政管理部门也应当积极出台行业规范，提升自媒体从业门槛，引导自媒体加强版权培训，形成良好的行业生态。

2021年中国网络动漫行业
版权保护与发展报告

洪诗涛 姜倩*

随着二次元文化的大众化，网络动漫日益成为年轻人喜闻乐见的一种文化娱乐形式，网络动漫行业也逐渐成为数字文化产业的重要支撑，并在较大范围内辐射带动了数字经济和实体经济的联动和发展。本报告中的网络动漫行业，是指基于对网络动漫（作品）[1]的经济性利用而衍生的行业。

一、2021年中国网络动漫行业总体发展情况

（一）总体市场规模稳步增长，细分赛道出现头部企业

网络动漫行业的市场规模近年来稳步增长。[2] 2021年，我国网络漫画市场总规模达到45.6亿元，同比增长36.2%；[3] 根据艾瑞咨询的测算，2022年，网络动画市场、网络漫画市场总规模将分别达285.8亿元、56.1亿元，增长率

---

* 洪诗涛，中国人民大学；姜倩，中国人民大学国家版权贸易基地。

1 网络动漫是指"以互联网为发行渠道，以漫画、动画为内容载体，展现超现实内容的图片和视听类作品，包括网络漫画平台发行的数字格式漫画作品、网络视频平台放映的动画剧集和动画电影等，同时含低幼向和非低幼向作品"。参见国家版权局网络版权产业研究基地《中国网络版权产业发展报告（2020）》。

2 网络动漫行业在市场上细分为网络动画市场、网络漫画市场。

3 数据来源于国家版权局网络版权产业研究基地《中国网络版权产业发展报告（2021）》。

将分别达到16.7%、22.4%，[1] 如图1所示。2021年，我国网络动漫用户规模达3.27亿人，同比增长10.1%，网民使用率达到31.7%，[2] 如图2所示。

随着以动漫为主体内容的二次元文化的兴起和主流化，网络动漫市场规

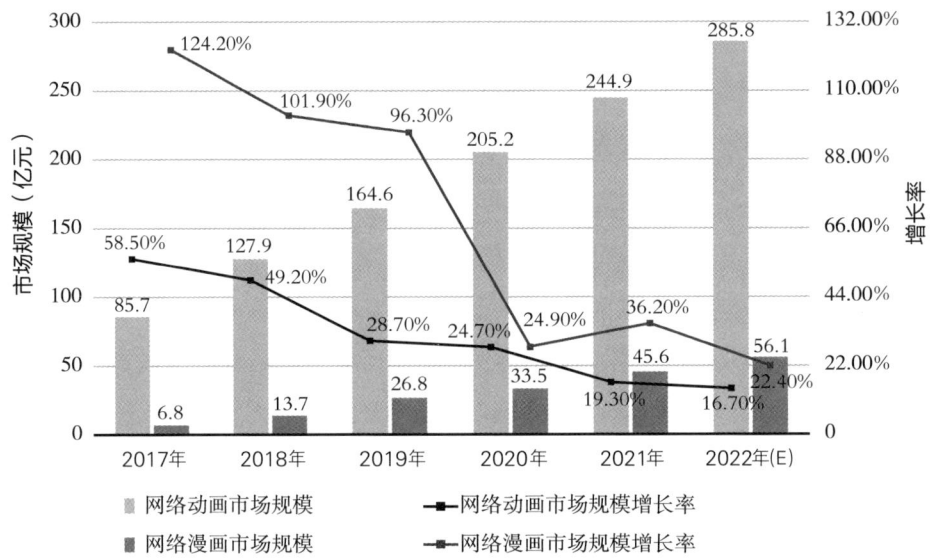

图1　2017—2022年中国网络动漫行业市场规模及其增长率[3]

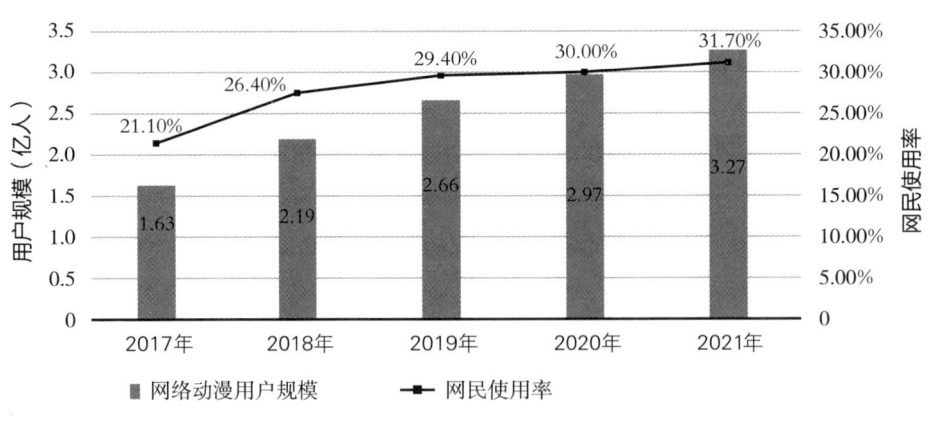

图2　2017—2021年中国网络动漫用户规模及网民使用率

1　数据来源于艾瑞咨询《2020年中国动漫产业研究报告》。
2　数据来源于国家版权局网络版权产业研究基地《中国网络版权产业发展报告（2021）》。
3　数据来源于国家版权局网络版权产业研究基地《中国网络版权产业发展报告（2021）》、艾瑞咨询《2020年中国动漫产业研究报告》，两份报告相关数据统计口径一致。

模的增长有望进一步得到赋能。据统计，我国泛二次元用户规模在2021年达到4.6亿人，[1] 如图3所示。2021年，我国二次元内容产业市场规模约632亿元，其中二次元动漫产业占比约38％。[2]

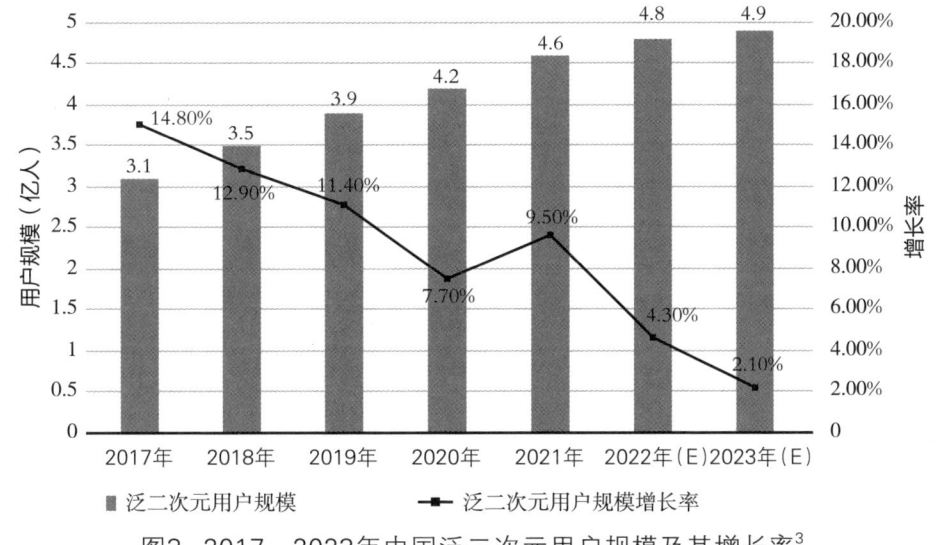

图3　2017—2023年中国泛二次元用户规模及其增长率[3]

此外，从市场格局来看，网络动漫行业中各细分赛道已出现若干头部企业。在网络动画市场中，内容生产环节代表企业有奥飞娱乐、光线传媒、华强方特、两点十分、彩条屋、原力、玄机科技、祥源文化、汤姆猫等；内容传播环节代表企业有爱奇艺、优酷、腾讯、哔哩哔哩、芒果tv、AcFun等；衍生变现环节代表企业有美盛文化、泡泡玛特、潮玩星球、华强方特、凯撒文化等。[3] 网络漫画市场则呈现出快看漫画、哔哩哔哩漫画和腾讯动漫三足鼎立、快看漫画领跑的竞争格局，其中快看漫画在用户、作品、作者方面的生态建设卓有成效，其2021年的月均MAU更是超过4000万人；而腾讯动漫的用户时长

1　数据来源于CIC灼识咨询《中国二次元内容产业白皮书》。

2　数据来源于CIC灼识咨询《中国二次元内容产业白皮书》。

3　参见CIC灼识咨询《中国二次元内容产业白皮书》、前瞻产业研究院《2022年中国动漫产业全景图谱》、艾瑞咨询《2020年中国动漫产业研究报告》。

和用户留存率较高，用户黏性超过同行。[1]当然，总体而言，网络动漫行业市场集中度相对较低，竞争激烈。

（二）商业盈利依托网络发行，版权运营成为重要支撑

网络动漫行业形成了用户付费、广告营销和IP（版权）授权三种模式相结合的盈利体系。这几种盈利模式都以动漫作品的网络传播为依托。在这一过程中，版权运营（以实现合规或直接实现盈利）是其基础性工程。根据所处传统产业链位置的不同，网络动漫行业中相关企业的运营模式有所区别。

在网络动漫制作端，有关企业作为版权方，通过IP授权来实现盈利。具体方式包括许可传播整体内容、许可改编演绎、许可传播网络动漫形象等。值得注意的是，处于网络动漫制作端的有关企业可能既是版权方，又是被授权方。这就要求有关企业要获得授权，实现版权合规。

在网络动漫发行端，网络平台传播动漫内容，在此基础上催生流量、换取用户付费、赚取广告收入，其基础前提和工程是通过版权运营实现版权合规。也就是说，欲基于传播网络动漫而盈利，要么获得上游版权方的授权，要么直接布局网络动漫制作环节，传播其享有版权的作品。

（三）原创国漫质量有所提升，内容出海推动平台出海

1.原创国漫质优量多，内容题材丰富拓展

首先，国产动漫数量有所增多，由动漫市场中国产动漫的播放状况即可看出。[2]此外，原创国产动漫的内容质量进一步提高，精品涌现，广受市场欢迎。"国产网络动漫的非IP衍生、纯原创生产的'垂直标杆'式的'爆款'作

1　参见CIC灼识咨询《中国二次元内容产业白皮书》。

2　2021年1—4月上新动漫220部，其中国漫142部，独播比例最高达88%，国漫有效播放占比达69%，较2020年同期占比增加近2成。数据来源于云合数据《2021年动画网播市场观察》。

品，实现了突破性的发展"。[1]其中，代表作包括《镇魂街》《西行纪》《灵笼》《时光代理人》《雾山五行》《枕刀歌》《山河剑心》《斗罗大陆》等。原创国漫质量的提升可以由播放量等市场状况窥知：2021年，《斗罗大陆》在腾讯视频中的年播放量高达117.1亿次；2021年上线腾讯视频的国漫新作中，年播放量超过10亿次的作品共有8部，超过5亿次的共有19部。

国产动漫内容题材拓展，受众定位拓宽。一方面，主旋律题材（如抗击疫情、宣扬爱国主义、科普教育）的红色动漫作品与现实主义题材动漫作品不断涌现，包括《一杯咖啡里的脱贫故事》《接力》《大鸢——周恩来童年读书的故事》《下姜村的绿水青山梦》等。另一方面，我国网络动漫市场中国产非低幼向动漫作品佳作频出，上述优质国漫代表作多为非低幼向作品，即为例证。

2.优质国漫进军全球，平台出海渐成趋势

随着原创国产动漫质量提高、产量增加，以及其作品取材面的拓宽、受众面的拓展，海外市场对优质国漫的市场需求正在逐步被激发。这首先表现在2021年国漫依托国际流媒体实现"内容出海"。例如，《新神榜：哪吒重生》除中国以外地区的全球独家流媒体版权被奈飞拿下，该片也即将在澳大利亚、新西兰、新加坡、日本等海外多地院线上映；《超能立方》登上日本Piccoma平台新作榜第一；《哑奴》登上日本comico日榜第一；《一代灵后》登上英语圈Tapas平台付费版第一；《闪婚总裁契约妻》登上韩国NAVER周榜第一、韩国Kakao周榜第一。

除了内容出海之外，我国头部动漫平台也积极地进行全球布局，进军海外市场。其中，快看漫画开始探索以"内容出海+平台出海"双轮驱动，进军全球市场。2021年1月，快看漫画发布"哥伦布"计划，宣布自建渠道布局海外分发。到8月，快看漫画已经与全球超70个漫画平台合作，涵盖日、韩、

----

1 吴炜华，林霄：新动漫　新征程　新景观——2021年中国网络动漫的业态梳理与文化图景，《当代动画》2022年第1期。

英、法、德、西、葡、俄等12个语种，覆盖近200个国家和地区。哔哩哔哩漫画海外版（Bilibili Comics）也于2021年4月上线，据App Annie数据显示，Bilibili Comics月活跃用户规模已超300万人，在中、日、韩以外的英语市场中居于第3位，日活跃用户峰值达到82.4万人。[1]

（四）全产业链成为布局趋势，虚拟偶像延展变现渠道

网络动漫行业内企业布局呈现全产业链趋势。行业内越来越多的企业，尤其是头部企业将布局向传统产业链各环节延伸，依托动漫版权，进行业务拓展和产业链融合。2021年，奥飞娱乐基于动画IP推出了口袋小世界、积木桌等多种衍生品玩具，发售了"星际熊""阴阳师"等盲盒产品。除了传统类别衍生品，奥飞娱乐还不断探索新兴方式，与鲸探、丸卡等数字藏品发行平台合作推出"喜洋洋与灰太狼"星际系列3D数字手办等数字藏品。两点十分公司也投资近40家动漫产业上下游企业，"完成动漫全产业链布局"。[2]此外，随着腾讯、哔哩哔哩等不断布局动漫制作方，[3]互联网媒介正驱动网络动漫领域打破上、中、下游壁垒，实现制作方、播出平台、衍生品生产方的融合发展，进而提升版权价值。

正是依托全产业链布局，大型网络动漫平台在网络动漫行业的市场竞争中才表现得愈发强势。这体现在以腾讯、哔哩哔哩为代表的头部网络动漫平台通过资本运作，联动产业链的上、中、下游，增强竞争力，在相对分散的竞争市场格局中获得优势。2021年，动漫领域共计40起投资事件，其中29起由腾

1　施忆：哔哩哔哩漫画海外版月活超300万，国漫进入平台出海时代？网址：https://mp.weixin.qq.com/s/OICNzsLECt2vHC5tefZ0yg，最后访问日期：2022年8月28日。

2　两点十分完成动漫全产业链布局，网址：https://mp.weixin.qq.com/s/_nFgdeEYCcoZu-jwx44ZntQ，最后访问日期：2022年8月28日。

3　2017—2019年，腾讯参与动漫相关企业投资29笔，其中参与动漫生产企业投资24笔；哔哩哔哩参与动漫相关企业投资26笔，其中参与动漫生产企业投资19笔。参见艾瑞咨询《2020年中国动漫产业研究报告》。

讯与哔哩哔哩贡献；[1] 哔哩哔哩以6.12亿元全资收购动画制作公司绘梦动画。网络漫画行业中，有关研究也表明，"网络漫画平台已经成为漫画行业内容创作、聚合分发、整合营销、流量变现、商业拓展的主力军"。[2] 相较之下，中小型网络动漫企业由于资金压力和在用户规模方面的劣势，在寻求授权和进行产业布局方面阻碍增多，总体而言面临着巨大的竞争压力。

在布局方向上，网络动漫行业内的市场主体逐步进军蓬勃发展的虚拟偶像行业领域。动漫是虚拟偶像主要的表现形式和重要的IP来源。在有关机构梳理评选出的2021年国内外最具代表性的十大虚拟偶像中，洛天依、A-SOUL、柳叶熙等皆为动漫形象。虚拟偶像已经成为网络动漫行业的重要参与主体，以《全职高手》叶修、《斗罗大陆》唐三、《狐妖小红娘》涂山苏苏等动漫人物为代表。在虚拟偶像的商业开发中，首要步骤为虚拟偶像形象的设计和确定，这种业态上的关联性使虚拟偶像能够成为网络动漫衍生开发的领域。而当前虚拟偶像依托"粉丝经济"具有丰富的商业变现模式，使得依托动漫形象孵化虚拟偶像具有很强的可欲性。因此，我国网络动漫行业内头部市场主体利用广阔的曝光渠道和自有IP优势，纷纷进军虚拟偶像行业领域，实现自有动漫IP同虚拟偶像的联动发展。腾讯在虚拟偶像布局的模式上便是依托自有热门IP孵化虚拟偶像。[3] 作为国内最大的虚拟偶像社区的B站，其打造的许多虚拟偶像也是基于动画、游戏孵化而来的。根据B站CEO陈睿公布的信息，2021年B站中的虚拟偶像有32412个，同比增长40％。[4] 可以认为，作为动漫IP衍生开发辐射范围的虚拟偶像市场，有望延长网络动漫行业的产业链，拓宽网络动漫的变现渠道，盘活动漫IP授权市场。

----

1 晓艳：数读2021：40起动漫融资，腾讯、B站贡献29起，8起亿元级融资，网址：https://mp.weixin.qq.com/s/hCLlDHYfFbjGrGIQE6qKIw，最后访问日期：2022年8月28日。
2 魏玉山等：《2020—2021中国动漫游戏产业年度报告》，中国书籍出版社2022年版。
3 苏湛：大厂对虚拟偶像领域火热布局，破壁营销还应注意哪些，网址：https://mp.weixin.qq.com/s/PTxWsotyBYM-ks7Gv0Layg，最后访问日期：2022年8月28日。
4 虚拟偶像风口正当时：资本兴趣高涨，大厂争相布局，网址：https://mp.weixin.qq.com/s/hhktKu2dN-NBrIwzF-wueQ，最后访问日期：2022年8月28日。

二、2021年中国网络动漫行业版权保护状况

（一）司法效能提升推动行业发展

1.网络动漫版权侵权纠纷量居高不下[1]

在中国裁判文书网，设定裁判年份为2021年，以"动漫""侵害作品信息网络传播权纠纷"为关键词和案由，检索得到1116份裁判文书。根据检索，动漫作品著作权侵权纠纷的相关文书共有1941份，涉及侵害作品信息网络传播权的裁判文书数量占比达57.5%。可见，网络动漫作品侵权纠纷成为动漫作品著作权侵权的高发类型。

在上述检索条件下，分别设定裁判年份为2017年、2018年、2019年、2020年，检索得到766份、673份、698份、1434份公开裁判文书（见图4）。检索数据反映，近5年中，2020年进入司法程序的网络动漫版权侵权纠纷数量骤增，达到峰值，2021年的案件数量虽略有下降，但仍然保持高位，并未实质减少。可以认为，随着我国网络动漫市场持续发展，版权人维权意识不断提高，网络动漫行业司法保护力度亦呈现阶梯式上升的趋势。

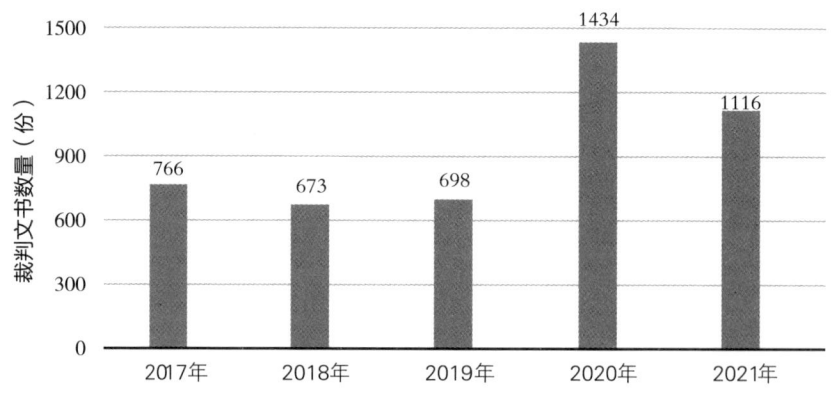

图4　2017—2021年我国动漫版权侵权案件公开裁判文书数量

---

1 本部分有关数据均来自中国裁判文书网，时间截至2022年7月27日。

2. 多样侵权情形催生司法保护新趋势

实践中，针对网络动漫作品的版权侵权情形愈发多样，这给版权保护带来了挑战，要求法官在司法实践中留心辨别、审慎判断。

首先，以短视频"搬运"、"切条"、剪辑形式进行的侵权层出不穷。在此背景下，法院力图通过司法裁判对视频平台等网络服务提供者课以合理的注意义务，以推动平台发挥信息管理能力上的优势，加强针对动漫作品网络传播的版权合规建设。例如字节跳动诉爱奇艺侵犯《玛莎和熊》动画信息网络传播权一案[1]，在该动画处于国内首播的热播期内，爱奇艺网站平台上出现大量由用户"搬运"上传并经归类整理的针对该动画的剪辑视频，法院最终判决爱奇艺侵犯信息网络传播权，并赔偿30万余元。

其次，存在不少网剧、"剧本杀"、游戏抄袭网络动漫作品情节，游戏等文娱产品未经许可使用动漫形象的情形。例如上海知识产权法院于2021年4月二审改判的《整容游戏》漫画诉《欲望》网剧抄袭一案，便是网剧抄袭漫画情节的典型案例。[2] 此前畅销的《水镜八奇》"剧本杀"也被指抄袭连载20年的漫画《火凤燎原》的情节发展和人物设定。未经许可在游戏、展销蛋糕模型、饮品包装、活动场馆使用熊出没、小猪佩奇、小黄人等知名动漫形象的案件更是层出不穷，[3] 其中有的案件判赔额高达510万元。[4] 这反映了法院对这些网络动漫版权侵权情形的规制力度。在北京互联网法院审结的一起案件中，被告使用原告拥有著作权的奥特曼形象玩具和自有小熊形象为角色，设置场景编写剧本，演绎小故事，并拍摄录制为短视频在网上传播。北京互联网法院否认被告构成合理使用，判令其侵犯原告复制权、信息网络传播权，赔偿损失及合

1　北京互联网法院（2020）京0491民初27976号民事判决书。
2　上海知识产权法院（2020）沪73民终57号民事判决书。
3　上海知识产权法院（2021）沪73民终644号民事判决书、北京市海淀区人民法院（2016）京0108民初27959号民事判决书、江苏省高级人民法院（2020）苏知终60号民事判决书。
4　江苏省高级人民法院（2020）苏知终60号民事判决书。

理费用32万余元。[1] 该案件体现出法院对网络动漫形象版权侵权行为的严厉打击态度。

最后，在以NFT为代表的新兴市场交易模式中，也出现了针对网络动漫作品的新型侵权方式。当前NFT平台作品中，动漫作品占有相当大的比重，被称为我国"NFT第一案"的"胖虎打疫苗"案，所涉侵权作品即为漫画作品。该案中，用户未经权利人许可将奇策公司享有版权的图片"胖虎打疫苗"上传到NFT平台铸造成NFT并进行销售。法院最终判定该NFT平台侵犯奇策公司信息网络传播权，需承担赔偿责任。[2] 随着数字技术应用深入文娱行业，新的侵权方式将给网络动漫版权保护带来挑战，法院有必要针对性地作出正确的典型判决，以此为新兴业态提供合规示范和行为指引。

3.行为保全申请渐成版权方诉讼策略

互联网技术的发展与传播机制的改变，使版权侵权行为易在短时间内产生极为严重的、难以挽回的损失，因此申请行为保全愈发成为网络动漫版权方避免损失扩大的诉讼策略。2021年引发广泛关注的腾讯与字节跳动《斗罗大陆》动画片行为保全案即为适例。该案中，在未经实质审理的情况下，法院于收到行为保全申请的两天后作出裁定，几乎全部支持了腾讯的保全请求。[3] 实践中权利人申请行为保全措施的案例越来越多，[4] 未来，涉网络动漫的司法案件中行为保全的适用率或将有所提高。

（二）行政执法有力护航产业发展

网络动漫属于我国版权行政保护的重点领域。通过专项整治行动和常态化的版权监管，我国版权行政管理部门及时高效打击侵权盗版行为，为网络动

---

1 张博，曹爽：使用动漫玩具拍摄短视频上网传播可涉及著作权侵权，网址：https://mp.weixin.qq.com/s/aYxlrs5mbLV_bRHa46IBtQ，最后访问日期：2022年8月28日。
2 杭州互联网法院（2022）浙0192民初1008号判决书。
3 重庆市中级人民法院（2021）渝01行保1号民事裁定书。
4 例如2021年优酷向青岛市中级人民法院就《玉楼春》申请行为保全，腾讯向北京知识产权法院就《扫黑风暴》申请行为保全。

漫行业发展保驾护航。

版权行政执法部门保持对网络动漫盗版行为重点整治态势的同时，执法力度有所加强。一方面，国家对网络动漫行政保护的要求进一步提升。国家知识产权局在其发布的《2020—2021年贯彻落实〈关于强化知识产权保护的意见〉推进计划》中，提出"加大文化市场知识产权执法力度，深入开展网络表演、网络音乐、网络动漫市场规范整治行动，严查侵犯知识产权案件"。[1]另一方面，网络动漫历年来都是"剑网行动"的重点整治领域。2021年，上海市、江苏省、湖南省、吉林省等在开展"剑网行动"的过程中，针对性地打击治理网络动漫版权侵权。[2]同时，行政执法部门对侵犯网络动漫版权的市场主体尝试处以较高额罚款，如江苏省常州市文化广电和旅游局对未经授权传播《全职高手》等动漫影视资源的行为人作出没收违法所得3.8万元、罚款25万元的行政处罚（该案为2021年江苏省打击侵权盗版十大典型案件之一），有效打击了此类违法侵权行为。

除专项整治之外，版权行政管理部门也通过加强日常版权监管提升网络动漫版权保护水平。2021年，动漫作品较为高频地出现在国家版权局公布的重点作品版权保护预警名单中，约占当年重点作品保护预警名单的14%，[3]既为各地版权行政执法提供了指引，也通过侵权预警推动网络平台履行必要措施加强自律，督促其承担相应的版权监管义务。

（三）社会协作有序推进行业共治

加强社会协作，推进行业自律，为网络动漫行业版权保护水平的提升作出了重要贡献。2021年11月，第十二届中国国际影视动漫版权保护和贸易博

---

1 参见国家知识产权局《2020—2021年贯彻落实〈关于强化知识产权保护的意见〉推进计划》。
2 参见上海市文化和旅游局执法总队《"剑网2021"专项行动工作总结》、湖南省版权局《关于湖南省"剑网2021"专项行动开展情况的报告》、吉林省版权局《关于"剑网2021"专项行动开展情况的报告》。
3 在国家版权局2021年发布的重点作品版权保护预警名单中，《雄狮少年》《新神榜：哪吒重生》《姜子牙》等动漫作品出现17次。

览会在东莞开幕。本届博览会吸引了来自国内外500多家影视动漫垂直领域参展团体和企业，携1000多个动漫IP参展参会，专设3个论坛，邀请100多位影视动漫行业专家共聚商谈包括版权保护在内的网络动漫行业高质量发展相关议题。[1]

2021年，对于"长短视频之争"，有关长短视频平台逐步达成合作。网络动漫作品系长短视频中的重要内容，随着抖音与爱奇艺等围绕视频二创与推广达成合作协议，[2] 明显的网络动漫版权侵权行为有望在行业共治下得到进一步遏制，版权合规方面的创作生态也有望得到改善。此外，网络动漫行业内各方也在积极探索采用经济便捷的技术措施，加强网络动漫的版权保护协作。这体现在版权方自主或委托第三方采用算法，自动监测涉嫌侵犯动漫版权的视频并发出侵权"通知"。相应地，以短视频平台为代表的网络服务商为了应对海量的侵权通知，也自主研发并采用算法，或者委托第三方机构采用算法，自动删除"通知"所涉短视频，乃至主动监测、事前拦截涉嫌侵犯动漫版权的内容。

三、2021年中国网络动漫行业版权保护与发展的问题及对策建议

（一）现存问题

1.优质作品匮乏，版权价值有限引发盈利桎梏

目前，我国网络动漫行业虽然已经诞生了《喜羊羊与灰太狼》《熊出没》等广受欢迎的原创动漫IP，但总体而言优质原创动漫IP数量较少，[3] 且优质原创

---

1 第十二届中国国际影视动漫版权保护和贸易博览会盛大开幕，网址：https://www.sohu.com/a/502242780_121123855，最后访问日期：2022年8月28日。

2 关于抖音与爱奇艺达成合作的说明，网址：https://mp.weixin.qq.com/s/xe3PtFMpkF-pH7qq4aVgqxw，最后访问日期：2022年8月28日。

3 参见前瞻产业研究院《2021年中国动漫产业全景图谱》。

动漫IP主要定位为低幼向，大多数动漫IP的品牌效益和文化影响力较弱。

优质网络动漫作品缺乏有诸多原因，其中人才和资金缺乏的问题较为突出。首先，创作端人才的缺失导致优质国漫的创作缺乏源泉。当前"国内的动画公司并不缺中端的制作人才，缺的是有创意的、前端的编剧、导演、美术设计等高端人才"。[1] 从人才类型看，相较画师，动画导演和编剧缺乏的短板更加突出。[2] 其次，中小型动漫企业资金缺乏导致优质国漫的创作缺乏动力。动漫企业在经营初期盈利能力较弱，而购置技术、招揽人才、获取授权等方面的成本较高，这导致企业在初创期资金紧张，面临较高的商业风险。

2.授权机制不畅，动漫作品版权价值变现难

相较于美国、日本等动漫产业发展成熟、IP运营链条打通的海外市场，我国网络动漫行业通过版权运营构筑的产业链条仍欠成熟，授权机制不顺畅，动漫版权的价值较难实现，从而影响行业总体发展。有关研究表明，我国当前网络动漫的盈利还是多依赖于上游内容开发完成变现，用户付费与广告投入成为主要变现渠道，下游IP授权、衍生开发、品牌合作的巨大商业红利尚未完全实现。[3] 而对于多数国漫作品而言，IP授权主要通过IP形象授权实现，包括IP改编授权在内的其他授权方式，在中国网络动漫行业尚处于起步阶段。[4]

出现这一问题的原因是多方面的。在优质国漫短缺的大背景下，多数国漫受众吸引力、文化影响力有限，或者市场热度维持时间不长，导致用户黏性不高，致使版权授权空间较小，版权运营则更是天方夜谭。除此之外，多数网络动漫企业属于规模不大的中小企业，资本力量不足，难以及时地跟进市场进行广泛的衍生开发，这就使其不具备足够的跨界合作号召力和市场推广能力。

----

1 动漫行业火热之下 月薪过万却遭遇"人才荒"，网址：https://mp.weixin.qq.com/s/ITKEVm_qWRrUcE1nfnB5kQ，最后访问日期：2022年8月28日。
2 参见艾瑞咨询《2020年中国动漫产业研究报告》。
3 动漫IP屡屡"破壁"，国漫×品牌的跨界合作之旅将走向何方，网址：https://zhuan-lan.zhihu.com/p/75379754，最后访问日期：2022年8月28日。
4 参见艾瑞咨询《2020年中国动漫产业研究报告》。

3.版权侵权多发，动漫行业盈利渠道受限

大部分网络动漫作品在形式上表现为长视频。用户未经授权，通过"搬运"、"切条"、剪辑等方式从长视频平台截取网络动漫作品的片段，形成侵权短视频，而后上传到短视频平台供其他用户观看、下载，这种现象屡见不鲜。此类行为成本极低，给侵权用户和相关短视频平台带来了相当可观的收益。侵权行为的泛滥严重分流了正版授权平台的用户，导致其流量收缩，用户付费减少、广告收入降低，对网络动漫企业的综合盈利产生负面影响。

另外，由于原告举证难、法官对原告举证采信率低，从绝对值以及诉求金额与判赔金额的差额看，多数著作权案件侵权赔偿额较低，[1]权利人得到足额赔偿的概率亦偏低。网络动漫版权侵权案件中，侵权主体多为经济实力较弱、财务管理不规范的个体用户，而非偿付能力充足的企业，网络动漫著作权人在举证上非常困难。在有些未经许可利用网络动漫形象的侵权案件中，著作权人的实际损失、侵权人的违法所得难以确定。在此情景下，权利人获得足额赔偿的概率较低，这容易导致其"赢了官司输了市场"。

（二）对策建议

1.版权运营视角下的对策建议

（1）运营模式上加强全产业链运营

针对当前我国网络动漫行业产业链欠成熟、授权范围较窄、版权授权盈利能力较弱的问题，以及寻求版权许可过程中可能遭遇障碍的状况，网络动漫行业在经营模式上有必要加强全产业链运营。全产业链运营既包括传统动漫产业下的全产业链运营，又包括泛文娱产业下的全产业链运营。

----

1 "实际损失""侵权获利""许可费倍数"三种计算方式在著作权司法实践中的适用率分别仅为0.23%、0.15%和0.02%，在大多数案件中法官适用法定赔偿这一方式确定赔偿额。同时，著作权案件的平均诉求金额约为11万元，平均判赔金额约为2.8万元，判赔支持度为25.6%。参见詹映：我国知识产权侵权损害赔偿司法现状再调查与再思考——基于我国11984件知识产权侵权司法判例的深度分析，《法律科学》2020年第1期。

传统动漫产业下的全产业链运营主要涉及网络动漫制作企业和发行平台的优势互补。在以往的动漫产业链中，制作方掌握版权，但缺乏精准、及时把握用户喜好的能力；平台方依托其技术、数据优势，能够精准及时地进行"用户画像"，却因不掌握完整意义上的版权无法进行市场布局和衍生变现。因此，有必要加强全产业链布局：平台方可以积极投资制作端企业，制作方可以积极地与有关平台进行商业合作，优势互补，从而实现资源整合，最大限度发挥版权的价值。

泛文娱产业下的全产业链运营主要涉及面向泛文娱领域的企业与主营网络动漫企业的资源整合。面向泛文娱领域的互联网企业在资金支持有力的情况下，可以积极布局网络动漫领域；以网络动漫为主营领域的企业，有必要同广泛布局泛文娱领域的企业开展合作。例如腾讯积极布局网络动漫领域，腾讯动漫通过漫改真人影视剧、竖屏漫动画、短视频漫动画等方式，创新内容呈现形式，在网络动漫行业内获得了一定的市场地位。[1]

（2）运营方向上积极开拓高附加值涉动漫IP授权市场，加强跨界运营

鉴于虚拟偶像强大的商业变现能力和丰富的衍生开发方式，加之网络动漫行业同虚拟偶像行业在业态上的关联性，网络动漫行业中的市场主体可以尝试开拓虚拟偶像制作设计或者授权市场，乃至自主运营虚拟偶像相关行业。网络动漫企业可以积极针对市场热度大、热播时间长的爆款动漫作品展开授权、寻求合作，将动漫主人公开发成虚拟偶像。一方面，虚拟偶像可凭借网络动漫作品的市场热度迅速俘获受众；另一方面，这有助于网络动漫作品版权方在附加值较高的虚拟偶像产品市场收益中分得一杯羹。

鉴于NFT数字藏品很大一部分取材自动漫作品，网络动漫版权方也可以主动布局新兴而又火爆的NFT数字藏品市场，在NFT数字藏品的铸造出售、转售的市场流通环节以IP授权、商定版税的方式实现盈利，以此挖掘Web3.0时代网络动漫版权的价值，开拓新兴市场。

---

1 参见艾瑞咨询《2020年中国动漫产业研究报告》。

针对在许多情形下网络动漫受众面较窄的情况，有必要加强网络动漫跨界版权运营，探索网络动漫作品同其他具备受众吸引力的文化要素的融合，从而吸引其他细分文化领域的受众为融合后的网络动漫付费。在这一吸引受众的思路下，已有市场主体取得成功，如两点十分公司与江小白公司联合推出动漫《我是江小白》，便将动漫文化同白酒文化、（重庆）城市文化集合于一部视听作品之中，拓宽了受众，提高了市场需求量。

2.版权保护视角下的对策建议

（1）版权方：关注重点侵权账号，探索短视频传播

鉴于当前的内容分发平台多数基于算法技术向用户进行信息流推荐，在"通知—删除/必要措施"规则下，网络动漫版权方发出侵权通知，也可以充分利用算法推荐机制的特点，[1]重点关注和监测受关注度较高的用户，有针对性地向平台发出针对该用户侵权行为的通知。这既有助于提升通知的合规程度，又能够实质地减少通知数量，从而有助于推进"通知—删除/必要措施"程序的高效开展，推动平台对有关重点侵权方的积极关注和作为，切实提升行业协作进行版权保护的效能。

鉴于短视频传播已经成为广受社会大众欢迎的文娱内容获取方式，网络动漫企业也有必要探索短视频的内容传播模式。版权方既可以自行发布短视频进行内容传播，也可以积极授权用户黏性更强的综合性社交平台、信息分发平台在一定条件下传播动漫作品、进行二创，以此提升动漫作品的知名度和影响力，以期实现受众培养和拓宽。

（2）建立授权动漫作品数据库，探索建立成熟的版权过滤机制

成熟且成本经济的版权过滤技术的应用和推广将惠泽整个网络环境下的版权保护，网络动漫作品当然也不例外。为此，有必要推动社会各界积极开发运用技术过滤等版权保护技术，扶持相关企业的研发和应用，通过平台自治机

1　当前用于内容分发最主要的算法推荐模式是协同过滤，此机制下受关注度低的用户其发布的侵权内容在"推荐池"中获得的推荐权重相对较低。

制阻止较为明显的网络动漫版权侵权内容的传播。

随着爱奇艺等网络动漫行业中的重要市场主体授权抖音进行短视频创作，短视频平台在获得传播和二创许可的同时，也应当积极履行行业责任和社会义务，探索建立专门的动漫内容数据库，并在此基础上以合理的技术标准逐步建立成熟、合理、高效的版权过滤机制，加强对相关内容的规范使用，实现高效的版权保护。

（3）发挥区块链技术对网络动漫版权保护的作用

区块链技术的妥善运用能够在很大程度上赋能网络环境下的版权保护，破解网络版权保护的困境。2022年，《最高人民法院关于加强区块链司法应用的意见》提出通过基于区块链技术的机制"为知识产权案件的证据认定等提供便利"，体现了司法机关对区块链存证的积极态度。[1]

鉴于当前网络动漫版权侵权案件中存在因举证难导致判赔支持率低、侵权赔偿额低的问题，有必要加强对区块链技术的研发、革新，以及对其机制的建设、应用、推广，推动区块链技术切实助力原创网络动漫版权权属证明，通过区块链技术有力增强侵权损害赔偿相关电子证据的证明力，从而使得在侵权发生后，网络动漫版权方蒙受的实质损失能够通过司法程序得到较为实质的"填平"和补偿。

----

1 《最高人民法院关于加强区块链司法应用的意见》第10条、第21条等。

2021年中国网络游戏行业
版权保护与发展报告

李明远*

随着智能手机的不断普及，以移动游戏为主的网络游戏产业迎来快速发展。作为数字版权产业的重要板块，网络游戏行业2021年实现了2965.13亿元的实际销售收入，[1] 成为我国数字经济发展的重要推动力。近年来，随着多项监管政策的落地，网络游戏行业逐渐从野蛮生长进入发展新阶段。2021年，未成年人保护政策加强对网络游戏行业造成一定冲击，游戏版号审批收紧等原因促使游戏出海成为行业新的爆发增长点。本报告通过对2021年网络游戏行业整体发展状况与版权保护状况的分析，聚焦目前网络游戏行业存在的问题，有针对性地提出建议，以促进网络游戏产业健康发展。

★ 李明远，吉林大学。

1 数据来源于中国音数协游戏工委和中国游戏产业研究院《2021年中国游戏产业报告》。

一、2021年网络游戏行业整体发展情况

（一）产值、用户增速双放缓，移动游戏仍占主导地位

我国游戏行业一直呈现出迅猛发展的势头，与2014年相比，2021年游戏行业实际销售收入翻倍。2021年，我国游戏市场实际销售收入2965.13亿元，较上年增收178.26亿元，同比增长6.40%（见图1）。在发展趋势上，2014—2017我国游戏市场实际销售收入高速增长，并于2017年突破2000亿元，从2018年开始，游戏市场实际销售收入年增长率波动较小，游戏行业进入平稳发展阶段。当然，2020年，由于新冠肺炎疫情"宅经济"的刺激效应，我国游戏市场规模较上年同比增长超过20%。随着中国本土疫情得到有效控制，2021年我国游戏市场规模增幅明显下降，增长率下降14.31个百分点。可以预计，在无特殊因素影响下我国游戏产业发展将继续处于平稳期。

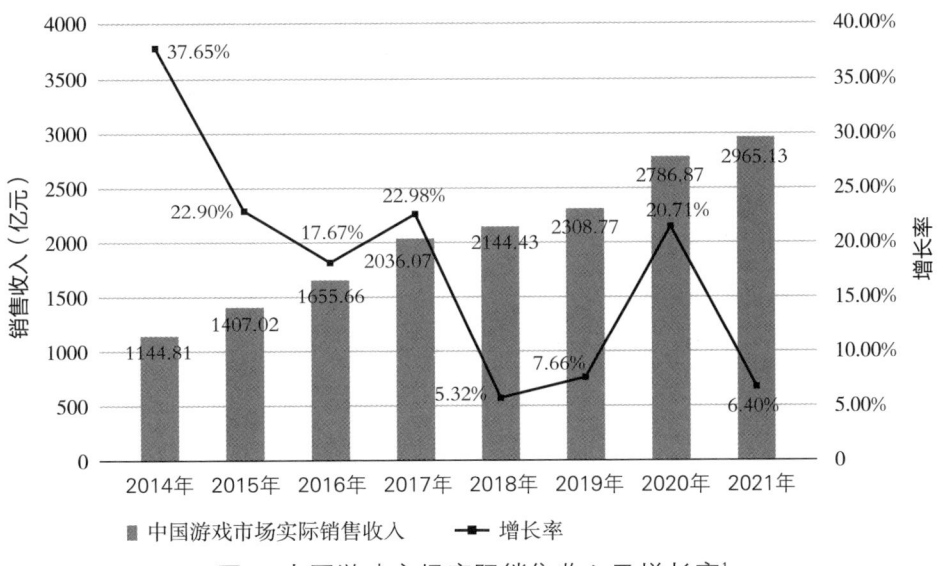

图1 中国游戏市场实际销售收入及增长率[1]

游戏实际销售收入增速降低，我国游戏用户规模同样也呈现增速放缓的

----

1 数据来源于中国音数协游戏工委和中国游戏产业研究院《2021年中国游戏产业报告》。

态势。2021年，中国游戏用户规模达6.66亿人，同比增长0.22%（见图2）。虽然自2014年起游戏用户人数增长速度持续波动，但每年基本保持千万级增长。与2020年相比，2021年中国游戏用户规模变化不大，游戏人口红利趋向于饱和。[1] 此外，2021年上半年中国游戏用户规模已达到6.6657亿人，较2020年底增长约0.27%；而下半年用户规模却出现负增长，主要原因是防沉迷新规落地，对未成年人的保护力度增强。[2]

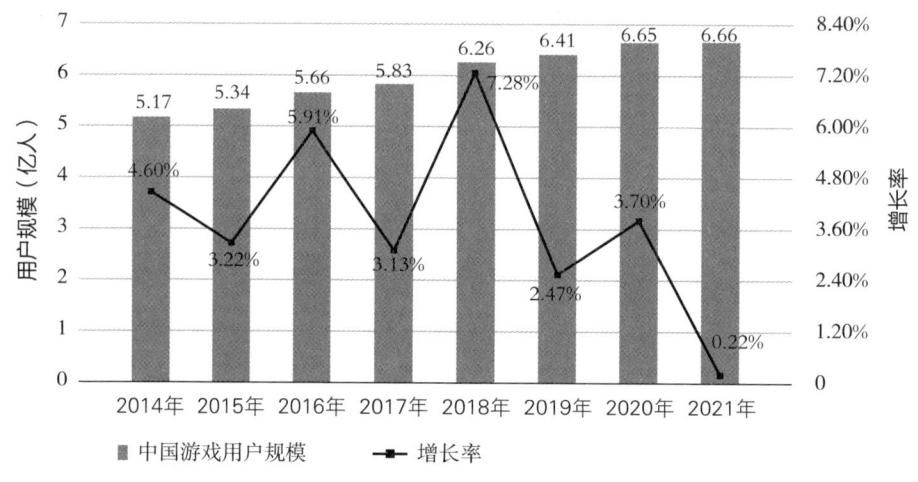

图2 中国游戏用户规模及增长率[3]

2021年，中国移动游戏、客户端游戏和主机游戏市场实际销售收入均有上升，中国移动游戏市场实际销售收入2255.38亿元，占比为76.06%；客户端游戏市场实际收入588亿元，占比为19.83%；而网页游戏市场在持续萎缩，市场实际销售收入60.30亿元，占比为2.03%（见图3）。从总体趋势看，自2014年起其他类别游戏增长缓慢乃至持续下降，我国游戏市场的整体稳定增长依赖于移动游戏类型的快速发展。[4]

---

1 数据来源于中国音数协游戏工委和中国游戏产业研究院《2021年中国游戏产业报告》。
2 数据来源于中国音数协游戏工委《2021年1—6月中国游戏产业报告》。
3 数据来源于中国音数协游戏工委和中国游戏产业研究院《2021年中国游戏产业报告》。
4 数据来源于中国音数协游戏工委和中国游戏产业研究院《2021年中国游戏产业报告》。

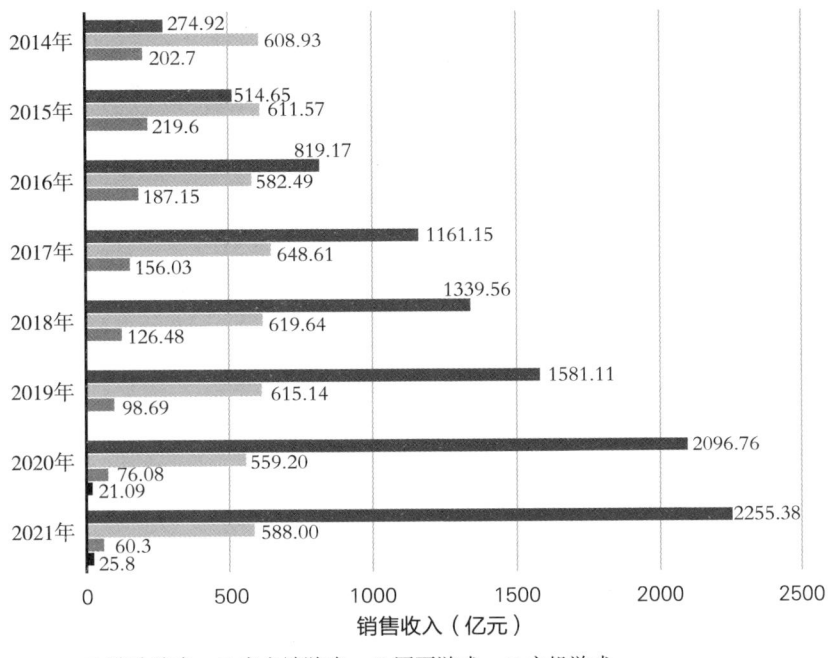

图3 中国游戏细分类别实际销售收入[1]

（二）"2+N"市场格局仍然持续，游戏出海取得显著进展

2021年，我国涉足网络游戏的企业经过多年发展所形成的"2+N"竞争局面仍未根本改变（见图4）。从数据上看，腾讯与网易两家公司以远超其余公司的市场份额占比，占据第一梯队。腾讯控股2021年本土市场游戏收入增长6%至1288亿元，以中国游戏市场实际销售收入估算，约占国内43.44%的市场份额；排在第2位的网易2021年游戏业务收入628.06亿元，同比增长15.01%，市场占比约为21.18%。除两大游戏巨头外，上市企业三七互娱和世纪华通的游戏业务收入也跨过百亿级别，分别为162.16亿元和111.6亿元，展现出强大竞争实力。而非上市企业中，米哈游则凭借《原神》长期稳居中国手游发行商全

---

1 数据来源于中国音数协游戏工委和中国游戏产业研究院《2021年中国游戏产业报告》。

球收入第3位，[1] 其本身在2020年的营业收入就已达到101.28亿元。[2]

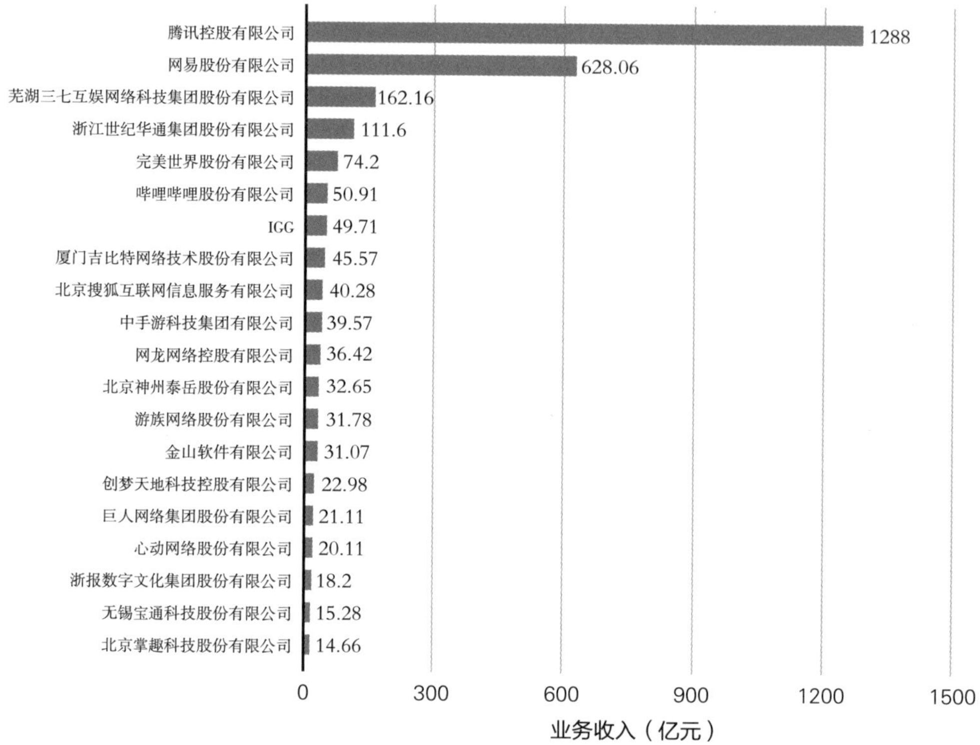

公司	业务收入（亿元）
腾讯控股有限公司	1288
网易股份有限公司	628.06
芜湖三七互娱网络科技集团股份有限公司	162.16
浙江世纪华通集团股份有限公司	111.6
完美世界股份有限公司	74.2
哔哩哔哩股份有限公司	50.91
IGG	49.71
厦门吉比特网络技术股份有限公司	45.57
北京搜狐互联网信息服务有限公司	40.28
中手游科技集团有限公司	39.57
网龙网络控股有限公司	36.42
北京神州泰岳股份有限公司	32.65
游族网络股份有限公司	31.78
金山软件有限公司	31.07
创梦天地科技控股有限公司	22.98
巨人网络集团股份有限公司	21.11
心动网络股份有限公司	20.11
浙报数字文化集团股份有限公司	18.2
无锡宝通科技股份有限公司	15.28
北京掌趣科技股份有限公司	14.66

图4　2021年中国部分上市游戏公司游戏业务收入[3]

由于户增长速度减缓、行业监管加强、版号发放审核收紧等因素，游戏市场竞争越发激烈，"马太效应"越发明显。通过对2020年游戏业务收入排名位于前列的上市公司进行分析，在统计的排名前20位的公司中，2021年游戏业务收入实现增长的有10家，其中7家公司属于排名前10位的公司，并且腾讯、网易公司业务增长数额合计达到154亿元（见图5）。虽然米哈游、莉莉丝等游戏公司依靠爆款产品以及海外市场的优秀表现实现了快速增长，但目前暂难撼

1　数据来源于Sensor Tower公司。

2　刘锟，王美杰：2021上海民营企业百强榜发布，你在的企业上榜了吗，网址：https://www.jfdaily.com/staticsg/res/html/web/newsDetail.html?id=399525&sid=67，最后访问日期：2022年8月25日。

3　数据来源于中国上市公司2021年年度报告。

动排名前两位的两个公司的地位。

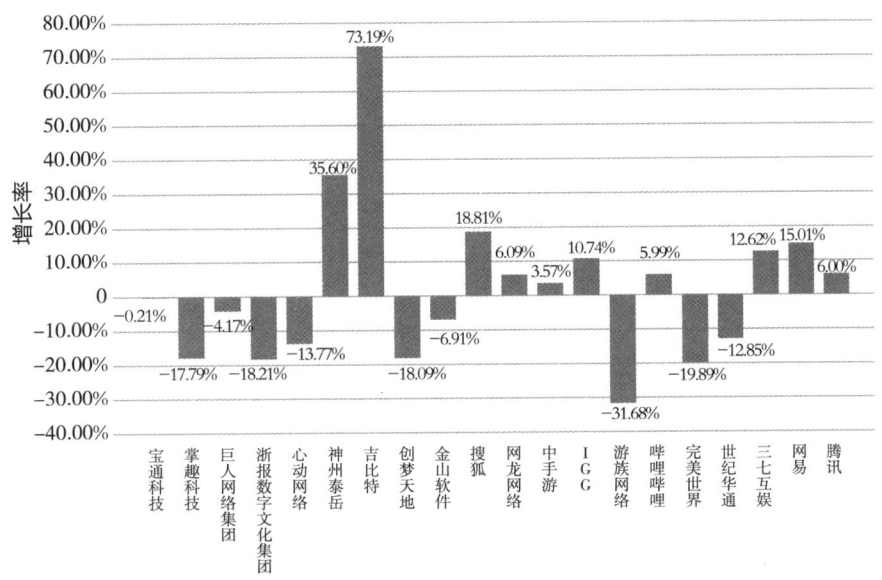

图5 2020年收入排名前20位的中国上市游戏公司2021年游戏业务收入增长率[1]

近年来，由于国内版号审核收紧、游戏人口红利消退、买量成本增加等原因，游戏公司纷纷将目光转向游戏出海。2021年，中国自主研发游戏海外市场实际销售收入达180.13亿美元，比2020年增加25.63亿美元，同比增长16.59%（见图6），增速缩减约17个百分点。其中，腾讯公司国际市场游戏收入增长至455亿元，同比增长31%；三七互娱年海外业务营业收入47.77亿元，同比增长122.94%。[2] 作为游戏出海公司的代表，莉莉丝长期以来把海外市场作为重点，其主打游戏《万国觉醒》《剑与远征》国内上线时就在海外多个国家和地区同步上线，并长期维持在中国手游全球收入排行榜前列，而米哈游更是凭借《原神》实现了弯道超车，在2022年长期位列出海游戏收入榜的第1名。[3]

- -

1 数据来源于各上市公司2021年年度报告。
2 数据来源于各上市公司2021年年度报告。
3 数据来源于Sensor Tower公司。

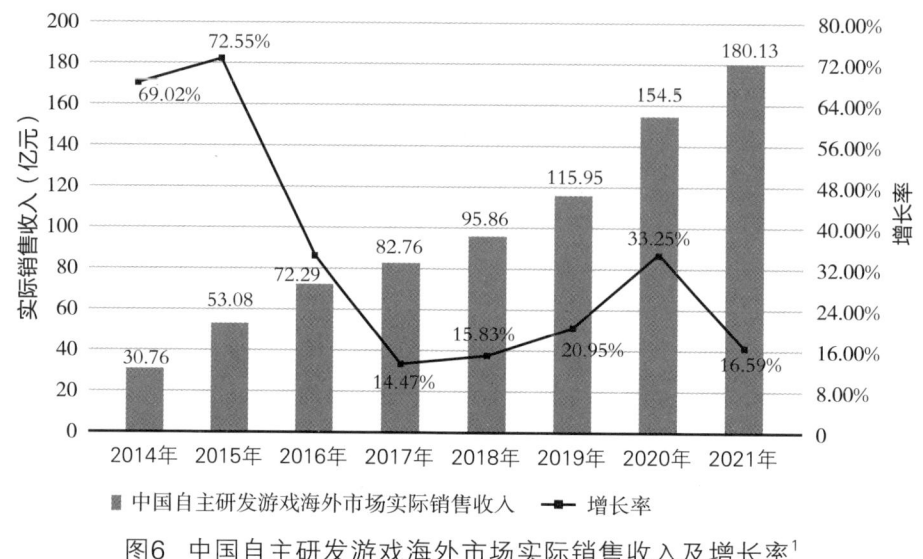

图6　中国自主研发游戏海外市场实际销售收入及增长率[1]

（三）内置付费模式仍是主流，周边产业增速普遍放缓

目前，网络游戏行业深入推进全版权运营模式，延长游戏产业链，提升游戏IP价值。我国已经形成以小说、动漫、电影作为游戏IP重要来源，以电子竞技、游戏直播以及改编电影等作为下游的完备产业链。游戏公司注重深入挖掘网络游戏版权价值，提升游戏IP运营能力，增强市场竞争力，如腾讯、网易围绕《英雄联盟》《王者荣耀》《梦幻西游》等游戏组织电竞赛事，创作改编小说、电影，并积极通过对游戏直播平台、短视频平台等提起诉讼的方式维护自身利益。在盈利途径上，游戏盈利主要来源于游戏运营、版权运营两部分。

网络游戏运营的主要表现为用户付费。依据用户的购买对象，用户消费可分为针对游戏本体的付费和内置消费，前者包括买断制和计时收费制，后者则为目前用户付费的主流形式，用户可以免费获取游戏但其中有付费内容，如虚拟形象、道具以及其他特色功能。这种模式在吸引大量用户的基础上，通过免费玩家与付费玩家的差异化促使免费用户向付费用户转化，实现盈利。2021

1　数据来源于中国音数协游戏工委和中国游戏产业研究院《2021年中国游戏产业报告》。

年中国发布的自主研发游戏中，采取第一种模式的《戴森球计划》《鬼谷八荒》《永劫无间》销量均达到了百万级别，其中年中发行的《永劫无间》销量更是达到了700万份，成为客户端游戏三年内首次增长的主要拉动力。不过，目前游戏产业的主流运营模式仍是第二种，全年实际销售收入中绝大部分由其所贡献，如主要采取这种模式的移动游戏，2021年实际销售收入占全部类型游戏销售收入的76.06%。[1]

与此同时，电子竞技市场和游戏直播市场均出现了增速放缓的现象。2021年，电子竞技市场实际销售收入1401.81亿元，同比增长2.65%，增幅较上年同比缩减约42%。[2] 电竞行业主要收入依赖商业赞助、赛事版权、线下门票等，2021年全球电竞赛事收入10.84亿美元中有59%来自赞助商。[3] 当然，受到新冠肺炎疫情影响，线下赛事大多转变形式或取消举办，导致电子竞技市场整体增速放缓。游戏直播行业近年来发展迅猛，2021年市场规模达到396.8亿元，同比增长32.1%，用户规模达到3.02亿人，同比增长29.2%。[4] 近年来，游戏版权在电子竞技领域和游戏直播领域重要性越发凸显，游戏直播行业呈现出"两超多强"的趋势，斗鱼、虎牙依赖游戏版权优势牢牢筑起"护城河"，占据顶级电竞赛事转播与日常游戏直播市场的半壁江山。

网络游戏版权运营的另一个重要方式是对游戏IP的改编。网络游戏作为全版权运营模式中的重要组成部分，国内公司往往倾向于将知名电影、电视剧、小说IP改编为游戏，如《倩女幽魂》《火影忍者》等影视同名游戏，而对知名游戏原生IP的运营则侧重于创作游戏周边漫画、小说和音乐，对于投入成本巨大的影游联动模式则尝试较少。事实上，国际上不乏此类成功案例，如2021年由《英雄联盟》改编成的动画《双城之战》在上映一周后就登上Netflix英语电视节目观看时长排行榜榜首。但是，由于投资成本、成功案例较少的原因，整

----

1 数据来源于中国音数协游戏工委和中国游戏产业研究院《2021年中国游戏产业报告》。
2 数据来源于中国音数协游戏工委和中国游戏产业研究院《2021年中国游戏产业报告》。
3 数据来源于Newzoo《2021全球电竞与游戏直播市场报告》。
4 数据来源于国家版权局网络版权产业研究基地《中国网络版权产业发展报告（2021）》。

体上游戏企业对影游开发的模式尝试不多。

（四）游戏监管政策持续收紧，版号冻结引发行业动荡

2021年，中国网络游戏行业重大事件集中在行政监管方面，包括监管政策落地、版号发放暂停，网络游戏行业进入强监管阶段。

1.多项监管政策逐步落地

2021年，有关部门出台多项监管政策，堪称监管力度最强的一年。3月，中宣部出版局下发《游戏审查评分细则》，确定了全新的游戏送审评分审核机制，规定针对游戏从观念导向、原创设计、制作品质、文化内涵、开发程度5个方面进行评分，任何一项出现0分的游戏将被一票否决。《游戏审查评分细则》特别指出，对导向上存在明显问题的，以及发现明确"扒皮"行为的游戏应当打0分，强调了对错误价值导向和劣质"换皮"游戏的打击前置。

8月，国家新闻出版署发布了《关于进一步严格管理　切实防止未成年人沉迷网络游戏的通知》。相较于《游戏审查评分细则》的监管前置，该通知则是针对游戏运营过程中的未成年人保护问题，从严格限制、严格落实、加强监管、积极引导4个方面入手，要求游戏企业仅能在有限时间内向未成年人提供游戏，并在网络游戏防沉迷实名验证系统运行后必须严格落实游戏实名制，对于未严格落实的严肃处理，同时提出要加强家庭、学校等各方面的引导作用。该通知发布后各游戏企业均积极响应采取相应措施，未成年人防沉迷工作收获实效。

9月，中宣部发布《关于开展文娱领域综合治理工作的通知》，指出：要加强游戏内容审核把关，提升游戏文化内涵；压实游戏平台主体责任，推进防沉迷系统接入，完善实名验证技术。监管政策的出台虽然在一定程度上直接影响了各游戏企业的应收，但随着政策落地，监管边界进一步清晰，有助于指导游戏企业制定发展策略、创作运营产品，有利于游戏行业整体的长远发展。

2.游戏版号审批出现冻结期

网络游戏作为电子出版物之一，需要取得新闻出版行政管理部门的许可

才能进入市场的流通环节，因此游戏版号审批成为管控游戏行业的重要政策工具。自2018年第一次出现版号审批冻结起，版号申请难、流程时间长的问题就始终困扰着诸多游戏企业，而在2021年7月迎来的新一波的版号审批冻结直接导致游戏行业的又一次波动。

2021年，游戏版号总量为755个，版号冻结导致其数量同比下降46.26%。从近三年过审游戏的主要类别看，[1] 移动游戏仍然是国内游戏市场的主要竞争赛道，2021年过审游戏共712款，占比93.19%，其中细分的"移动—休闲益智"类游戏共计253款；客户端游戏过审共33款，占比4.32%；网页游戏市场则持续萎缩，2021年全年仅有3款游戏过审，[2] 如图7所示。

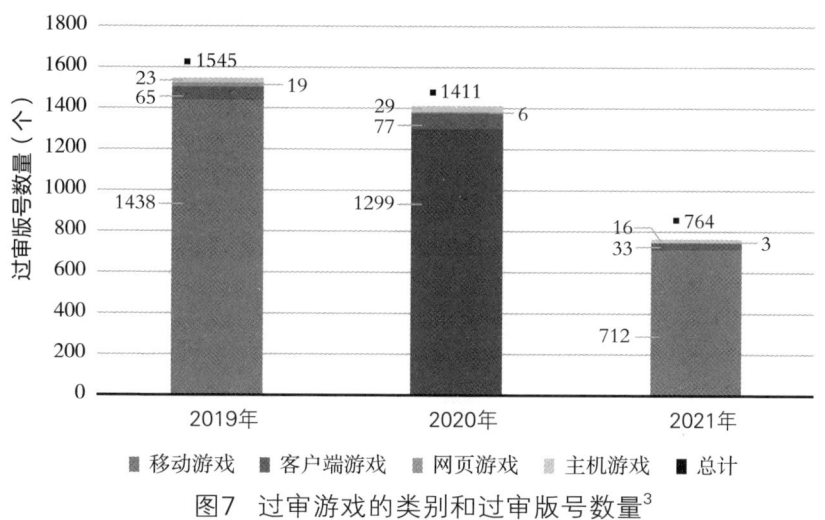

图7 过审游戏的类别和过审版号数量[3]

版号审批收紧甚至出现冻结期，促使游戏企业将目光转向海外市场，近年来游戏出海成为诸多游戏企业营业收入的主要增长点。大型游戏企业可以依赖既有游戏的运营，因此所受的影响远小于中小型游戏企业。天眼查数据显示，"从2021年7月份至2022年4月11日，有2.2万家游戏相关公司注销，51.5%

---

1 由于部分游戏同时通过多个类别的审批，因此下文各类别数量均为单独统计结果。
2 数据来源于国家新闻出版署游戏审批结果公示。
3 数据来源于国家新闻出版署游戏审批结果公示。

注册资本在1000万元以下。对比之下，在版号正常发放的2020年，全年游戏公司注销为1.8万家"。[1]

二、2021年网络游戏行业版权保护状况

（一）司法保护不断积极探索，保护模式逐步达成共识

在《著作权法》并未将游戏作为单独作品种类提供整体保护的前提下，关于如何为权利人提供全面的救济在实践中存在一定的争议，法院也根据侵权行为的不同，探索将游戏作为计算机软件、美术作品或视听作品进行保护。以"游戏""侵犯著作权案由"和"游戏""侵犯著作权罪"为关键词检索近五年的案例，在去除无关结果后，共得到刑事案件153件，民事案件687件，下面将以这些案件为样本进行分析。需要指出的是，受限于部分案件裁判文书并未公开，所搜集案件判决并非全面覆盖，以下数据统计也仅以本部分报告搜集到的案件为基础而得出。

在搜集到的153件刑事案件中，有88件的犯罪行为均是运营游戏私服，大部分案件均适用了缓刑。不同于民事侵权案件，刑事案件由基层人民法院审理的占79.74%，并且多发生在三四线城市。民事纠纷中，常见的侵权形式包括游戏使用其他美术作品、提供盗版侵权游戏下载、游戏推广中使用他人作品元素以及未经许可使用他人游戏画面；原告胜诉的案件中，法院判处赔偿数额在1万元以下的占34.19%，其中绝大多数都是由于网页游戏使用了他人动漫作品中的美术元素，同时主要集中在2017年和2018年。近五年的纠纷中，审理法院集中在北京和广州的知识产权法院以及广东深圳市南山区人民法院，审理的案件分别占18.92%、15.57%和10.33%，主要原因在于，赔偿数额1万元以下（见图8）的大多采取在特定法院提起批量诉讼的模式。在涉及侵权案件中，原告诉

---

1 谢若琳，李豪悦：时隔8个月国产游戏版号重启核发　游戏行业走出空窗期，网址：https://baijiahao.baidu.com/s?id=1729833667516861248&wfr=spider&for=pc，最后访问日期：2022年8月25日。

讼请求未被支持的仅有22件，绝大多数的诉讼请求均得到支持，虽然最终绝大多数赔偿数额均低于请求数额。近两年来的侵权纠纷呈现出复杂化、赔付数额大的特点，相较于之前集中于美术元素保护，如今对游戏版权的保护更多集中在游戏画面上，从横向上囊括了游戏直播、短视频等领域，从纵向上则将符合独创性的游戏规则视为表达予以保护。

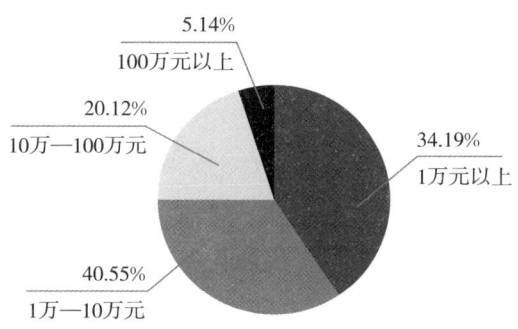

5.14%
100万元以上

20.12%
10万—100万元

34.19%
1万元以上

40.55%
1万—10万元

图8 近五年民事侵权案件赔付数额分布[1]

目前，对网络游戏的版权保护针对不同的侵权行为形成了不同的保护路径。针对游戏代码以及游戏中可以构成美术、音乐、文字作品的元素，其保护方式与一般的著作权侵权案件并无实质性差异，重点在于对游戏整体的运行画面、游戏规则等的保护路径。在被称为网络游戏直播第一案的《梦幻西游》直播案[2]二审中，法院判决维持原判，这为实践中判断游戏画面应当如何定性以及游戏画面是否合理使用跨出了重要一步。新《著作权法》对类电作品的修改，则为将游戏画面纳入视听作品保护框架下扫清了障碍，至此网络游戏的著作权保护进入新的阶段。虽然总体而言，目前对于网络游戏的版权保护仍然处于探索阶段，如何在视听作品保护的框架下有效解决"换皮"游戏问题、用户合理使用问题等，有待通过司法实践和学术探讨向前更进一步，但经过一系列的实践探索，已经取得了一定的成果，如北京市高级人民法院、广东省高级人

---

1 数据来源于中国裁判文书网。

2 参见网易公司诉华多公司侵害著作权及不正当竞争纠纷二审判决书，广东省高级人民法院（2018）粤民终137号。

民法院发布的审判指引中均指出连续动态游戏画面可以作为类电作品[1]获得保护，并且对于游戏中其他元素的保护、侵权责任承担等作出了审判指引。近年来，对于游戏著作权的保护也更加深入，司法实践中已经出现将游戏地图[2]、游戏流程设计等纳入著作权保护的探索，在《王城英雄》侵权案[3]中，法院以游戏玩法具体设计作为游戏的基本表达，采用是否构成实质性相似的判断方法，相较于武断地将游戏规则等直接纳入思想的范畴，实现了对游戏著作权更加准确、全面的保护。

（二）行政保护与监管并重，游戏私服成为重点打击对象

近年来，行政部门加大了对网络游戏行业的保护与监管。2021年，随着多项监管措施落地，行政机关通过严格审查游戏内容，加强对无版号或套版号运营、不按规定变更版号等行为的查处，从而实现对游戏行业乱象的有效监管。同时，行政机关对周边行业的监管也并未放松。2021年7月，腾讯申报的直播平台合并案被市场监管总局依法"叫停"。由于腾讯具有对虎牙的单独控制权和对斗鱼的共同控制权，在目前"两超多强"的市场格局下，如果合并完成将导致腾讯有能力和有动机在上下游市场实施闭环管理和双向纵向封锁，基于构建健康市场秩序、维护市场公平竞争的考虑，市场监管总局加强反垄断监管，依法禁止了虎牙与斗鱼的合并。

在行政保护方面，由国家版权局、工业和信息化部、公安部、国家互联网信息办公室四部门联合启动，主要针对网络侵权盗版行为的"剑网行动"中，针对网络游戏领域主要打击游戏私服侵权现象，各省在行动过程中取得了许多成果。行动过程中，行政机关充分发挥行政保护优势，对重大案件形成多

---

1 新《著作权法》将类电作品修改为视听作品。
2 参见腾讯公司诉畅游云端公司、英雄互娱公司等侵害著作权及不正当竞争纠纷二审判决书，广东省高级人民法院（2020）粤民终763号。
3 参见娱美德有限公司、株式会社传奇IP等与广州三七互娱公司等著作权权属、侵权纠纷、商业贿赂不正当竞争纠纷一审民事判决书，广州互联网法院（2019）粤0192民初38509号。

部门联合挂牌督办，如湖南省益阳孙某等涉嫌侵犯网络游戏著作权案由中宣部版权管理局等六部门联合挂牌督办，黑龙江省大庆侵犯网络游戏著作权案申请了国家版权局、公安部、食药环局等部门的联合督办，湖北省黄冈"1·06"涉嫌侵犯手机游戏著作权案由中宣部版权管理局、全国打击侵权假冒工作领导小组办公室等六部门联合挂牌督办，[1]高效有力地打击了网络游戏盗版侵权等行为。同时，行政机关也注重与司法保护衔接配合，向司法机关移送相关案件，如湖南省充分发挥"湖南岳阳'3·25'侵犯网络游戏著作权案"的办案经验，全国挂牌督办案件"岳阳'9·30'利用网络侵犯著作权案"，目前该案已由法院作出一审判决；峨眉山市公安局在接到有嫌疑人开设传奇私服的报案后，及时对其采取刑事强制措施，并开展进一步侦办工作。[2]

（三）积极响应监管政策，行业自律体系逐步完善

未成年人防沉迷成为近年来网络游戏行业发展的痛点问题，行业内部对此也积极开展探索，如腾讯公司早在2017年就响应文化部"网络游戏家长监护工程"号召推出"成长守护平台"，协助家长引导未成年人游戏行为。2021年，腾讯进一步以《王者荣耀》为试点，推出"双减、双打、三提倡"的七条新举措，减少未成年人游戏时长和禁止其充值消费，打击冒用身份和作弊的行为等，加强未成年人权益保护。2021年9月，中国音数协游戏工委与213家单位联合发起《网络游戏行业防沉迷自律公约》，强调坚持落实实名认证、强化正确价值观引导、落实平台管理责任等内容，积极响应《关于开展文娱领域综合治理工作的通知》、国家新闻出版署《关于进一步严格管理　切实防止未成年人沉迷网络游戏的通知》对未成年人防沉迷保护的有关要求。近年来，中国音像与数字出版协会还主持起草了包括《游戏版权维权指引》《游戏企业内容自审流程》《网络游戏行业企业社会责任管理体系》《网络游戏术语》在内的

---

1 数据分别来源于湖南省、黑龙江省和湖北省的2021年"剑网"专项行动总结报告。
2 数据分别来源于湖南省和四川省的2021年"剑网"专项行动总结报告。

多个团体标准，加强游戏行业自律。目前，《网络游戏术语》团体标准成功转化，被立项为行业标准。2020年底，中国音像与数字出版协会发布《网络游戏适龄提示》团体标准，规定绿色的"8+"、蓝色的"12+"、黄色的"16+"这三个不同的年龄段标识。经过试行，该标准基本覆盖头部、肩部企业（包含主机游戏、小程序游戏）95%的产品，[1] 填补了国内有关标准的空白，为一直以来呼吁的年龄分级制度作出有效探索。

加强网络游戏行业版权保护，行业自律也发挥着重要作用。2020年8月，中国版权协会成立网络游戏版权工作委员会，致力于推动网络游戏内容产业链版权创造、运用、保护和管理工作，推动网络游戏版权理论研究和学术交流，加强行业自律。2021年11月，中国版权协会网络游戏版权工作委员会与上海交通大学知识产权与竞争法研究院共同举办了新《著作权法》背景下的网络游戏保护问题研讨会，并发布《游戏版权年度报告2020—2021》，深入探讨网络游戏行业版权热点问题。12月，中国版权协会举办游戏产业前沿发展与版权保护论坛，探讨游戏产业发展和版权保护的相关问题。同月，在2021年中国游戏产业年会上，中国音数协游戏工委、中国游戏产业研究院主办了中国游戏产业版权保护及法律合规高峰论坛，深入探讨完善游戏版权保护机制、促进游戏分发和推广合规问题。网络游戏行业版权交流活动日趋频繁，为网络游戏行业保护保护水平的提升作出了积极贡献。

三、2021年网络游戏行业版权保护与发展的问题及对策建议

（一）现存问题

1.游戏著作权保护途径存在分歧，缺乏明确规定

随着网络游戏行业的蓬勃发展，如何对其知识产权尤其是著作权进行保护

---

1 中国音像与数字出版协会2021年度工作回顾，网址：https://mp.weixin.qq.com/s/NPen-peCA_u7REYCsFWcfwg，最后访问日期：2022年8月25日。

引起了广泛讨论。近年来司法实践已经达成一定共识，虽然新《著作权法》未将网络游戏归为单独种类，但网络游戏的代码、角色形象、整体画面可以分别作为计算机软件、美术作品和视听作品等获得保护，即形成了拆分保护模式。2020年，广东省高级人民法院出台的《关于网络游戏知识产权民事纠纷案件的审判指引（试行）》也对游戏著作权保护的不同情形作出了针对性的指引。

在拆分保护模式下，对符合作品定义的音乐、图像等受到著作权保护自始便无较大争议，争论主要集中在游戏规则的保护和整体画面的合理使用问题上。在明确了对游戏画面可以作为视听作品予以保护后，实践中逐渐认识到游戏规则同样可以成为独创性表达，但仍有观点认为游戏规则属于思想而不应当受到保护。由于网络游戏与传统视听作品间存在较大差异，如果完全套用传统作品保护规则将会导致利益失衡，网络游戏的天然互动性使得其在合理使用问题上存在一定争议。加之技术快速发展，模拟器、云游戏以及元宇宙等新兴业态涌现，也给网络游戏版权保护带来了新挑战。目前，游戏行业尚未形成科学合理、明确统一的裁判规则，有待学术探讨和司法实践为网络游戏版权保护提供指导。

2.社会舆论认知存在偏见，缺乏客观理性认知引导

游戏产品所追求的趣味性、娱乐性和休闲性对未成年人具有强大的吸引力，而未成年人自律性不强，这就导致其容易沉迷于虚拟世界，身心健康受到损害。正因如此，社会舆论对游戏行业长期以来存在偏见。虽然近些年游戏舆论正向口碑年均值持续上涨，2021年提升至89.5，[1] 但过度沉迷游戏对未成年人的身心健康威胁仍旧不可忽视。在此背景下，如何正确认识网络游戏产业，使其在促进经济增长、发挥正面引导作用的同时，避免青少年近视率升高、游戏沉迷增多的弊端，成为网络游戏产业进一步发展的重要问题。对此，我国对未成年人防沉迷游戏监管持续加强，出台一系列监管措施，这在一定程度上能够降低网络游戏带来的负面影响。但推动游戏行业真正实现健康发展，不仅需

----

1 数据来源于中国音数协游戏工委《2021年游戏产业舆情生态报告》。

要加强监管，更依赖各方主体的认知统一，避免片面认知和游戏污名化。

3.游戏产品同质化严重，整体质量有待提高

我国游戏市场整体呈现强大的盈利能力，但游戏产品总体质量不高、同质化问题严重、创新能力不足的问题仍然存在。随着《花千骨》IP改编手游的火爆，大量IP被引入移动游戏领域，虽然数量增加，但也出现了重IP轻创新的问题，由于缺少对游戏质量本身的打磨，导致大部分游戏产品昙花一现，经不住市场考验。根据调研用户对移动游戏行业痛点认知，49.6%的用户认为同质化严重是移动游戏行业的一大痛点。[1] 轻质量、重营销成为阻碍游戏行业健康发展的重要原因。

近年来，虽然有部分网络游戏市场反响良好，如《鬼谷八荒》《戴森球计划》《永劫无间》等，实现了对外游戏输出精品化，但与国外游戏行业相比仍然存在较大差距，游戏产业创新精神和创新能力亟待加强。市场研究公司Newzoo发布的相关数据显示，腾讯作为2021年全球游戏收入第一的上市公司，其游戏收入是第二名索尼的1.77倍。但是，我国具有国际影响力的游戏作品较少，在被玩家称为"游戏界的奥斯卡"的TGA年度游戏评选中长期难以见到国内游戏的影子。虽然行政部门注意到此类问题，并通过游戏审查评分、版号发放收紧等方式引导游戏精品化，但游戏行业整体创新能力的提高不仅需要游戏企业自身的努力，也要充分发挥用户的智慧，推动游戏企业与用户之间形成良性互动。

（二）对策建议

1.游戏著作权需准确界定，裁判规则需明确统一

近年来网络游戏侵权案件多发，为我国探索网络游戏著作权保护提供了丰富的实践经验。在目前的法律体系下，采取拆分保护模式对网络游戏行业而言具有现实意义，能最大限度地灵活运用法律规定、裁判规则保护游戏权利人

---

1 数据来源于艾媒咨询《2019—2020年中国移动游戏行业年度报告》。

利益。但是，网络游戏本身具有不同于视听作品的诸多特质，其版权保护需要法律规定更具针对性。因此，在学术讨论和未来的立法工作中，需要考虑网络游戏互动性带来的著作权意义、新技术和新概念快速增加带来的稳定性挑战等特点，在此基础上，需合理配置网络游戏主体间（包括上下游行业主体间）的权利义务关系，从而避免出现相互制约、阻碍发展的问题。

在既有法律体系下，加强网络游戏版权保护应当充分发挥指导性案例、审理指南的作用，充分展现其灵活性、及时性、针对性。分析网络游戏相关司法裁判可以发现，网络游戏早期诉讼主要是针对游戏中美术元素的批量诉讼，对于如何保护游戏著作权的认识不够深入。目前，司法实践对游戏的保护更加全面、深入、立体，在未来的网络游戏版权保护实践中，应当注重参考司法实践已经取得的成果。游戏画面可作为视听作品得到保护，权利人也可以控制未经许可创作游戏短视频、游戏直播等行为，但如何对游戏规则进行保护，还有待司法实践的进一步探索。笔者认为，游戏规则的版权保护应当避免草率适用思想表达二分法，将游戏规则全盘纳入思想领域，以免游戏版权司法保护体系出现漏洞。在此种裁判路径下，"换皮"游戏无法通过简单替换美术元素、改变游戏画面来规避著作权法的规制，从而更好地保障了游戏著作权人的合法权益。在《全民枪战》地图侵权案[1]中，法院通过对游戏地图的设计进行考察，区分出属于表达的部分，从而实现了对权利人游戏地图的保护。及时将司法实践的经验推广至全国，指导人民法院同案、类案的审判实践，助力减少实践中审判标准不统一的现象，实现权利准确救济，减少权利人维权成本，增强司法公信力。

此外，应当注意到技术的快速发展给网络游戏著作权保护带来了一定的挑战，近年来的"云游戏侵权案"[2]和"游戏模拟器案"[3]等都要求游戏著作权

---

1 参见腾讯公司诉畅游云端公司、英雄互娱公司等侵害著作权及不正当竞争纠纷案民事判决书，广东省高级人民法院（2020）粤民终763号。

2 参见深圳市腾讯公司、腾讯科技公司等与广州点云公司侵害作品信息网络传播权纠纷一审民事判决书，杭州互联网法院(2020)浙0192民初1329号。

3 参见杭州网易雷火公司诉吕某、林某、杭州某科技公司著作权侵权及不正当竞争纠纷二审民事判决书，杭州市中级人民法院（2020）浙01民终7422号。

的保护，必须对各种新兴技术有所回应，因此应当在坚持网络游戏整体画面属于视听作品、保护符合条件的游戏规则等探索成果的基础上，准确分析新技术、新形态所带来的著作权法意义，避免导致保护不全面、各方主体利益失衡的问题出现。

2.加强未成年人保护工作，扭转网络游戏认知偏见

继续加强对未成年人防沉迷游戏的监管力度，可以扭转社会公众对网络游戏长期形成的偏见，加强其对网络游戏行业的正确认知。对此，行政机关应强化行政监管力度，推动游戏企业完善技术措施，整体上限制未成年人游戏时间，预防未成年人沉迷游戏，履行社会责任。目前，行政机关已经出台相应监管政策，游戏企业纷纷响应，取得了一定效果，但要形成长效监管机制，需要持续性努力。因此，行政机关一方面要继续细化监管政策，引导行业采取自律措施、完善技术检测手段，实现在客观现实层面上的管控，另一方面也要加强宣传和正向引导，推动未成年人形成正确价值观，从而彻底解决未成年人游戏沉迷问题。当然，这种引导不仅需要行政机关发力，也需要社会、学校和家长改变对游戏的固有偏见，正确认识网络游戏行业的利弊，形成对游戏的理性客观认知，从而在学习、生活中引导青少年形成正确的游戏理念，充分发挥游戏的教育、锻炼功能，避免未成年人沉迷游戏带来的视力下降、沉迷玩乐等负面影响，促进网络游戏行业健康快速发展。

3.加强中小创作者扶持力度，引导实施精品化游戏战略

如前所述，我国目前游戏产业规模庞大、盈利能力优秀、海外市场前景光明，但游戏产品质量与盈利能力并未完全成正比。在游戏画面、剧情设计、功能机制设计和玩法创新程度方面，我国与其他游戏行业发达的国家存在一定差距。实现产业规模与游戏产品质量的双重提升，需要从多方面发力。第一，加强对中小型游戏企业的扶持力度。近年来我国出现了一批得到业界广泛好评的小成本、高质量游戏佳作，如《太吾绘卷》《中国式家长》等，考虑到中小型游戏企业相较于大型游戏企业在人力、财力方面的劣势，应当加大对其扶持

力度，在资金、政策等方面予以更多支持。第二，加强版权保护。促进游戏产业健康快速发展，要继续加强游戏审查制度，细化审查规则，遏制低俗游戏、劣质游戏的泛滥，通过行政、司法手段打击"换皮"游戏，提升游戏质量，同时适当放开版号审批数量限制，避免遏制游戏行业发展速度。第三，重视游戏基础工程建设，提升创新能力。我国文化底蕴深厚，游戏创作素材丰富，但受限于行业痼疾、社会认知以及技术水平，游戏产品质量水平有待进一步提高。因此，需要加强对高质量游戏项目的扶持和引导，通过财政支持、税收减免等方式积极引导国内游戏产业向精品化、创新化的方向迈进。

Ⅲ

城 市 篇

2021年北京市数字版权
保护与发展报告

梅术文　刘悦如★

　　2021年，为构建版权保护新格局、营造版权发展新环境，北京紧紧围绕"十四五"开局的主基调，立足"两区"[1]和"四个中心"[2]建设需求，在危机中育先机、于变局中开新局，坚持严保护、大保护、快保护、同保护，积极探索首都高质量发展路径。这一年，北京积极有效落实国家关于版权保护的法制政策，以首善标准探索数字版权政策布局"北京范式"；挖掘优质数字内容资源，打造全球数字经济发展"北京标杆"；强化保护效能，构建数字版权多元治理保护格局"北京样板"；积极培育新业态、新模式，全方位呈现数字版权产业发展"北京模式"，为优化首都营商环境、推动首都高质量发展作出新贡献。

★ 梅术文、刘悦如，南京理工大学。
1 "两区"指国家服务业扩大开放综合示范区和中国（北京）自由贸易试验区。
2 "四个中心"指全国政治中心、文化中心、国际交往中心和科技创新中心。

一、北京市数字版权保护与发展环境

（一）优化政策组合，构建首都数字版权发展新格局

立良法行善治。北京数字版权制度建设日益完备，成为推进数字版权治理体系和治理能力现代化的重要内容。2021年，北京强化专项政策供给，从宏观到微观，从内部分工到外部联动，助力数字版权事业提质增效。

1.加强统筹规划，不断完善首都数字版权政策体系

一是统筹谋划数字版权发展蓝图。2021年7月，《北京市"十四五"时期知识产权发展规划》（以下简称《北京规划》）正式发布，系统谋划了知识产权强国建设背景下北京市知识产权工作的愿景、措施与重点任务。《北京规划》指出，"十四五"时期要紧密围绕首都城市功能定位，深入实施首都知识产权战略，到2025年实现作品登记量达110万件，继续加快发展版权产业，建立数字出版精品库，建设版权运营交易中心，加强版权示范园区（基地）建设。同时，北京从地方立法层面完善数字版权法治体系和运行机制，发挥优良制度环境对创新的激励作用。2022年3月，《北京市知识产权保护条例》（以下简称《北京条例》）正式发布。[1]《北京条例》立足北京首都城市战略定位，贯彻"全链条保护"的理念，提出"版权、文化和旅游部门应当加强对著作权侵权违法行为的监管，制定适应网络环境和数字经济形态的著作权保护措施。市版权部门应当建立重点作品预警制度，对国家和本市版权部门确定的重点监管网站加强监管"。《北京条例》是北京市首部知识产权领域综合型地方性法规，也是新时期打造知识产权首善之区的基础性法规，为建设知识产权强国示范城市提供了重要法制保障。

二是聚焦京津冀区域协调发展。以跨区域协同合作为切入点，京津冀数字版权协同发展更加紧密。2021年，为深化京津冀知识产权公共服务一体化，

---

[1] 《北京市知识产权保护条例》草案审议的主要工作在2021年完成，故此处将该条例相关内容列入报告。

北京市知识产权维权援助中心、天津市知识产权保护中心、河北省知识产权保护中心进一步加强协同联动,共同签署《京津冀知识产权公共服务行动计划(2021—2023年)》,此举有利于数字版权要素在京津冀地区实现跨区流动;[1] 巩固《京津冀12330知识产权保护联动服务推进计划(2017—2020年)》取得的成果,不断完善京津冀执法协作平台、数字版权保护体系和快速维权机制,有力打击跨省版权侵权行为,形成数字版权行政合力;[2] 2021年,京津冀三地签署《关于加强企业海外知识产权保护合作备忘录》,帮助京津冀企业在"走出去"过程中做好数字版权保护工作。

2.完善政策布局,不断凝聚首都数字版权工作合力

2021年,北京数字版权政策靶向发力。一是推动数字音乐产业发展政策落地实施。《关于推动北京音乐产业繁荣发展的实施意见》等数字音乐产业相关政策持续发力,推动北京市音乐产业高质量发展,力争全市音乐及其关联产业年产值到2025年超过1200亿元,为推动北京成为"国际音乐之都"、华语音乐的全球中心而努力。二是推动传统版权行业数字化发展。《北京市广播电视局关于加强广播电视网络视听公共服务体系建设的实施意见(2021年—2025年)》发布,提出要加快推进广播电视和网络视听媒体深度融合,积极培育数字视听领域新业态,建设具有首都特色的数字视听领域公共服务体系,不断满足首都人民群众日益增长的公共文化服务需求。三是健全北京2022年冬奥会和冬残奥数字版权护航工作机制。北京市印发《北京2022年冬奥会和冬残奥会奥林匹克标志知识产权保护实施方案》,成立市级工作专班,抓重点、溯源头,针对"一墩难求"引发的盗版问题,迅速组织执法力量,加大重点领域数字版权检查力度;加强赛事节目版权保护,主动约谈重点企业,严厉打击互联网平

1　中国(天津)知识产权保护中心参加"京津冀知识产权公共服务行动计划"启动仪式,网址:http://www.tj.gov.cn/sy/zwdt/bmdt/202104/t20210429_5439212.html,最后访问日期:2022年6月6日。

2　推进完善京津冀知识产权公共服务,网址:http://www.xiongan.gov.cn/2018-04/22/c_129856108.htm,最后访问日期:2022年8月16日。

台赛事转播侵权行为；规范数字版权产业链，严厉打击制售假冒冬奥纪念品等各类侵犯冬奥知识产权的违法犯罪行为。[1]

（二）营造良好环境，彰显首都数字版权市场新活力

1.打造北京样本化营商环境，创建数字版权发展新生态

2021年，首都营商环境总体状况持续向好。作为营商环境评价样本城市，北京在2021年国家营商环境评价中"知识产权创造、保护和运用"指标名列全国第一，为构建全国乃至世界法治化、国际化、便利化的一流营商环境作出"北京贡献"。具体到数字版权领域，一是夯实数字版权营商环境法治基础。2021年，制定发布《北京市"十四五"时期优化营商环境规划》等政策文件，聚焦首都优势深入推进"五子"联动，[2] 营商环境5.0版改革方案出台，打造全球数字经济标杆城市，使北京市成为数字版权发展新高地。二是升级数字版权金融服务。政府层面，深入贯彻落实《北京市知识产权质押融资入园惠企行动方案（2021—2023年）》，鼓励银行业金融机构对企业著作权等各类知识产权进行打包质押，鼓励有条件的园区建设知识产权金融服务中心，为知识产权质押融资工作入园提供行动指南。同时，深入推进"两区"建设，积极构建知识产权保险"北京模式"，"'五项结合'为知识产权'上保险'"入选商务部最佳实践案例，向全社会展示了"金融引擎"在产业发展过程中的积极作用。[3] 社会层面，各金融机构纷纷推出独具特色的知识产权金融产品，华夏银行、中国邮政储蓄银行、交通银行北京分行等多家机构发布"龙盈·知识产权通""知识产权贷""智融通"等文化创意产业版权担保贷款，以及"视融通"影视行业供应链融资业务等金融产品，支持有发展潜力的动漫网游、原创

---

1 中国知识产权报："双奥之城"留下宝贵知识产权"冬奥遗产"，网址：http://zscqj. beijing.gov.cn/zscqj/zwgk/mtfb/325727432/index.html，最后访问日期：2022年7月5日。

2 "五子"指建设国际科技创新中心、推进"两区"建设、打造全球数字经济标杆城市、以供给侧结构性改革创造新需求、推动京津冀协同发展。

3 参见《2021年北京知识产权保护状况》。

戏剧、艺术品经营等小型新兴文化企业发展。[1]

2.优化京城高质量文史环境，激发数字版权产业新动力

在数字技术发展的浪潮下，以版权为基础资源与核心要素的数字文化产业逐步壮大。2021年，北京市制定实施《北京历史文化名城保护条例》，增加"保护利用"一章，积极挖掘北京古城宝贵文化资源，用法治力量为古都擦亮历史文化金名片；[2] 进一步加强"文化惠民"建设，统筹"三条文化带"建设，促进非物质文化遗产的传承发展与版权运用，用数字化延长文化产业链条，留住城市历史文脉；统筹利用"长城""世园""冬奥"三张世界级金名片，不断扩大北京优质文化内容供给，持续推进中轴线申遗保护，加快建设"博物馆之城""书香京城"，更好地助力"人文北京"建设。[3] 上述文化资源的活化与利用，将进一步推动数字文化产业的发展，进一步强化对数字版权保护与发展的需求。

二、北京市数字版权保护状况

（一）司法保护水平大幅提升

1.完善司法审判体系，实现数字版权全方位保护

一是优化知识产权专业审判体系。北京市已形成以最高人民法院知识产权审判部门为牵引、北京知识产权法院为示范、一高级四中级人民法院为重点、一个金融法院为辅助、六个基层人民法院知识产权审判庭以及一个北京互联网法院为支撑的知识产权专业化审判格局。2021年，北京法院知识产权审判庭审判功能不断强化，其中，北京知识产权法院作为全国首批三家知识产权

---

1 优政策 建体系 搭平台 强服务 文化金融融合亮出"北京模式"，网址：http://www.bjdx.gov.cn/bjsdxqrmzf/zhyw/rdgz/631814/index.html，最后访问日期：2022年7月5日。

2 参见《北京历史文化名城保护条例》。

3 参见《关于北京市2021年国民经济和社会发展计划执行情况与2022年国民经济和社会发展计划的报告》。

法院之一，立足北京区位优势，审结了一批具有重大影响的数字版权标杆性案件，走在了国际数字版权司法保护的前沿，发出了数字版权司法保护的中国声音；[1] 北京互联网法院把握专门审判优势，对数字版权新型案件反应迅速，对互联网数字版权新技术、新业态、新痛点深入研究；北京金融法院依法维护公平、透明、可预期的市场秩序，加强数据产权保护，为推动首都知识产权保护与发展、优化营商环境和促进经济高质量发展贡献了司法智慧。[2]

二是积极构建数字版权"大保护"工作格局"北京样板"。北京市各部门多方协力，形成数字版权保护合力。北京市公安局会同相关部门建立知识产权执法司法协作机制；北京市文化市场综合执法总队与北京市检察院联合建立移送案件监督保障机制；[3] 北京市高级人民法院与北京市版权局建立季度联席会制度，以全国人大常委会批准《马拉喀什条约》为契机，搭建与中国残疾人联合会相关机构常态化沟通机制；[4] 司法服务站入驻中国国际服务贸易交易会、环球影城等，实现数字版权"零投诉"目标。[5] 依托新兴信息技术，北京市不断完善数字版权行政司法协同治理机制。2021年，北京互联网法院依托区块链技术，优化版权智慧化司法服务，深化审判机制改革，做精一站式跨链协作平台。实现北京版权保护中心数字版权登记系统"版权链"与北京互联网法院的"天平链"标准互通、跨链对接，促进著作权登记和司法审判"双标统一"。2021年3月，首例运用"版权链+天平链"协同机制进行跨链取证、验证的著作权案件正式宣判，区块链成为维权"千里眼"。

---

1 北京知识产权法院发布计算机软件司法保护十大典型案例，网址：http://www.bjhd.gov.cn/jbdt/auto4510_51816/auto4510_54705/auto4510/auto4510/202204/t20220428_4522008.shtml，最后访问日期：2022年6月5日。
2 参见《2022年北京市高级人民法院工作报告》。
3 参见《2021年北京知识产权保护状况》。
4 北京法院知产案审结数再创新高，网址：http://www.beijing.gov.cn/ywdt/gzdt/202204/t20220422_2685374.html，最后访问日期：2022年6月5日。
5 参见《2021年北京知识产权保护状况》。

2.有效解决新难题，司法审判质量实现新进阶

一是完善符合知识产权案件规律的诉讼制度。为充分发挥司法裁判对知识产权保护的重要引领作用，北京市高级人民法院及时总结提炼司法规则，于2021年4月发布《北京市高级人民法院知识产权民事诉讼证据规则指引》，其中针对商品化权益、涉IPTV著作权侵权行为认定等问题形成参考问答，积极发挥司法引领和价值导向职能。为有效解决数字版权新难题，迎合信息技术革命新发展局面，加强对关键核心技术和前沿领域版权成果的司法保护，北京知识产权法院特别组建计算机软件纠纷专审组，发布计算机软件司法保护十大典型案例，以此加强数字版权重点领域和新类型案件审判能力。

二是数字版权司法审判机制专业化趋势加强。侵犯著作权案件是知识产权案件中的高发类型，北京市数字版权相关案件随着信息技术的革新也日渐增多。中国裁判文书网相关数据显示，2021年北京市各级人民法院共审理侵犯著作权权属、侵权纠纷一审案件6695件，占全部知识产权一审案件的比重较大（见表1）。自2018年9月9日至2022年2月28日，仅北京互联网法院受理的涉网著作权纠纷案件就高达107982件，其中涉短视频著作权纠纷案件2812件，约占北京互联网法院全部涉网著作权纠纷案件总数的2.6%，同期审结涉短视频著作权纠纷案件2026件。[1] 同时，针对短视频给司法审判带来的新问题和新挑战，北京互联网法院发布2021年度涉短视频著作权十件典型案例，并就典型案例进行释法析理，为促进短视频行业的健康有序发展提供方向指引。

---

1 互联网法院通报涉短视频著作权案件审理情况，网址：https://bjgy.chinacourt.gov.cn/article/detail/2022/04/id/6646133.shtml，最后访问日期：2022年5月30日。

表1 2016—2021年北京市各级人民法院著作权案件审理情况[1]

（单位：件）

项目	2021年	2020年	2019年	2018年	2017年	2016年
侵犯著作权一审案件数量总计	6926	8245	6695	6334	2459	1052
其中：审理著作权权属、侵权纠纷一审案件数量	6695	7936	6360	6167	2375	1021
其中：审理著作权合同纠纷一审案件数量	231	309	335	167	84	31
审结侵犯知识产权一审案件数量	8394	9619	8103	7224	3060	1364
一审侵犯著作权案件数量占比	82.51%	85.72%	82.62%	87.68%	80.36%	77.13%

3.深化智慧法院建设，多元纠纷解决机制开启新篇章

2021年，北京市进一步巩固提升智慧法院建设成果。一是积极做实一站式版权综合治理平台。在北京市委宣传部的领导下，版权行政管理部门与司法审判部门成立首都数字版权综合治理工作专班，利用电子诉讼平台上线的可视化分析系统，定期对数据分析研判，从关键环节进行靶向防治，座谈重点企业10余家，促成长期"积怨"的多家互联网头部企业"破冰"。[2]二是创新"e版权诉源共治体系"，推进审判体系和审判能力现代化。2021年，北京互联网法院

---

1 以中国裁判文书网为案件检索平台，将案由限定为"知识产权与竞争纠纷"，以"信息网络传播权"等为关键词，以"2016年1月1日至2021年12月31日"为时间限定，以北京为地域限定，进行全库检索。

2 赵长新，武欣：北京互联网法院：开创一站式全链条数字版权共治格局，网址：https://bjgy.chinacourt.gov.cn/article/detail/2022/05/id/6707448.shtml，最后访问日期：2022年6月30日。

打造的"一统领四依托三闭环"创新升级"e版权诉源共治体系"治理模型，[1]获得2021年首届"人民法院改革创新奖"。"e版权诉源共治体系"开创了一站式全链条数字版权共治格局，为保障短视频产业在法治轨道上持续发展、建立健康有序的数字版权生态贡献了司法智慧。

2021年，北京市数字版权纠纷多元解决机制凸显成效。一是升级一站式多元纠纷解决平台。北京市版权局指导支持北京版权调解中心与北京互联网法院协作，上线全国首个在政府指导下运行的行业调解平台——北京版权调解平台，并搭建"云调E+"统一非诉调解平台，协调首都版权协会全面加强版权纠纷调解工作。截至2021年12月31日，首都版权协会共受理版权纠纷10246件，调解成功4768件，调解成功率46.54%。其中北京版权调解平台受理相关案件3139件，调解成功3028件，调解成功率达96.5%。[2]二是立足首都城市战略定位，充分发挥司法在数字版权保护中的重要作用，如在中关村科技园、中日创新合作示范区、北京中德产业园、怀柔科学城设立知识产权巡回审判庭；在中国国际服务贸易交易会等重大活动场所设立司法服务站，为各园区发展创造更加优良的法治环境，切实增强市场主体创新创造活力。[3]上述各项举措为北京数字版权保护工作注入了多元力量，为加快"四区"[4]建设、强化"两谷一园"[5]功能布局、打造全国领先的数字版权创新高地和运营高地提供了有力司法支撑。

- -

1 "一统领"是指主动融入党委统领下的社会矛盾纠纷预防化解机制。"四依托"是指依托党委领导、府院联动、技术赋能、示范引领。"三闭环"是指深入推进常态化协同机制，打造行政、司法、行业共治主体联动的闭环；创新搭建"e版权诉源共治体系"，形成确权、鉴权、维权权利轨迹流转的闭环；统筹诉非衔接，构建线下有组织架构、线上有解纷路径的闭环。

2 数据来源于北京市版权局。

3 北京法院知产案审结数再创新高，网址：http://www.beijing.gov.cn/ywdt/gzdt/202204/t20220422_2685374.html，最后访问日期：2022年5月30日。

4 "四区"是指北京国际科创中心承载区、改革攻坚开放共赢试验区、城乡治理协调发展先行区和人文宜居生态优美示范区。

5 "两谷一园"是指"生命谷""能源谷""沙河高教园"。

（二）行政保护力度持续强化

1.便民利民，版权服务水平提升

2021年，北京在全国率先实现地市级综合性知识产权公共服务机构全覆盖，版权登记数字化进程加快，数字版权公共服务工作取得突破性进展。为解决传统版权证书信息有限、易被篡改、易被伪造、传递性差、追溯难等问题，北京市版权局在全国率先探索并成功应用数字版权证书，截至2021年底，北京版权链平台已完成约234.9万件数字版权登记证书签发和上链工作，完成103.3万件作品、图书、出版物的各项登记工作，[1]北京版权登记和版权保护工作正式进入数字化时代，更加便于数字版权资产流动。目前，北京市版权局推出的数字版权证书和版权链平台已入选国家区块链创新应用试点。[2]

2.攻坚克难，日常监管做实做细

2021年，北京市版权执法部门大力启用大数据、区块链、云计算等新型信息网络技术，强化日常监管，对重点领域进行集中整治，保障权利人的合法权益，维护数字版权市场秩序，优化数字版权保护环境。一是主动出击，进行数字版权侵权监测。针对信息网络技术和新型数字版权商业模式，北京市版权执法监管部门大力推进"互联网+"的监管模式，对数字版权侵权行为"对症下药"。数字版权各项监管工作成效显著（见表2），得到了权利人的充分肯定和社会公众的高度评价。二是有案可稽，积极开展侵权案件线索收集固证工作。通过调查取证，向通信管理、文化执法等部门批量移交小网站侵权传播作品、某平台多家书店销售盗版图书等案件线索；向外省市版权主管部门移交外地网络平台销售侵权盗版在京出版单位出版物案件线索，有效帮助在京出版单位维护合法权益；推动重点案件行刑衔接，加快办案速度，形成有力震慑。[3]

- -

1 数据来源于北京市版权局。
2 北京市版权保护中心已签发230余万张数字版权证书，网址：https://www.bjnews.com. cn/detail/164086995114057.html，最后访问日期：2022年8月16日。
3 参见北京市版权局相关工作报告。

表2 2021年北京市数字版权相关监管情况[1]

序号	有关部门	监管成效及相关数据
1	市场监管部门	办结知识产权类案件580余件，罚没款2700万余元
2	北京市文化市场综合执法总队	检查各类实体经营单位1043家次，巡查网站3000余家次，结案82件，罚没款50.62万元
3	北京市版权行政执法部门	监测发现侵权链接1991.4万条，针对1072.5万条侵权链接发出维权通知，相关平台下线/断链1001.8万条，下线/断链率约93.4%
4	北京市公安局	破获侵犯知识产权案件1262件，刑事拘留875人
5	北京海关	查获涉嫌侵权商品3284批次，共计63.4万余件

3.亮剑出击，"剑网2021"成效显著

2021年，按照相关工作部署，北京市版权局会同北京市文化市场综合执法总队、北京市公安局、北京市通信管理局、北京市互联网信息办公室等"剑网行动"领导小组成员单位全面开展"剑网2021"专项行动，成效显著。一是统筹谋划，整体部署专项行动。召开专项行动动员会，各区版权监管部门和互联网企业的100余名代表参会，全面部署相关工作，加强对数字版权纠纷处置、重点平台治理等工作的联动、引导。二是严查严办，加大打击侵权盗版工作力度。2021年，北京市"剑网2021"专项行动针对自媒体平台，在热门影视作品、新闻评论、音乐、动漫、游戏等重点领域开展数字版权监测，监测数据客观，治理成效显著（见表3），显示了北京市聚焦"两区"建设，贯彻市委市政府"严格打击侵权盗版，保护知识产权"的决心。三是创新机制，提高侵权盗版举报办案效率。"剑网2021"专项行动中，北京市文化市场综合执法总队立足解决实际问题，针对侵权盗版类举报增多的情况，建立"绿色通道"，指定专人优先办理。利用"侵权盗版类举报办理微信工作群"，确保将举报迅速反馈到相关企业，督促企业从严从速办理。据统计，北京市文化市场综合执

---

1 数据来源于北京市版权局。

法总队接受社会各界举报投诉39件，立案49件，罚没款75万元。[1]四是防微杜渐，筑牢打击侵权盗版"隔离墙"。北京市版权执法人员主动出击，及时对重点短视频平台、网络直播平台进行约谈，要求其创新审核机制，对侵权盗版内容"零容忍"，守好打击侵权盗版的第一道防线。

表3　北京市"剑网2021"专项行动版权监测情况[2]

序号	数字版权细分领域	版权监测数据
1	短视频	监测发现侵权链接330.5万条
2	网络直播	监测发现侵权链接2万条
3	体育赛事	对奥运会赛事网络传播进行专项预警，监测发现2020年东京奥运会等大型体育赛事侵权链接约21万条
4	在线教育	监测发现侵权链接1.2万条

（三）社会治理体系日渐完善

1.平台自治，头部企业引领治理新模式

一是新媒体行业大力发展"互联网+数字版权"。新华社积极探索和实践区块链在行业中的应用。基于新华全媒新闻服务平台和新华全媒版权监测平台，采编、运营等工作人员可对稿件的使用、传播状况进行实时监控，法务人员通过全网监测分析可以判断是否出现版权侵权行为，方便用户进行取证、维权和有效保护，加强了数字版权工作的创新能力。[3]人民日报社为独家原创内容版权保护扎紧篱笆墙。2021年11月，人民日报社传播内容认知国家重点实验室与人民中科共同发布视频搜索引擎"白泽"。这是全球首款面向内容安全的

---

1 参见《关于北京市"剑网2021"专项行动工作总结的报告》。
2 参见《关于北京市"剑网2021"专项行动工作总结的报告》。
3 新华社全媒编辑中心副主任贾奋勇：为独家原创内容版权保护扎紧篱笆墙，网址：
　https://www.ncac.gov.cn/chinacopyright/contents/12647/354483.shtml，最后访问日期：
　2022年7月5日。

跨模态视频搜索引擎，可在视频搜索、图片检索、内容溯源、版权保护等应用场景，为数字版权保护提供技术助力。[1]

二是数字版权服务行业积极创新数字版权保护治理体系。作为中国版权链的运营商，北京枫调理顺科技发展有限公司（以下简称枫调理顺公司）致力于探索适应中国市场的数字版权保护治理体系。枫调理顺公司与中国版权协会共建的中国版权链是全国性版权保护平台，为权利人提供一站式区块链版权服务。针对数字版权产业的痛点、难点问题，中国版权链形成登记存证、版权维权、版权交易三大核心功能和五大服务模块，实现了数字版权保护服务全流程在线。[2]

三是数字视听行业开创原创者联盟项目。立足原创作者维权的痛点和难点，从赋能原创作者出发，北京字节跳动科技有限公司（现更名为"北京抖音信息服务有限公司"）构建并整合了全链条、一站式、可视化的维权服务方案和平台，为原创作者提供便捷高效的维权服务。截至2021年6月，该项目共签约超过1200部电影（含网络大电影）、400部剧集，其中重点项目的深度合作覆盖率超过95%，涉及影视、综艺、纪录片、动漫等不同类型。与此同时，抖音推出"原创者联盟计划"，免费为原创者提供全网侵权监测、免费维权等服务，帮助权利人便利、快速维权。[3]

2.广泛宣传，营造数字版权保护良好氛围

2021年，北京市持续提升全社会版权意识，多方位、多途径、多形式、多层次开展宣传教育活动。一是围绕"4·26世界知识产权日"等重要时间节点，积极开展主题宣传、公益广告、线上课堂、征文比赛、优秀案例评析等一

---

1 参见《2021版权保护新技术应用发展报告》。

2 北京枫调理顺科技发展有限公司副总经理杨颖：探索与创新数字版权保护治理体系，网址：https://www.ncac.gov.cn/chinacopyright/contents/12647/354472.shtml，最后访问日期：2022年7月5日。

3 北京字节跳动科技有限公司副总裁、总编辑张辅评：期待在版权合作与实践中解决痛与难问题，网址：https://www.ncac.gov.cn/chinacopyright/contents/12655/354520.shtml，最后访问日期：2022年7月5日。

系列宣传活动，在全社会营造尊重版权、尊重知识的良好氛围。[1] 二是圆满完成中华人民共和国成立70周年、2021年中国国际服务贸易交易会、2021中国（北京）音乐产业大会等重大活动数字版权保护和服务保障任务。在中国国际服务贸易交易会、第八届中国国际版权博览会上，以"弘扬传统文化、推动'两区'建设"为重点，聚焦"版权+文化""版权+科技"，为公众展现了北京数字版权发展盛况，助推首都传统文化"走出去"，引起了社会各界广泛关注。

三、北京市数字版权产业发展情况

（一）核心领域引领产业总体实力跃上新台阶

北京版权产业整体稳中有进，版权数字化发展初见成效。面对新冠肺炎疫情和百年未有之大变局的叠加影响，数字版权产业作为引领未来发展的经济形态，关乎首都经济建设的结构优化与高质量发展。在政策扶持、企业自救与社会各方支援下，2021年，北京数字版权产业进入蓄力发展时期，数字版权产业对北京经济贡献率持续提升，持续保持全国领先，以更大能级激发北京文化市场活力。有关数据显示，2021年度北京市规模以上文化产业法人单位实现收入17563.8亿元，同比增长17.5%，其中文化核心领域收入占比超过九成，显示出文化产业强大的发展韧性和主导作用。同时，北京在建立数字版权生态体系、推动文化创意产业发展方面取得良好成就，精品内容创作层出不穷，线上文化消费异军突起，数字文化产业全年整体保持增长态势。2021年度北京全市规模以上核心数字文化企业实现营收11409.8亿元，全市规模以上内容创作生产领域实现收入合计3912.8亿元，同比增长30.8%，核心领域成为高质量发展的主动力，呈现精品迭出、环境日益清朗的态势，凸显了北京创新能力和超大

---

1 参见北京市版权局相关工作报告。

规模市场相结合所产生的强大动能。[1]

（二）数字版权创新业态成为产业发展新热点

"互联网+"助力北京数字版权新业态发展。2021年，北京以"互联网+"切入大力发展版权产业，加速推进以数字技术为载体的新兴产业形态，聚焦智能化、移动化、个性化特点，着力发展新产业、新业态，5G技术实现五环内全覆盖、五环外重点区域和典型应用场景基本覆盖，开辟了数字视听、数字阅读、移动游戏等数字化发展的新方向，为全球数字经济发展贡献中国智慧和北京方案。云演出、3D虚拟场景、虚拟偶像等技术发展迅速，"寄生熊猫"等一批有影响力的虚拟IP形象应运而生，在更广泛的文创领域进行衍生，创造出更大的经济价值，数字版权资源的价值日益凸显。从中国国家博物馆"永远的东方红"初启的云展览活动开始，云端化的博物馆智慧时代正式开启，文博领域数字新业态成为推进人文北京建设的数字版权资源新供给。从市场格局来看，"文化+互联网"，尤其是"消费互联网"形态的文化产业发展状态已成趋势，成为北京优质版权资源激发内容创作潜力与产业发展动力的生动写照。[2]

（三）数字版权跨界融合发展拓展产业新边界

2021年，市场发展实现跨界融合，北京数字版权产业链延长。移动游戏领域，5G为移动游戏落地提供关键技术驱动力，助力云游戏与其他数字版权行业融合发展，如腾讯云与斗鱼共同开发"直播+云游戏"的互动性玩法，帮助其他数字版权行业以高效率、低成本获得云游戏能力。[3] 数字文创领域，优酷作为国内数字视听行业的代表性企业，通过"潮玩产品+数字视听"IP联名

---

1 参见《北京文化产业发展白皮书（2022）》。
2 参见《2021版权保护新技术应用发展报告》。
3 腾讯研究院，Newzoo：《中国云游戏市场趋势报告（2021）》。

方式，将视听内容的热潮延续至线下，挖掘IP长尾价值。[1]数字音乐领域，北京依托长城资源优势，推出北京国际音乐产业大会重磅品牌活动之"北京音乐角"，进一步推动长城文化与数字音乐相融合，助力长城IP品牌化，不断挖掘数字音乐带动消费的辐射效应，形成具有首都文化特色和高质量发展态势的音乐产业形态。[2]文化资源、版权要素与数字技术的融合发展，展现出北京作为全球数字经济发展领军城市的优势特色。

（四）国家文创实验区助推数字版权发展进入快车道

国家文化产业创新实验区（以下简称国家文创实验区）打出推动首都数字版权发展的"组合拳"。一是积极推动文化创新政策落地，持续优化营商环境，一批数字音乐产业头部企业落户国家文创实验区。太合音乐集团、索尼音乐版权代理（北京）有限公司、爱贝克思（北京）文化传媒有限公司等区内数字音乐企业多渠道整合各方面资源，助力北京"音乐+"文化产业融合发展。二是助力国家文创实验区数字版权金融事业健康发展，为文化企业纾难解困。2021年1月至6月，国家文创实验区企业信用促进会组织合作金融机构，为朝阳区433家文化企业新增贷款融资29.07亿元。[3]国家文创实验区立足其文化资源丰富的优势，发挥"试验田"作用，大力发展数字版权产业，培育出一批具有国际竞争力的外向型文化企业，全力打造文化领域数字版权创新高地。

1　数字版权开发正当时，网址：http://www.iprchn.com/cipnews/news_content.aspx?news-Id=131200，最后访问日期：2022年6月6日。

2　"北京音乐角"在八达岭长城启动，网址：http://www.bjyq.gov.cn/yanqing/ywdt/jryq/2919059/index.shtml，最后访问日期：2022年7月5日。

3　朝阳｜国家文创实验区融资29亿元助力文化企业高质量发展，网址：https://www.360kuai.com/pc/9eb0913f1b05604e1?cota=3&kuai_so=1&tj_url=so_vip&sign=360_57c3bbd1&refer_scene=so_1，最后访问日期：2022年7月5日。

四、北京市数字版权保护与发展面临的问题及建议

（一）北京市数字版权保护与发展面临的问题

1.数字版权资源运营能力有限，区域发展不平衡不充分

数字版权运营能力有待加强，资源优势利用不足，头部企业未能充分发挥对腰部以下企业及周边地区的辐射带动作用。北京互联网企业众多，但版权集团式运营龙头企业少，全版权运营尚处于发展阶段的初期，贯穿各环节的全产业链条尚未打通，泛娱乐生态仍待建立。北京作为历史文化名城所拥有的丰厚版权资源尚未全面盘活，版权价值开发的广度和深度还远远不够。[1]同时，北京数字版权内容企业与周边地区数字版权资源及相关产业链对接不足、版权要素凝滞、文化品牌效应不强，京津冀三地仍存在一定的自我封闭、狭隘发展情况，北京富集的资源未能对津冀产生辐射带动效应。[2]北京亟须与津冀等周边地区打通版权资源流通渠道，实现共享、共建、共生。

2.版权服务水平有待提高，数字版权新问题亟待解决

北京数字版权服务供求关系问题仍存，在"大保护"格局下需要打通全链条。鉴于我国版权事业起步较晚，版权公共服务的总体水平还有待提高。为在版权公共服务理念和精神层面更好地体现中国特色，北京要综合运用法律、行政、经济、技术、社会治理等多种手段完善数字版权公共服务体系，在版权登记等方面实现数字化服务的同时，把版权服务放在同等重要的位置上。进一步加大版权公共服务资源供给，创新现有版权公共服务模式，[3]迎合技术发展趋势，更好地适应社会公众多方面、多层次、多样化的文化需求，进一步构建数字版权"大保护"工作格局。

北京数字版权保护面临新技术、新知识、新领域挑战。一方面，由于互

---

1 参见北京市版权局相关工作报告。

2 曹琴仙，付华：京津冀知识产权法治协同保护机制研究，《河北法学》2018年第7期。

3 来小鹏："十四五"时期着力完善我国版权公共服务体系的思考与建议，《中国出版》2022年第3期。

联网技术的进步，盗版行为一直没有得到有效的解决。北京数字版权保护已不能与"互联网+"的发展步伐相适应。一些"版权蟑螂"企业滥用权利，利用版权许可授权机制的漏洞，专门以发起版权侵权诉讼，获取侵权赔偿作为其商业盈利模式，将正当的维权行为异化为不正当牟利手段，扰乱版权市场秩序。另一方面，北京数字版权纠纷案件类型正向着全新的领域扩展，侵权方式不断翻新变化，加之互联网平台滥用"技术中立"原则、"避风港"条款逃避侵权责任，侵权监测面临挑战。

3.社会公众数字版权保护意识仍待加强

社会层面版权保护意识不足导致北京数字版权争议多发。虽然目前版权产业数字化、网络化的趋势非常明显，内容、技术、商业的融合发展速度越来越快，但即使是在数字内容产业发达的首都北京，甚至放眼全国，自媒体、个人用户等主体在使用版权作品时权利意识不够、法治理念淡薄，数字版权侵权行为仍然屡禁不止。即使是大平台的版权使用也无法做到规范合法，数字音乐、数字阅读、网络游戏、网络直播、体育赛事转播、短视频等行业的侵权盗版现象仍时有发生。总体而言，在飞速发展的数字时代，提高全社会的版权保护意识任重道远。

（二）北京市数字版权保护与发展建议

1.整合北京优势版权资源，精准对接津冀地区版权产业聚集区

整合北京优势版权资源，深化数字版权运营服务体系建设。搭建运营体系是数字版权产业的制胜之道，在IP泛娱乐开发时代，任何版权资源要素都有可能成为全版权开发的源头，衍生出一个庞大的产业链条。为此，要充分发挥头部企业的带动作用，帮助支持引导开放式运营企业对数字版权进行资产运营管理，提高全版权运营能力。依托腾讯、爱奇艺等一批集内容版权优势、输出平台优势、社交平台优势以及支付平台优势为一体的集团式全版权运营企业，不断扩大以盛大文学、唐家三少全版权运营工作室为代表的全版权运营专业队伍。[1]

----

1 禹建湘，范憬怡：网络文学作品全版权运营探究，《中国文学批评》2019年第1期。

继续推进京津冀三地协同发展，以更大能级激活数字版权资源。北京应积极发挥带头引领作用，进一步与河北省、天津市进行实质性沟通合作，实现京津冀版权产业聚集区的精准对接，推动文化无形资产和要素向河北、天津地区流动。[1] 把握好国家文创实验区数字音乐聚集区优势，积极与"互联网+"、文化资源融合，构建京津冀等地更广阔的文化产业链，开展区域品牌推介，以"头雁效应"激发"雁群活力"。

2.拓展更高层次的版权服务，消除数字版权保护新痛点

固化提升数字版权服务"北京经验"。一是创新版权治理机制，形成数字版权"大保护"格局。着眼于新《著作权法》明确的视听作品类型、侵权惩罚性赔偿制度、保护著作权的技术措施等新内容，逐步提升在版权登记、监测、调解、执法、公共维权援助等环节的服务工作水平，构建要素完备、机制畅通的版权保护工作体系。[2] 二是持续提升数字版权服务效能。基于知识产权公共服务"北京模式"相关经验，以版权示范园区和文化产业园区为抓手，切实提高数字版权公共服务专业化水平。在"三城一区"[3] 内部继续推行版权工作站，深化北京数字版权宣传、确权和维权等基础性服务，探索更高层次的数字版权评估、版权资产管理、侵权监测及取证存证、金融对接、涉外版权服务。利用"两区"建设相关政策，推动建立北京版权资产管理与金融服务中心，加快版权与金融对接。

消除数字版权保护新痛点，进一步发挥好版权执法的震慑作用。针对群众反映强烈的网络新闻、短视频、直播等领域的侵权盗版乱象，版权执法部门应集中开展专项治理行动，引导网络服务平台积极承担版权注意义务，做好数字版权保护的"守门人"，进一步增强数字版权保护的前瞻性。同时，深入推进"版权链"示范项目，促进"版权链"生态建设。在开展"版权链"示范项目的基础上，重点推动区块链技术在版权确权、授权、用权、鉴权、维权全过

---

1 曹琴仙，付华：京津冀知识产权法治协同保护机制研究，《河北法学》2018年第7期。
2 参见北京市版权局相关工作报告。
3 "三城"指中关村科学城、怀柔科学城和未来科学城；"一区"指北京经济技术开发区。

程中的实质应用，保障权利人的合法权利，充分释放版权数据红利，推动版权产业高质量发展。

3.扩大宣教交流覆盖面，全面建设国内版权标杆型城市

构建版权宣传新格局，发挥首都版权示范作用。一是加强普法宣传，使版权保护意识深入人心。继续加大新《著作权法》和《视听表演北京条约》的解读阐释工作力度，综合利用线上线下宣传形式，实现版权知识进企业、进社区、进学校、进网络，大力营造良好的版权保护氛围，让尊重版权、保护版权的理念"飞入寻常百姓家"。二是加强对外宣传，开创首都版权宣传新局面。紧扣数字版权新型热点事件，结合打击侵权盗版专项行动、软件正版化、全国版权示范创建等数字版权重点工作，创新宣传方法，提升宣传效果，扎实开展各类数字版权宣教活动。[1] 三是加强版权相关政策落实，提升北京数字版权国际影响力。北京应当把握好参与数字版权国际交流的新机遇，深度参与数字版权全球治理，不断扩大国际交流合作。坚持首善标准，做好数字版权改革创新工作，与世界知识产权组织及其中国办事处、"一带一路"沿线国家和地区数字版权部门合作取得新进展，支持世界知识产权组织中国办事处在北京开展仲裁调解业务，增强开放发展、开放共赢新成效，进一步提升北京数字版权国际影响力。

----

1 赖名芳：提升版权工作效能 推进版权强国建设——访中宣部版权管理局负责人，网址：https://zgcb.chinaxwcb.com/info/577786，最后访问日期：2022年5月30日。

2021年重庆市数字版权
保护与发展报告

肖志远　张倩★

作为国家数字经济创新发展试验区之一，重庆市不断延伸数字版权产业领域，推动数字文化产业发展，赋能数字经济。作为西部文化重镇、网红"4D魔幻"城市，重庆市充分发挥独特的巴蜀文化优势，打造独具特色的数字版权产业应用场景。一方面，重庆市结合其所具有的平台经济新业态，出台数字经济领域和知识产权发展政策，举办数字版权推介会，以及推动数字版权产业园区和联盟协同合作，形成重庆数字版权良好发展态势。另一方面，通过加强司法保护、强化行政保护，重庆市逐步完善了知识产权"大保护"机制。

一、重庆市数字版权保护与发展环境

（一）政策环境

1.实施数字文化产业升级战略，提升数字版权核心竞争力

版权保护制度是数字文化产业繁荣发展的重要保障，数字版权内容的创作、管理、运营和保护则是其核心要素和支撑力量。数字文化产业和数字版权产业的核心内涵和外延息息相关，二者的发展与保护相辅相成。大力发展数字

★ 肖志远、张倩，中南财经政法大学。

文化产业，是国家利益使然。[1] 随着数字经济的发展，国家接连出台相关政策推动数字产业化和产业数字化的发展，其中公共文化的数字化与文化产业的数字化亦受到高度重视。2021年，"实施国家文化产业数字化战略"被正式写入《中华人民共和国国民经济和社会发展第十四个五年规划和2035年远景目标纲要》；2022年，中共中央办公厅、国务院办公厅印发《关于推进实施国家文化数字化战略的意见》，文化的数字化正式上升为国家战略。

为推动数字文化产业发展，《重庆市文化产业发展"十四五"规划》提出要契合重庆当前文化产业发展实际，通过打造数字文化产业集群，推动文化旅游融合发展和跨区域发展，着眼数字科技发展趋势进行前瞻性布局，促进数字科技成果在文化产业领域的转化应用，并提出相关核心指标，即文化产业增加值占GDP比重达4.5%，以及测算"十四五"期间文化产业增加值年均增速应达到10%，2025年实现1500亿元的目标（"十三五"期间年均增速为12.6%）。[2] 2021年，重庆市人民政府印发《重庆市数字经济"十四五"发展规划（2021—2025年）》，其中明确指出要做精数字内容产业，依托重庆市本土创业科技园区，创作高品质数字文化IP精品，为游戏动漫、数字视听、网络直播、电竞等数字内容新业态助力，打造重庆特色文化网络名片。包括数字文化产业在内的数字经济的发展，需要知识产权的保驾护航。2022年，中共重庆市委、重庆市人民政府印发《重庆市知识产权强市建设纲要》，强调要通过文化娱乐、计算机软件、信息网络等版权相关产业的发展，致力于推行"版权+基地+市场"产业发展模式，打造具有特色的版权产业品牌集群。上述政策措施的发布实施，一方面为数字文化产业的发展提供了政策指引，另一方面也为数字版权的保护与发展奠定了良好的基础。

2.强化数字经济领域知识产权保护，打造知识产权强市

知识产权的保护和运用，是数字经济发展的重要保障。《重庆市数字经

1　范玉刚：新时代数字文化产业的发展趋势、问题与未来瞩望，《中原文化研究》第2019年第1期。

2　参见《重庆市国民经济和社会发展第十四个五年规划和二〇三五年远景目标纲要》。

济"十四五"发展规划（2021—2025年）》明确提出强化知识产权全链条保护，尤其强调要加大科技成果转化中的知识产权保护力度。《重庆市知识产权保护和运用"十四五"规划（2021—2025年）》则提出建设"重点领域知识产权保护工程"，加强数字经济领域知识产权的保护，提高知识产权维权水平。具体到版权领域，《重庆市知识产权保护和运用"十四五"规划（2021—2025年）》提出，建设"版权助推文化产业发展工程"，积极推动版权产业生态优化和版权产业持续发展。与此同时，为强化对知识产权的有效保护，应对新技术和新业态引发的数字版权侵权问题，川渝两地高级人民法院继续加强合作和交流，通过举办川渝知识产权保护研讨会、知识产权和涉外商事审判培训等措施逐渐统一两地司法裁判尺度，提高审判公信力。重庆市通过营造良好的知识产权保护环境，打造知识产权强市，为数字版权的保护和发展提供了良好的法治氛围。

（二）市场环境

1.巴蜀特色文化资源数字化，奠定数字版权产业创新基础

重庆市拥有丰富的特色地域文化产业资源禀赋，具有发展数字文化产业的巨大优势，也为数字版权产业提供了创新来源。其区域内独具魅力的饮食文化、景观文化、女性文化、旅游文化、民俗文化等，早已与巴渝文化、抗战文化、红岩文化、商埠文化和移民文化一起，构成了重庆人文精神的内核和文化的多样性。[1] 这些特色文化积淀为重庆的文化产业奠定了深厚的内容基础和发展原动力，也为版权产业的成熟发展与保护提供了文化基石。诸如重庆市荣昌夏布、綦江农民版画、大足竹编等具有巴蜀特色的非物质文化遗产成为重庆市特色版权创意的源泉，CAD中央艺术区、南滨路文化产业长廊、黄桷坪艺术园区、磁器口古镇、洪崖洞、巴国城、虎溪公社、涪陵印包产业园等文化

1　重庆市文化产业发展现状研究，网址：http://tjj.cq.gov.cn/zwgk_233/fdzdgknr/tjxx/sjjd_55469/202002/t20200219_5273607_wap.html，最后访问日期：2022年7月5日。

创意园则为数字版权产业的创新发展提供了多元化平台和自由发挥的空间。其中，通过"非遗+文旅"模式，国家非物质文化遗产荣昌安陶、夏布和折扇在重庆市文旅产业中大放异彩，实现了"非遗"创造性转化和创新性发展，更有助于进一步挖掘"非遗"所具有的IP价值。此外，重庆的"洪崖洞""长江三峡""魔幻建筑"等现有IP的数字化场景应用，通过连通巴蜀传统文化要素与数字化现代技术，其蓬勃发展的活力为数字文创产业提供了样板。

2.巴蜀特色文化资源场景化，拓宽数字版权产业发展边界

依托优秀的区域特色文化，重庆市通过发展具有地方特色的文化产业，并打造数字文化产业园聚集群，激活巴蜀文化创新动力，助力数字版权应用领域不断延伸。渝北区重庆数字创意产业园、渝中区上清寺数字文化产业园、两江新区海王星数字文化产业园、涪陵互爱科技产业园4个数字文化创意产业园的建设为数字版权产业提供了全链条的创意研发和应用场景。此外，重庆市全面推进数字文化馆、数字图书馆、数字博物馆建设，建成数字图书馆43个、资源总量超200TB；推出"红岩"系列展馆720°全景虚拟漫游，网上数字展览入选国家文物局推出的第一批数字博物馆清单，共计推出展览50个，文物藏品展示90件，线上点击超10万次。[1]通过文化资源与数字科技相结合的"沉浸式体验"，更加丰富了文化资源数字化利用方式，为数字版权产业提供了更多的新业态和发展路径。

3.数字文化资源价值最大化，提升数字版权产业经济效益

盘活数字文化资源，实现数字文化资源价值的最大化，是推动数字文化产业发展的重要方式，也丰富了数字版权的内涵，提升了其经济效益。2021年，重庆市通过加强政府和市场主体的双向运作，采用多种方式促进数字科技和版权产业项目的合作与融通，以实现数字文化资源价值最大化。例如，通过数字版权推介会、数字版权开发者大会等的引导和支持，重庆市政府和相关部

1　重庆加快建设数字产业集聚区，网址：https://www.ndrc.gov.cn/fggz/cxhgjsfz/dfjz/202104/t20210428_1278064.html?code=&state=123，最后访问日期：2022年7月5日。

门主动为数字版权市场主体构建交流平台和提供合作机会。在2021年第二届西部数字经济产业高峰论坛暨成渝数字文创产业峰会上，重庆市璧山区人民政府与中国电子商会、重庆广电集团共同签署战略合作协议，依托该生态区先后吸引国科量子、先进计算产业创新中心等项目签约落地，西部（重庆）直播电商产业服务中心正式运营，以"数字化视觉创意产业孵化+文旅体验"为主题的玉泉湖国家级数字娱乐产业园启动规划建设。在2021年重庆数字版权产品开发者大会上，更是联通数字技术企业和文创企业，有效地推动了数字文创项目的签约和开展，推动优势项目、优质企业集聚发展，弥补产业短板。通过促进数字文化产业内不同主体之间的合作，实现数字文化资源价值最大化，提升版权优化运营水平。在市场和政策的双向推动下，重庆市的数字文化以及版权产业通过平台与资源的结合，不断创造并丰富巴蜀文化资源内涵和价值，提升数字版权产业的经济效益。

二、重庆市数字版权保护状况

（一）提高知识产权司法审判质效，促进新兴业态健康发展

1.知识产权专业化审判体系日臻完善

通过建立与完善知识产权专业化审判体系，重庆市进一步加强对知识产权的保护力度。2021年，重庆市不仅成立了重庆知识产权法庭，更在西部（重庆）科学城等重点科创园区等区域设立了7个知识产权巡回审判站，形成"全域管辖、三级联动、三审合一"的专业化审判模式。同时，启动建设中国（重庆）知识产权保护中心，设立重庆市涉外知识产权调解中心，调解境内外知识产权纠纷案件32件。知识产权纠纷人民调解分支机构达17家，2021年全年调解知识产权纠纷573件。此外，重庆知识产权法庭还出台了《知识产权民事案件繁简分流暨速裁工作规程（试行）》，构建适应新型审判权力运行机制的案件分流方式与速裁模式，以提升审判效率，缩短知识产权维权周期。专业化审判体系的完善和配套法律制度的健全强化了重庆的知识产权司法保护功能，为数

字版权产业发展营造了良好的法治氛围。

2.知识产权司法保护区域联动机制加强

2021年，川渝两地法院继续加强知识产权司法保护联动，统一司法裁判尺度，提升川渝地区司法保护效能。继重庆市高级人民法院与四川省高级人民法院签订《川渝地区人民法院知识产权司法保护交流合作协议》后，两地高级人民法院、知识产权局签署了《建立成渝地区双城经济圈知识产权保护合作机制备忘录》，努力实现工作理念与工作方式的"同城融合"、信息与资源的"同城共享"、行政执法与司法裁判的"同城标准"。[1] 2022年，两地高级人民法院共同发布白皮书和典型案例，共同召开研讨会、线下培训和法官联席会议，发布了《2021年川渝地区人民法院知识产权司法保护状况白皮书》，并联合调研形成了《关于确定KTV经营者侵害音像作品著作权案件赔偿数额的法官会议纪要》。同时，两地检察机关签订了《关于全面加强川渝知识产权检察协作的意见》，进一步打造川渝地区"知识产权双城保护圈"和跨区域、跨部门协作高水平样板。2021年，重庆两江新区人民法院、天府新区成都片区人民法院（四川自贸区人民法院）联合签署了《川渝自贸区知识产权司法保护合作备忘录》，并联合发布《知识产权纠纷行为保全申请指引（试行）》《知识产权纠纷行为保全审查指引（试行）》以及《著作权及商标权侵权纠纷诉讼指引》。在其共同发布的知识产权司法保护十大典型案例中，结合川渝自贸区人民法院的知识产权相关案件审判实践，对网络服务提供者关于著作权侵权行为的合理注意义务[2]和披露义务[3]予以进一步裁判说理。通过进一步发挥知识产权典型案例的示范指导作用，为川渝自贸区知识产权纠纷提供参考标准，强化知识产权纠纷诉源治理，致力于共同打造知识产权保护高地。

---

1 重庆法院去年受理知识产权案件超3万件 涉5G、生物医药、直播等新技术新业态案件增多，网址：https://www.cq.gov.cn/zt/cydqscjjq/xtfz/202204/t20220420_10635172.html，最后访问日期：2022年7月5日。

2 重庆自由贸易试验区人民法院（2019）渝0192民初10862号民事判决书。

3 四川自由贸易试验区人民法院（2021）川0193民初2553号民事判决书。

3.新技术、新业态案件增多

新技术和新领域的发展不仅为数字经济带来了新的机遇，也为司法裁判带来了新的难题。网络直播和网络游戏等领域成为版权纠纷的"重灾区"。此外，《2021年重庆法院知识产权司法保护状况白皮书》数据显示，在司法保护方面，全市法院共受理一审、二审知识产权纠纷案件数量位居西部地区前列。其中，受理一审、二审知识产权民事纠纷案件30086件，其中新收28368件，审结26162件，结收比为92.2%；受理知识产权行政案件14件、知识产权刑事案件76件。新收技术类知识产权纠纷案件635件，同比增长35.4%。[1] 此外，据数据统计（见图1），近五年重庆市法院审结的知识产权纠纷案件数量整体呈上升趋势，且伴随着技术创新发展，涉网著作权纠纷案件亦呈现快速增长态势。

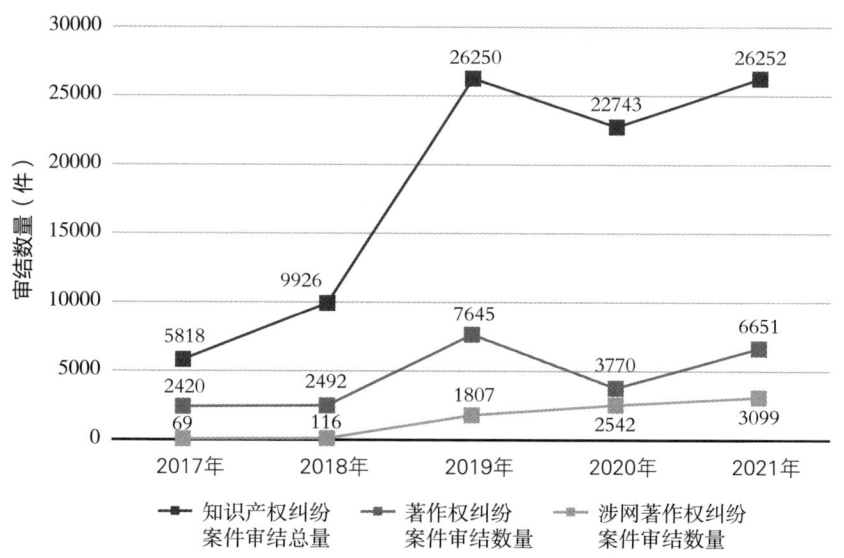

图1 2017—2022年重庆市知识产权纠纷案件审结数量[2]

---

1 参见《2021年重庆法院知识产权司法保护状况白皮书》。

2 "知识产权纠纷案件审结总量"和其他数据来源于2017—2022重庆市知识产权保护状况新闻发布稿。"著作权纠纷案件审结数量"与"涉网著作权纠纷案件审结数量"是课题组分别在"重庆市法院"条件下，以关键字"著作权"和案由"侵害作品信息网络传播权纠纷"为搜索条件，以中国裁判文书网公开的裁判文书为样本检索而成的结果，最后检索日期：2022年8月24日。

而新纠纷的出现也不断要求法院司法裁判的与时俱进，在腾讯计算机公司、腾讯科技公司、腾讯信息技术公司与北京微播视界公司、重庆天极魅客公司申请诉前停止侵害著作权案[1]中，重庆市第一中级人民法院支持了首例要求短视频平台采取过滤、拦截等措施阻止侵权视频不断上传的诉前禁令。该禁令从立法目的及条文原文出发，论证并确立了"通知—删除"规则下动态界定"必要措施"的裁判规则，进一步明晰了网络平台合理义务的内涵和界限，及时回应了规制平台先侵权后治理发展路径的司法需求。

2021年6月16日，重庆知识产权法庭正式挂牌成立，截至2022年6月16日成立一周年之际，其共受理知识产权案件11720件，其中著作权纠纷案件仍占据较大比重（见图2）。[2]除此之外，新类型案件层出不穷，包括重庆首例服装设计产业著作权保护案，涉及综艺节目、网络小说、字库字体、知乎问答、组图漫画、延时摄影、新闻报道、盲盒产品等多类型、多领域著作权纠纷案件。

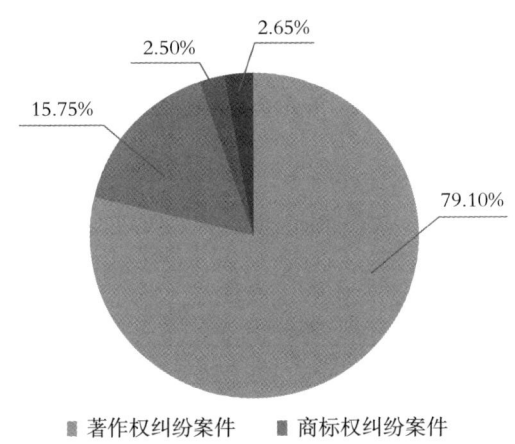

2.65%

2.50%

15.75%

79.10%

■ 著作权纠纷案件　　■ 商标权纠纷案件

■ 专利权纠纷案件　　■ 其他

图2　2021年6月—2022年6月重庆知识产权法庭各类知识产权案件占比

1　重庆市第一中级人民法院（2021）渝01行保1号民事裁定书。

2　重庆知识产权法庭成立一年受理案件11720件，网址：http://cq.people.com.cn/n2/2022/0616/c365401-35318762.html，最后访问日期：2022年8月18日。

（二）加大行政保护力度，减少数字版权侵权行为发生

1.数字作品侵权盗版案件查办力度加大

2021年，重庆市加大了对"扫黄打非"案件和侵权盗版案件的查办力度。重庆市"扫黄打非"办公室、重庆市版权局、重庆市公安局联合公布了2021年度"扫黄打非"暨侵权盗版典型案件，对一系列著作权侵权行为、非法经营出版物行为予以追查打击，进一步肃清了版权法治氛围。在"剑网2021"行动版权执法中，重庆市全年查处侵权盗版案件141件，在案件查办数量上居全国第6位；加强了软件正版化工作的开展，先后对一批市级部门、国有重点企业及重点行业事业单位开展专项检查，制定了《促进软件产业高质量发展和加强软件版权保护十条措施》。重庆市版权局会同重庆市文化市场综合行政执法总队开展"剑网""秋风"专项行动和院线电影侵权盗版专项整治行动，累计出动执法人员5.1万人次，检查各类市场2.1万家次，删除侵权盗版链接371条，关闭侵权盗版网站（App）11个。[1] 重庆海关开展了"龙腾行动2021"知识产权保护专项行动，加大了对进出口知识产权侵权违法行为的打击力度。通过开展不同的行政执法行动，加大了对盗版作品、盗版软件以及侵权链接等的全方位打击力度，为知识产权提供了更切实有效的保护路径。

2.智能化行政监管保护

重庆市版权执法部门充分运用大数据、区块链赋能知识产权保护监管，提高行政保护效率，减少行政支出成本。在版权登记领域，通过升级重庆市数字版权云端服务平台，实现了版权登记数字化。国家版权监管平台统计数据显示，2021年全市作品登记量为18.32万件，同比增长7%，居全国第7位。当前囿于大数据和互联网技术发展的隐蔽性与复杂性，行政执法部门无法做到实时性和完全性的监管与保护。但与此相应的是，版权行政执法部门可以进一步加大对版权保护和监管的智能化手段的投入，通过大数据、互联网等智能化方式加强对网络环境的净

---

[1] 重庆举办2021年重庆市知识产权保护状况新闻发布会，网址：https://www.cnipa.gov.cn/art/2022/4/27/art_2864_175347.html，最后访问日期：2022年7月27日。

化和维护，避免著作权侵权行为范围的扩大。2021年，重庆市版权执法部门通过重点提升存量网站主体信息准确率和网站备案率来加大工作力度，实行网站、域名实名联动管理。利用互联网数据中心/互联网服务提供商（IDC/ISP）信息安全管理系统对全市8万余个备案网站、900万余个IP地址、16个IDC机房以及接入互联网网站展开巡查，获取监测数据271万余条，断开未备案网站19家，核查内容分发网络（CDN）服务器1.3万余台。通过采用智能化监管手段，加强了对著作权侵权行为的威慑，大大减少了数字化版权侵权行为的发生。

3.跨地区跨部门行政执法与刑事司法保护衔接机制完善

在执行知识产权行政保护专项行动过程中，重庆市加快建立行政调解协议司法确认机制，加强川渝两地跨区知识产权行政保护协作。2021年，重庆市知识产权局、四川省市场监督管理局联合开展多次知识产权专项保护活动。例如，重庆市市场监督管理局开展了民生领域的"铁拳行动"，加强打击侵犯知识产权和制售假冒伪劣商品的行为。重庆市市场监督管理局联合重庆市检察院、重庆市公安局、重庆市版权局、重庆市知识产权局、重庆市文化旅游委六部门召开联合座谈会，共同签署了知识产权行政执法和刑事司法衔接合作协议，明确了联络会商、信息共享、案件移送等29项合作内容。除此之外，重庆市公安系统开展了"昆仑2021"等专项打击行动，通过联勤联动、专项整治、源头治理等多项措施和方式，最大限度地挤压了侵权盗版违法犯罪空间。作为由最高人民检察院确定的9个知识产权检察职能集中统一履行试点地区之一，重庆市检察机关积极构建"批捕、起诉、监督、预防、服务"一体综合保护模式，为知识产权保护提供强有力的保障。通过对著作权侵权行为的行政执法和刑事司法的衔接，进一步加强了重庆市对知识产权的法律保护，加强了对侵权违法行为的威慑和遏制，为相关领域产业发展扫清了障碍。

（三）发挥行业自律作用，推动地区数字版权保护水平提升

中国数字版权产业联盟于"2020成都数字版权交易博览会"期间正式成立，该产业联盟是开放型的非营利性社会组织，目前已有60余家成员，作为

西部地区首个数字版权联盟，其辐射作用极大地影响了重庆市数字版权行业生态。在"2021成都国际数字版权交易博览会"上，作为重庆市数字文化行业代表的八戒知识产权平台与中国数字版权产业联盟签约，通过向外延伸合作，参与共建数字版权保护运用行业规范，加强对数字版权的运用和保护，共建数字版权产业联盟生态，提升数字版权交易运营效能。

2021年3月，重庆市版权协会在两江新区成立，58家会员单位代表共150余人参加了该协会第一届第一次会员大会。会上通过了《重庆市版权协会章程》等，选举产生了首届理事会成员、监事会成员。"链接川渝版权价值 助推高质量发展"版权项目集中签约暨数字版权推介活动同步举行，重庆市8家版权示范园区、25家版权示范单位获得授牌。重庆市版权协会与四川省版权协会、两江新区与天府新区等，分别签订了战略合作协议。重庆版权交易中心与成都国际版权交易中心、重庆华龙网集团股份有限公司与成都进托邦互联网信息服务有限公司等14家川渝版权企业签订了项目合作协议。重庆市版权协会的成立，标志着重庆市版权事业和产业的发展进入了新阶段。

三、重庆市数字版权产业发展情况

数字版权产业作为数字经济的重要组成部分，已成为引领新供给、促进新消费、加快产业转型和经济高质量发展的新动能，代表了文化产业的主流方向。《2021年游戏产业区域发展报告》显示，作为京津、珠三角和长三角外的中国数字娱乐第四极，成渝地区已成为国内东部沿海地区以外产业发展速度最快的地区之一。[1] 2021年，重庆市在数字出版、网络游戏、短视频创作、动漫等新兴版权产业中，利用西部区域资源，整体上形成了数字版权产业区域性良性发展的大格局。尤其是重庆市数字经济产业领域内的科技头部企业和文化产业的融合发展对重庆市数字版权产业智能化与创新化起着不可替代的作用。其

---

1 参见重庆软件园与伽马数据联合发布的《2021年游戏产业区域发展报告》。

中，作为虚拟现实（VR）先驱者的达瓦科技有限公司不断完善其现有的达瓦大数据智能影像产业基地，利用虚拟制作技术为影视作品的创作解放创造力。同时，数字版权保护、运营和交易平台合作项目的建成与完善也为版权行业精细化和数字化发展"保驾护航"。其中，具有代表性的重庆本土企业猪八戒知识产权服务有限公司利用其丰富的大数据资源，构建了"互联网+知识产权"的服务模式，建立了知识产权服务交易大数据平台，助推企业知识产权创新，致力于打造区域文化IP，以激发数字版权产业活力。

（一）建设智慧出版生态圈，推进数字出版业进一步发展

数字出版生态圈涉及传统出版单位、技术开发商、内容集成商、渠道提供商、平台运营商和终端生产商，其利益关系较为复杂。随着数字化进一步深入版权行业，数字出版和传统出版从原先的"竞争"关系逐渐转为"合作"关系。2021年，西部首届数字出版年会在重庆举行，为推动数字出版业进一步集聚化发展，经重庆市委宣传部决定，在重庆南岸区建设"重庆市数字版权基地"。作为我国首个跨区域数字出版年会，西部首届数字出版年会集中展示了西部数字出版业的新技术、新模式和新成果，推动了西部地区数字出版业与全国各省区市数字出版业的协同和融合发展。重庆市数字出版业已集聚相关企业2000余家，形成了互联网出版、教育数字出版、资源数据库建设、网络游戏研发出版、数字内容创意五大产业集群，总产出对地区国民经济贡献率达到0.95%，不仅促进了数字出版业的集群式发展，更有力地提振了重庆数字经济。例如，重庆应龙互动娱乐有限公司开发的《故乡记忆》在洪崖洞、十八梯、磁器口等地取景，打造出一款"渝情渝味"的游戏；重庆天健互联网出版有限责任公司的"中国音乐史"数字阅读体验服务平台，对出土乐器的音响与传世古曲的早期名家或乐社的演奏录音等历史资料进行数字化、数据化处理，改善了用户阅读体验。

（二）数字版权内容更加丰富，推动版权产业全面发展

数字版权内容包括网络游戏、数字音乐以及影视等多种数字文化产业，

在数字化的引领下，版权内容不断融合创新发展，传统文化行业的内容呈现出更加多层次、多样化的利用形态。2021年，商务部发布了《重庆市服务业扩大开放综合试点总体方案》，其中"主要任务和措施"中的第8条明确提出"支持重庆积极创造条件申请开展属地网络游戏审核试点"。这为重庆市新兴电竞产业的发展提供了良好的政策土壤。罗布乐思（重庆）创新中心、腾讯光子创新研发基地、完美世界、网易文创数字经济产业园等在重庆落地，更是为其网络游戏产业的纵深化发展提供了创意基础。2021年，重庆市本地独立游戏企业柚子猫工作室、艾斯球科技有限公司（GSQ）以及帕斯亚科技有限公司分别开发了Steam平台上位列Top10的《戴森球计划》《了不起的修仙模拟器》《波西亚时光》。网络游戏产业的蓬勃发展愈加彰显了重庆市充满活力的数字版权生态环境。"2021年中国科技影视高峰论坛"的召开为重庆市数字版权产业的发展增添了更为科技化的一笔，中国人民大学文化科技园、创意产业技术研究院落地重庆，重庆市数字文创产业示范园区项目、爱奇艺永川文化创意产业园、重庆数字内容云制作平台、咏声动漫永川数字制作基地、瑞云西南云渲染产业基地、九紫文化影音基地、陶云科技幼教数字内容制作基地等40余个项目签约落户永川，项目投资额达60亿元。[1] 此外，永川大数据产业园依托中国重庆达瓦科技有限公司所掌握的先进设备拓宽其适用领域，加快搭建数字内容云制作平台，利用全LED虚拟拍摄技术融合实时渲染、实时算法、实时补偿，虚拟摄影机与真实摄影机联动融合等多项技术打造高端数字内容生产流程，致力于构建"东方好莱坞"的版权图景。

（三）区块链技术逐渐成熟，助推数字版权产业链上下游行业协同发展

2021年，重庆市首个区块链协会建立，其主要目的在于推动区块链产业的

---

1 2021中国科技影视高峰论坛在重庆召开，网址：https://wap.peopleApp.com/article/6336805/6227217，最后访问日期：2022年7月5日。

培育和创新应用，为行业创新赋能。在清华大学互联网产业研究院、赛迪智库网络安全研究所、重庆市区块链协会等单位联合发布的《2020—2021中国区块链产业园发展白皮书》中，评选出我国区块链产业园15强，重庆市区块链数字经济产业园排名全国第3位。目前，重庆市区块链数字经济产业园已聚集了11家百强企业，且于2021年被评为重庆市"版权示范基地"。区块链技术的逐渐成熟，以及产业园区块链技术运用体系的逐渐完善，为解决数字版权产业问题提供了新思路和新方法。2021年重庆数字版权区块链服务中心的设立，为数字版权登记、存证、保护和交易等版权产业各环节提供了全方位的平台和渠道。2022年7月，重庆数字版权区块链服务中心暨链存证公共服务平台正式开始运营，致力于通过运用区块链技术进行创新，形成版权保护的有益治理范式，着力解决版权产业在确权、用权、维权上的难题，以强有力的版权保护模式，降低运营成本，提高保护效率。以上各项举措表明，重庆市致力于将区块链技术贯穿版权产业的各个环节，连通版权产业上下游，覆盖版权行业各主体，推动区块链与互联网环境下版权产业发展的深度融合，使更多版权作品的生成、流转、交易都在互联网环境下实现。通过数字技术对传统版权行业进行改造，能够丰富版权行业的发展形式，使版权产业更契合数字经济发展的要求。

四、重庆市数字版权保护与发展面临的问题及建议

（一）重庆市数字版权保护与发展面临的问题

1.数字文化内容供给存在"结构性短缺"

相较于北京、上海、广州等一线城市的数字文化产业，重庆在数字文化产业供给方面仍存在内容和结构上的问题。巴蜀文化在数字文化产业中的溢出效应仍主要集中于中西部地区。在文化产业投资结构中，产业发展效率不高，数字版权产业结构尚未成熟，内容运营流转不够完善。从中国文化产业主要投资地域分布情况（见图3、图4）可以看出，北京、上海、深圳、杭州、广州仍是文化产业投资的主要集聚地。因产业起步较晚，在规模和质量上，重庆与上

海、杭州等沿海发达地区仍存在差距。在网络游戏行业领域，重庆音像与数字出版协会等单位联合发布的《2019—2020年重庆游戏产业发展报告》显示，2019年重庆游戏业产出仅为21.67亿元。相关数据显示，沿海地区的游戏企业也明显多于西部地区。2021年沿海地区游戏企业占比为69.13%，西部地区仅为10.39%。[1] 此外，《重庆市文化产业发展"十四五"规划》也指出，重庆整体文化产业发展规模还偏小，企业整体实力偏弱，龙头骨干企业数量较少，产业集聚功能不强，政策供给不优，园区基地平台建设有待进一步强化。[2] 这些都是掣肘数字文化内容供给的"结构性"问题，也是阻碍数字版权产业创新发展的症结所在。在数字化基础设施发展上，虽然国家出台了相当多的政策大力支持发展区块链、云计算、虚拟现实等技术研究，但不可否认的是，重庆当前的数字基础设施建设尚未完全成熟，如区块链技术应用和与之对应的数字版权、知识产权领域的相关行业标准与法律规范体系亦尚不完善。数字技术、平台和版权内容之间的系统衔接仍存在不足，项目推动和落地都存在系统性问题。

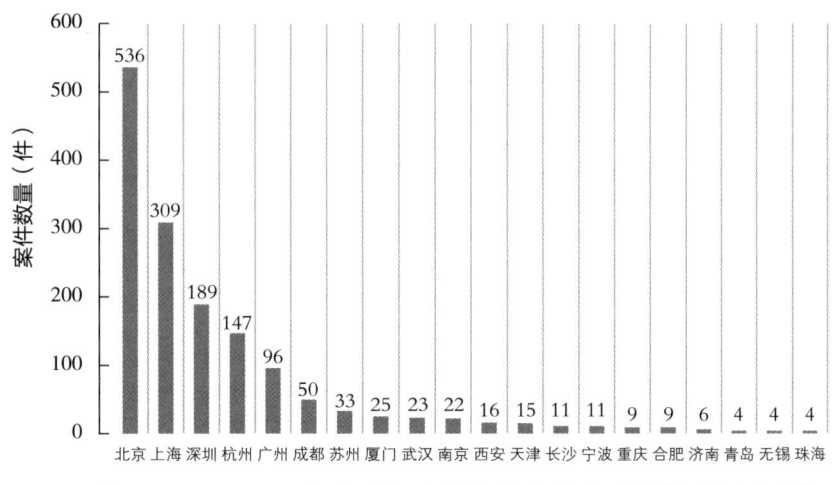

图3 2020—2021年上半年中国文化产业主要投资案例分布[3]

----

1 参见重庆软件园与伽马数据联合发布的《2021年游戏产业区域发展报告》。
2 参见《重庆市文化产业发展"十四五"规划》。
3 参见清科研究中心《2020—2021杭州文化创意产业投资发展研究报告》。

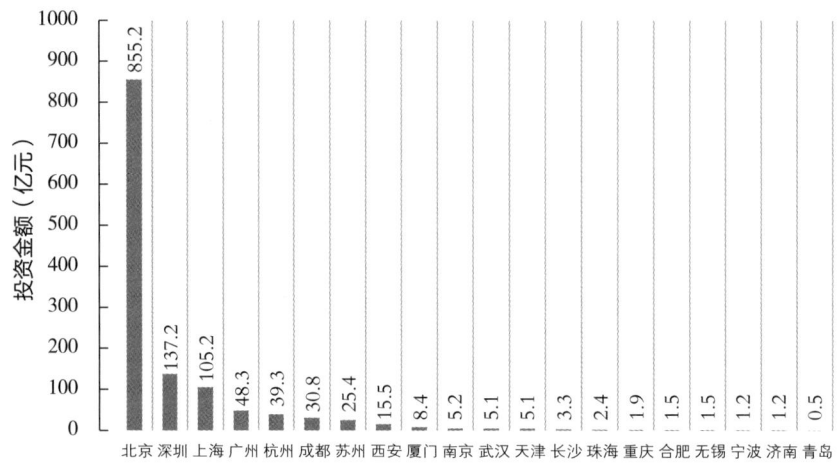

图4 2020—2021年上半年中国文化产业主要投资金额地域分布[1]

2.数字版权多元共治机制尚未健全

版权保护领域面临的侵权问题主要是数字化带来的挑战，一方面，数字化给版权行业发展带来了新业态和新前景，增强了用户体验感和作品利用方式多样性；但另一方面，内容的多元性和多变性加重了利益分配上的矛盾和法律上的版权问题，由此不断引发数字版权侵权纠纷。数字版权产业支撑体系包括数字技术提供方、平台服务商、数字发行方、内容创作者、终端消费者等主体，其构成一个完整的产业价值链，任何一个薄弱环节存在问题都会影响创新生态系统的形成。数字技术的隐蔽性为盗版行为提供了"温床"，而平台服务商和内容创作者之间因平台版权注意义务是否切实履行而引发的纠纷更是层出不穷。重庆市数字版权产业仍处于探索阶段，主要聚焦于对数字技术的研发和推广，版权多元治理机制尚未健全，尤其是在行业治理和平台自律方面仍存在缺陷。数字版权保护和运用是保证数字版权产业良性发展的"双翼"，不仅行政司法机关要加强对跨平台外部侵权行为的打击力度，更要敦促数字版权产业内部形成有效的版权治理机制，再结合第三方平台或联盟的合作联通，实现共建、共治、共享，激发数字版权产业的创新活力。

----

1 参见清科研究中心《2020—2021杭州文化创意产业投资发展研究报告》。

3.区域数字版权产业的协调发展仍待加强

近年来，成渝地区双城经济圈的建设起到了融通合作的成效，但因时间较短，两地的系统性协调发展机制尚未完全成熟，需要进一步加强两地的数字版权合作，不仅应在司法保护上互通有无，更应在数字基础建设和研发上进行交流合作，加大对数字文化产业的联合投入。成渝地区数字版权保护司法联动虽已较为成熟且日趋完善，但在版权产业政策和营商环境上，仍需加强进一步的纵深合作。具体表现为，一是数字基础设施建设存在区域上的不平衡，建用匹配度不高，应用场景不足，对产业的价值与作用尚未充分释放，无法刺激传统版权行业的创新动力。二是协调发展基础尚未夯实，产业链不长、产业群不强，新兴数字产业规模不足，无法推动成渝地区的数字版权产业联动发展，反而由于同源同根文化背景，易走上同质化竞争的道路。针对区域性协调问题，只有深化彼此间的合作交流，从产业发展到基础设施构建再到司法保护的纵深发展，才能实现川渝地区双城经济圈的建设目标。

（二）重庆市数字版权保护与发展建议

1.加快推进平台建设，助力数字版权产业协调发展

针对数字版权产业领域内容和结构供给失衡的问题，首先，应加强数字版权平台基础建设，为数字内容的创新及转化奠定良好的基础。进一步推进数字版权产业园和数字科技园区的合作与项目推进，加强数字技术的研发和创新应用，推进智能云转播、沉浸式体验平台、数字媒体艺术展演展示等智能化应用研发和技术服务。通过加快研发"源于成渝、引领前沿"的硬核科技，为版权内容和新兴主流媒体的深度融合打下坚实的基础。例如在新兴版权领域，可进一步运用区块链、云计算等新技术确定版权权属，进行版权存证和侵权监测。不断积累数字赋能经验，加快推动数字产业与版权领域深度融合，创新改造数字产业与传统文娱行业关联合作模式，推动数字版权项目落实，尤其是为数字文化科技集聚园区营造创新氛围，加大对创新创意型人才的投入吸引力度，保障版权内容高质量供给。其次，应通过"产学研"体系建设，推进企

业、高校、研究机构之间交流合作、协同创新，推动科技成果向现实生产力转化。例如以重庆大学、四川大学数据智能与计算艺术实验室等为依托，运用人工智能技术，推动数字文化产业创新成果的对接交流，通过在渝、在蓉企业提供成果转化应用场景，构建数字版权产业创新生态链。[1] 加快建设集政策发布、项目申报、供需对接、人才信息、服务管理等内容于一体的数字文化产业高标准综合服务平台，建设支持各类企业孵化器、众创空间、线上与线下投资结合的数字文创"双创"服务平台，有效打造"成渝口碑"。

2.打造数字版权行业多元共治体系，完善数字版权平台治理机制

原创内容与版权保护，始终是数字版权产业发展的核心。应用新技术加强对数字版权的多元保护和多方治理是数字化时代应对侵权问题的有效措施。首先需要加强平台自身的版权治理能力，运用数字化技术和内部监管治理体系的构建，最大限度地进行版权保护。尤其是重庆市数字版权产业正处于蓬勃上升期，当地头部企业应加强其内部版权治理保护机制，内容平台在每一个时代都面临着规则与技术的重塑，在关系链与算法推荐的加持下，其平台版权治理的理念与能力建设也应有所强化。例如短视频领域，由于其上传速度快、传播范围广，侵权形式五花八门，外部治理并不能很好地遏制内生无序混乱的版权侵权行为，只有平台内部通过设置开发和运营规范，加强维权管理，完善版权有效投诉机制，才能实现数字版权内容商业价值的有效升级。除此之外，版权联盟内部应构建行业规范，联盟作为第三方平台，不仅要起到桥梁的作用，亦需加强对各版权主体的版权保护和对运营行为的规范约束，共同构建良好的版权保护和运用生态环境。版权司法和行政部门则应加大打击盗版侵权行为的力度，加强对社会公众版权意识的引导和宣传，从根源上减少版权侵权行为。

3.促进成渝地区创新合作双循环，共创西部数字版权保护发展新格局

在2020年《川渝版权合作框架协议》的基础上，成渝地区就版权协同保

护、服务共享等进行了务实合作。但在纵深发展领域仍存在屏障，政策作为数字版权发展的基础，应充分发挥其对数字版权产业的引导作用，通过鼓励合作到自发融通，渗透至各个数字版权产业领域。通过"产学研"方式加强数字版权领域的合作和沟通，加快建设科技创新中心，通过区域版权产业的深化合作，增强区域创新能力。利用成渝双城经济圈建设的政策优势，加强成渝地区高校院所、数字版权产业园区的合作互通，设立统一的数字资产交易中心，推进数字版权交易，持续举办数字版权交易博览会，强化版权司法保护和服务管理，以推进成渝双城数字经济进一步向纵深发展，并辐射至周边区县及其他城市，发挥集群带动作用，共建西部数字版权融合发展新格局。

2021年长沙市数字版权
保护与发展报告

付继存　何海燕*

2021年，国家版权局批复同意长沙市创建全国版权示范城市。长沙成为中部六省唯一一家省会城市创建市。当前，长沙市以"三高四新"战略定位和使命任务为引领，以版权治理体系和治理能力现代化为目标，全国版权示范城市创建工作已初现成效。与此同时，长沙市数字版权产业正蓬勃发展，重塑着传统版权产业结构。本报告聚焦长沙市2021年数字版权保护与发展状况，一方面具体分析长沙市数字版权保护与发展情况，提炼其中亮点，为其他城市提供借鉴；另一方面对标其他版权示范城市，厘清长沙市数字版权保护与发展中存在的问题，提出相应建议，助力长沙市数字版权产业高质量发展。

一、长沙市数字版权保护与发展环境

（一）政策环境

1.大力创建全国版权示范城市，树立"严大快同"保护政策导向

长沙高度重视知识保护立法工作，将《长沙市知识产权促进与保护条例》纳入2020年、2021年立法计划，于2021年多次召开立法专项讨论会，走在

---

* 付继存、何海燕，中国政法大学。

全国城市地方立法的前列。同时，长沙市通过强化政策支撑，为数字版权工作的有序开展提供有力的制度保障。

第一，强化知识产权"严保护"措施。2021年，长沙市出台了《长沙市强化知识产权保护实施方案》，提出"强化严保护措施、健全大保护格局、建立快保护通道、营造同保护环境"，强调从重打击网络侵权盗版行为，对主观故意且情节严重的侵权行为依法适用惩罚性赔偿制度，实现对数字版权的"严保护"。

第二，开辟知识产权"快保护"通道。长沙市通过优化机制流程设计、提速简易案件处理、推动保护机构扩容，鼓励知识产权纠纷的多元化调解，加速纠纷解决。2021年，长沙市先后出台《关于加强知识产权保护与运用支撑长沙创建国家中心城市的实施意见》《关于新形势下进一步加强知识产权保护的若干措施》，提出建立由市委统筹全市知识产权保护工作长效机制，打造知识产权保护"全链条""一站式"服务平台，推动知识产权纠纷一站式解决，减少当事人负累。

第三，创建知识产权"大保护"格局。长沙市着力构建行政与司法协调联动的知识产权保护大格局，形成了高效、顺畅的知识产权保护统筹协调机制，开全国知识产权"大保护"格局之先河。

第四，推进数字版权"同保护"。为实现知识产权协同保护工作常态化，长沙市委、市政府成立了长沙市产权保护工作领导小组，由省委常委、市委书记担任组长，6名市级领导担任副组长，32家市直党政单位一把手为成员，领导小组办公室设在市委政法委。此外，长沙市于2020年推出《长沙市知识产权违法行为举报投诉奖励办法》，动员全社会共同参与知识产权保护监督工作。这一政策的出台，为打造数字版权的"同保护"格局营造了良好的社会氛围，有利于数字版权保护工作进一步提质增效。

截至2022年3月，长沙市对数字版权保护的重视已经落于实处，《长沙市创建全国版权示范城市实施方案》将实施版权管理能力提升、版权严格保护、软件正版化等作为主要任务；《长沙市"十四五"知识产权事业发展规划》则提出到2025年，全市版权产业增加值占全市GDP的比重达到8%，提出建成具有长沙特色的版权产业"三集群、一基地"[1]。

2.完善版权产业发展扶持政策，健全长沙版权创新激励机制

当前，数字经济已成为最具活力和增长动力的经济形态，是推动经济社会发展的重要支撑。数字经济的发展将加快版权产业的发展转型，在这一背景下，数字版权将成为经济发展新的增长点。长沙市作为"世界媒体艺术之都"，高度重视版权产业创新发展，为数字版权产业发展提供了有利的政策环境。

长沙市坚持问题导向，从全领域版权视角出发，聚焦全市版权创造、保护、运用、管理、服务全链条的突出问题，出台了一系列促进版权产业创新发展的政策文件。

第一，强化版权管理激励政策。版权管理是版权转化运用的重要环节。为激励企业进行版权管理，更好地实现版权的开发和运用，长沙市推出了一系列版权管理激励政策。2021年底，长沙市芙蓉区制定《芙蓉区促进文化产业集聚区高质量发展的若干措施（暂行）》，对辖区年度内符合条件的企业给予1万—10万元不等的奖励，激励企业进行作品登记。2022年初，长沙市推出《长沙市优秀版权奖奖励办法（试行）》，对版权示范单位的奖励最高将达20万元。

第二，重视优化版权服务政策。长沙市各区县（市）及重点园区都建立了版权服务工作站，打通了版权服务的"最后一公里"，开发了网上申报系统，实现了网上办、一次办的目标。长沙市还成立了马栏山版权服务中心，设立作品登记窗口、作品展示厅，建设"优版权"服务平台，并将区块链技术运用于该平台。2021年，"区块链+版权"服务平台进一步发展壮大，截至当年10月底，"优版权"服务平台完成作品区块链版权存证数超过90万件，版权侵

---

1 "三集群、一基地"是指以马栏山视频文创园为承载，以芒果超媒、中广天择等为主体打造长沙视频版权产业集群；以中南出版传媒集团为主体，联动湖南日报、长沙晚报打造数字出版版权产业集群；以工业设计、烟花鞭炮、非遗文化为重点，打造长沙设计版权产业集群、长沙版权国际化基地。

权监测数2318条，侵权取证保管量接近3万件，IP入驻机构达133家，IP入驻数量1945个。[1]

第三，着眼版权的转化运用。长沙市一贯重视知识产权的转化运用，在2019年率先出台《长沙促进驻长高校知识产权在长转化若干措施的通知》，打造了高校知识产权就地转化的"长沙样本"。数字版权的转化运用是促进数字经济发展的关键，长沙市有关促进知识产权转化运用的政策为数字版权的转化运用厚植根基。

综上，长沙市综合运用版权管理激励政策、版权服务政策、版权转化运用政策以健全版权长效机制，为数字版权营造了良好的保护与发展环境。

3.强化新业态领域数字版权保护，加强数字版权保护技术支撑

长沙市重视创新版权保护方式，运用技术力量为数字版权服务与宣传提供支撑。其一，长沙市高度重视对人工智能、移动互联网、区块链、大数据、地理信息、5G应用产业等新业态、新领域的知识产权保护。其二，长沙市重视加强计算机软件、互联网等领域著作权行政执法工作，强化对属地网站的著作权监管。其三，长沙市充分利用电子商务平台大数据推动线上线下联动执法，探索建立电子商务领域及数字经济领域知识产权保护长效机制。

在数字版权服务方面，长沙市区设有3个作品登记点，并开发了网上申报系统，实现网上办、一次办的目标。为优化数字版权服务，长沙市组建了"节目购"视频版权交易中心，[2]在马栏山视频文创产业园成立版权服务中心，搭建"优版权"平台，推动区块链存证、版权在线登记、版权交易、数据核验等开放平台的开发和部署，实现了证据在线保管和在线公证。

在数字版权宣传方面，长沙市积极运用技术支撑，营造数字版权保护的良好氛围。长沙市擦亮以"版权宣传周"、版权保护论坛、优秀版权评选、版权知识竞赛等活动为载体的宣传品牌，采用网络媒体、平面媒体和广播电视媒

---

1 数据由长沙市版权局提供。
2 该交易中心为全国最大的视频版权交易平台。

体全方位结合的方式进行版权宣传，提升全社会"尊重知识 崇尚创新"的文化环境。

综上所述，长沙市在新业态领域高度重视数字版权的保护与发展，积极运用新技术手段创新版权服务体系与版权宣传方式，为数字版权的发展安装技术这一动力引擎。

（二）市场环境

1.文化产业发达，数字版权发展底蕴深厚

长沙市拥有丰富的文旅资源与发达的文化产业，文旅资源为文化产业的发展奠定了坚实基础，也为数字版权的发展培植了深厚土壤。其不仅是楚文明和湘楚文化的发源地，还是首批国家历史文化名城之一。长沙市拥有多种红色旅游教育基地、历史人文景点、自然景点、娱乐休闲园，还有湘绣、菊花石雕、长沙花鼓戏等一批国家、省级非物质文化遗产。2021年，长沙市成功入选2021年度文化产业和旅游产业综合评价前十城市。[1]

丰富的文化资源为长沙市文化产业的发展打下了良好基础。长沙市不仅因其历史文化悠久、人文底蕴深厚，而被称为中国的"娱乐之都"，还因发达的演艺产业打造了"演艺湘军"的响亮品牌，形成了以湖南广播电视台为首的"广电湘军"，更是世界"媒体艺术之都"。文化产业是经济发展的重要增长点，而保护知识产权是文化产业高质量发展的内在要求。在数字经济高速发展的背景下，数字化将赋能文化产业快速发展。长沙文化产业发达、文化资源丰富，有着巨大的数字版权发展潜力与数字版权保护需求。

2.营商环境良好，为数字版权发展提供有力支撑

当前，数字经济已逐渐成为国民经济发展的"稳定器"和"加速器"，数字经济的高速发展推动了文化产业的数字化进程，也对数字版权保护能力提

---

1 文旅部公示2021年度文化产业和旅游产业工作拟激励地市名单，网址：https://baijia-hao.baidu.com/s?id=1726085246679062667&wfr=spider&for=pc，最后访问日期：2022年7月27日。

出了更高要求。为深入推进知识产权保护工作，长沙市推进了相应体制改革，并重新组建了长沙市知识产权局、长沙市版权局；长沙市中级人民法院设立长沙知识产权法庭，长沙市人民检察院率先成立知识产权检察局，长沙市公安局设立知识产权犯罪侦查支队；设立中国（长沙）知识产权保护中心，长沙市司法局指导成立知识产权仲裁院、知识产权人民调解委员会，长沙市民政局指导成立知识产权保护协会。通过一系列举措的实施，长沙的行政、司法和社会组织形成了共同保护知识产权的合力，为长沙市经济社会的高质量发展和一流营商环境的营造提供了强大动力和坚实支撑。通过多方位努力，长沙的知识产权保护与运用水平得到大幅提升，2021年公布的国家营商环境评价结果显示，长沙市的知识产权创造、保护和运用指标在全国80个城市中排名第8位，进入知识产权指标标杆城市之列[1]。

长沙市牢牢把握版权发展的数字化支撑这一关键，积极推动文化产业数字化，为数字经济创造良好发展环境。《中共湖南省委 湖南省人民政府关于实施强省会战略支持长沙市高质量发展的若干意见》提出，大力发展数字经济，加快建设全国一流的视频文创内容生产基地、数字制作基地和版权交易基地，搭建数字资产交易平台，推动技术、数据交易市场发展。《湖南省数字经济发展规划（2020—2025年）》提出，大力发展 4K/8K 等数字内容制作，推动超高清视频节目制作、包装、总控播出、传输系统升级改造，开展超高清视频直播服务。此外，积极构建"广电+互联网"智能一体化平台，打造智能新媒体平台；支持超高清视频与增强现实、虚拟现实、人工智能、5G 等技术的融合创新。上述举措为长沙市数字版权的进一步发展提供了有力支撑，为数字经济发展奠定了良好基础。

2021年，长沙市数字经济规模总量接近4000亿元，在2021年数字经济城市发展百强中居第12位，跻身数字经济新一线城市。这一成就不仅源于长沙市政府对数字经济的高度重视，还得益于优惠政策叠加。首先，长沙市先后出台

---

1 参见《长沙知识产权保护状况（2020—2021年）》。

了先进计算产业、软件和信息技术服务、工业互联网、人工智能等数字产业发展专项政策，并安排落实专项发展资金。其次，长沙市强化应用推广促进成果转化。全市围绕智慧城市、智能制造、智能产业等领域发布3批共247个应用场景，投资额超80亿元。最后，长沙市发布了"长沙城市超级大脑1.0"，支撑优化营商、文化旅游等12个业务领域的58类智慧应用场景。2021年，长沙市拥有文化及相关产业法人单位2.3万家，规模以上文化企业近1000家，从业人员30.7万人，排名中部城市第1位、全国城市第7位；拥有国家级文化产业基地11个、省级文化产业基地16个。总而言之，数字经济加速了文化产业发展，提升了长沙市的城市形象与开放程度，也为数字版权发展提供了良好的市场环境。只有大力推动数字版权发展，才能进一步促进长沙市数字经济提质增效，构筑长远发展优势的内生动力。

二、长沙市数字版权保护状况

长沙市始终坚持牢牢扭住版权保护这个"牛鼻子"，坚持行政保护和司法保护双管齐下，把行政执法作为版权工作的首要任务，切实加强行政执法保护力度，增强文化企业走创新发展道路的底气与信心。在数字经济蓬勃发展的当下，对数字版权的保护也刻不容缓。长沙市综合运用司法、行政、社会治理等多种手段增强其数字版权保护能力，数字版权保护工作持续走在全国省会城市前列。

（一）加强司法保护力度，专业化数字版权司法保护

1.新类型新领域著作权案件不断涌现，数字版权司法保护效能提升

笔者以中国裁判文书网为数据库，分别以"著作权权属、侵权纠纷""侵犯信息网络传播权纠纷"为案由，分别检索了2017—2021年长沙市各级人民法院著作权案件审理情况（见图1）。检索结果显示，2021年长沙市各级人民法院审理涉网著作权案件占著作权案件总数的一半以上，一审著作权权属、侵权纠

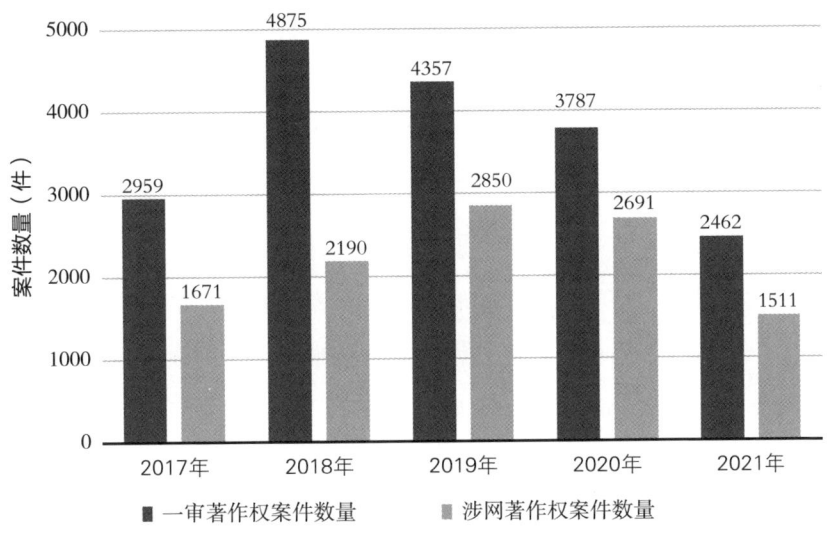

图1 2017—2021年长沙市各级人民法院著作权案件审理情况

纷共2462件，其中侵犯作品信息网络传播权纠纷共1511件，占比约为61.3%，较2020年有所下降，数字版权司法保护效能有所提升。

这些年，长沙市各级人民法院受理的著作权案件呈现作品类型多样化、侵权行为网络化、维权诉讼批量化等特点。在作品类型方面，除文字、美术、音乐、建筑、摄影、电影等传统作品外，还出现了口述作品、工程设计图、产品设计图、网络游戏等新作品类型。九成以上的著作权侵权案件与互联网有关，[1] 其中直接利用互联网侵害作品信息网络传播权和利用网络电商平台销售侵权书籍等传统作品的侵权案件比较突出。此外，著作权人就某一作品或者作品集，批量化集中提起民事诉讼的特点非常明显，电视节目、计算机软件、KTV音乐作品的维权诉讼较多。在新领域著作权侵权案件中，以"剧本杀"维权第一案[2]为典型。从2021年6月开始，长沙市某动漫公司发现其旗下热门"剧本杀"作品《病娇男孩的精分日记》被大量盗版，并在淘宝网、微信小程

---

1 长沙法院4年受理著作权案件18318件，网址：https://baijiahao.baidu.com/s?id=1731306912100408491&wfr=spider&for=pc，最后访问日期：2022年7月28日。

2 长沙市天心区人民法院（2021）湘0103民初11890号民事判决书，该案入选2021年度长沙法院知识产权司法保护十大典型案件。

序等多个平台被售卖。据不完全统计，作品正版与盗版的销量已达到1∶1，而盗版的最低价格仅为正版价格的1/5，这些侵权行为让该公司承受了超过200万元的损失。法院审理认为，该"剧本杀"的剧本内容分散于玩家所扮演的人物及线索卡片之中，但这种"分散性"并不影响作品的认定，遂判令被告停止侵权，赔偿损失。"剧本杀"具有一次性的特征，玩家知道了剧本案件的结果后一般不会再去体验，每卖出一本盗版，对创作者及发行方来说，都在损失潜在顾客。鉴于"剧本杀"创作者以及发行方维权难度大等问题，马栏山视听节目国际版权交易中心联合湖南立博律师事务所、马栏山创业投资管理有限公司以及众多剧本发行商，以剧本《病娇男孩的精分日记》为开端，联合启动"剧本杀"维权第一案，推动了"剧本杀"行业版权规范进程。

2.加大软件著作权保护力度，专业化数字版权司法保护

软件著作权是数字版权的重要内容之一，长沙市高度重视推进软件正版化工作，从源头加强正版化管理。建立健全市软件正版化工作联席会议制度，搭建起全市正版软件大数据管理系统，将软件正版化纳入信息化建设工作，在全国率先实现政府机关软件正版化。

计算机软件产业的发展是从传统制造业向先进"智造业"转型的关键，也是提升教育、医疗等民生产业和社会服务智慧化水平的基础。长沙法院每年审理涉计算机软件著作权案件约50件，且呈逐年递增趋势。涉计算机软件著作权案件的审理存在侵权证据取证难、代码比对鉴定难、案件审理周期长等困难。长沙知识产权法庭通过软件关键特征代码直接比对、专家咨询、技术鉴定等多种途径，不断完善软件著作权侵权判定方式，加大对软件著作权的保护力度，提高了审判质效。具体而言，一是持续建设技术专家库，充分调动各类专业技术人才资源，调动法院内具有理工科背景的技术力量，与省、市知识产权保护中心建立技术专家共享机制；二是发展一批具有专业技术背景的人民陪审员，提升案件审理的专业化水平；三是通过向技术专家咨询，向学界、业界专业技术人员咨询，加深对技术概念、技术背景、技术形成与演变等知识的了解，弥补案件审理过程中的技术盲点。

3.加强知识产权法庭建设，完善知识产权审判体系

长沙市有6个基层法院审理其辖区内的一审知识产权民事、行政案件，其他地市州各有1个基层法院审理该市州辖区内民事案件诉讼标的额100万元以下的一审知识产权民事、行政案件。为加强知识产权案件审理能力，长沙市成立了长沙知识产权法庭，积极构建起以长沙知识产权法庭为中心、以6个基层法院为支点的现代审判格局。长沙知识产权法庭打破传统模式，实施民事、刑事、行政"三合一"审判模式，以民事审判定纷止争，以刑事审判打击犯罪，以行政审判助推依法行政。此外，还通过在全省率先推出知识产权裁判文书制作简化模式、搭建"1+4"知识产权纠纷化解平台、在审判阶段即提前做好执行预案等方式积极保护著作权。

2021年初，在全省法院人民法庭优化整合、升级改造的形势下，经省编办批准，新建立开福区马栏山人民法庭、天心区创谷人民法庭，并协调地方党委政府完成审判场地、设施信息化，系统软、硬件建设等初步规划工作，专门审理知识产权案件，在全市形成了"1个知识产权法庭下辖4个中心审判庭"[1]的知识产权审判体系。两级法院充分发挥"三审合一"的审判职能，推动形成了以民事保护为主、以刑事保护和行政保护共同发力的全方位知识产权保护格局。此外，长沙法院还大力推动法庭信息化建设，专业化数字版权保护。市政府、湘江新区统筹安排专项资金2576万元，充分利用计算机技术、网络技术、视频数字化技术、人工智能、物联网、区块链、AR/VR等新技术，建设数字化、智能化、科技型法庭。

（二）整治数字版权重点领域，加快形成版权共治局面

1.突出数字版权整治重点，聚焦数字版权重点领域

2021年，长沙市开展打击网络侵权盗版"剑网2021"专项行动，重点加

---

[1] 在管辖范围上，天心区人民法院管辖芙蓉区、雨花区、天心区，岳麓区人民法院管辖望城区、宁乡市、岳麓区，长沙县人民法院管辖浏阳市、长沙县，开福区人民法院管辖本辖区。

强对短视频、网络直播、体育赛事、在线教育等领域的侵权盗版行为的监管。长沙市网信办动员各区县（市）网信办对所属辖区的相关信息搜索巡查、日常浏览予以重点关注，将传播影视、音乐、新闻、软件等作品的重点网站列入监管名单，加强技术支撑和信息真实性评估，完善技术鉴别手段，建立投诉举报快速处理机制，并建立 "黑白名单"制度，公布长沙市重点保护作品 "白名单"，曝光专门从事侵权盗版互联网企业 "黑名单"（见表1）。2021年，长沙市全年清理查处涉嫌侵权盗版视频共1918个，封禁126个违规账号；文化执法部门对出版物市场、印刷市场、文化娱乐市场、互联网文化单位等涉及版权保护的企业共出动检查3.4万人次，检查经营单位近1万家，查处办理不同类型著作权行政处罚案件42件，没收违法所得并处罚款共计52.56万元。[1]

表1　长沙市2019—2021年 "剑网" 专项行动开展情况总结

名称	开展情况
"剑网 2021" 专项行动	将传播影视、音乐、新闻、软件等作品的重点网站列入监管名单； 重点加强对短视频、网络直播、体育赛事、在线教育等领域的侵权盗版行为的监管； 对出版物市场、印刷市场、文化娱乐市场、互联网文化单位等涉及版权保护的企业共出动多次检查
"剑网 2020" 专项行动	聚焦视听作品、电商平台、社交平台、在线教育和重点领域等 5 个领域的版权情况； 将传播影视、音乐、新闻、软件等作品的重点网站列入监管名单
"剑网 2019" 专项行动	对属地各类网络平台、自媒体公众号的流媒体、图片、短视频、有声读物、知识分享、网络直播等进行全面排查； 针对传播影视、音乐、新闻、软件等作品的网站开展多次专项检查行动

----

1 数据由长沙市版权局提供。

长沙市还成立了网络版权保护联盟，进一步发挥好网络版权执法的震慑作用；开展了"春季督查专项行动""春节两会整治专项行动""护苗行动""网络直播行业整治"等专项行动。2020—2021年，长沙市共查处办理著作权行政处罚案件39件。其中，查办的杨某未经著作权人许可通过信息网络向公众传播其作品案被列为2021年度中宣部、公安部等六部委督办案件。在《扫黑·决战》《速度与激情9》等系列影片盗录案中，长沙市文化市场综合行政执法局于2021年11月2日作出警告、没收违法所得31685.46元、罚款50000元的处罚。[1]

2.跨区域版权合力保护，版权区域协作一体推进

长沙市通过行政执法维权联动化，实现了对数字版权的强有力保护。长沙市抓牢"保护"，实现多部门、跨领域知识产权保护协作。一方面，制定《2021年长沙市知识产权行政执法工作方案》，定期开展知识产权专项行动，提振市场主体信心。另一方面，重视加强长株潭行政执法工作协作，确保三市的执法优势形成合力。为贯彻落实长沙市委市政府着力推进长株潭一体化发展的决策部署，三市知识产权局共同签订《长株潭知识产权资源共建共享合作协议》《长株潭知识产权行政执法协作工作机制》等协议；三市联合启动"强化知识产权区域协作，护航长株潭一体化发展"的知识产权宣传周活动，提升区域知识产权协作水平。2021年，组织开展多次知识产权业务培训，有效提高三市知识产权从业人员的能力和水平。此外，在跨区域协作上，长沙市与北京市朝阳区知识产权部门开展战略合作；与武汉、南昌、合肥的市场监督管理局（知识产权局）建立知识产权信息共享机制，形成版权保护合力，促进数字版权保护。

3.加强版权协同保护，形成数字版权共治局面

长沙市通过多方面努力打造数字版权共治局面，切实提升全市数字版权协同保护水平。第一，强化行政执法与刑事司法"两法衔接"。长沙市细化完善著作

---

[1] 数据由长沙市版权局提供。

权侵权判断标准和计算机软件著作权侵权案件的货值认定标准，推进行政执法和刑事司法立案标准的相互衔接，完善案件移送等相关规则。这一举措有效节约了社会资源，实现了 "1+1 > 2" 的效果。第二，充分调动社会各方面力量实施监督。长沙市充分利用12345市民服务热线、市长信箱、12318文化市场投诉热线等投诉举报方式。各单位有效运用新媒体、新技术，依托各种平台开展丰富多彩的主题宣传活动，宣传专项行动的措施、进展和成效，畅通投诉举报渠道，方便权利人及社会各界积极提供案件线索。第三，引导企业数字版权保护责任落实。长沙市通过对数字版权有关企业加强监督，确保互联网企业主体责任落实到位，增加版权共治力量。例如，对长沙市的互联网企业进行约谈，宣讲有关版权方面的法律法规文件，明确其版权监管责任和配合调查义务，严格督促网站落实内容管理责任。对从事新闻信息服务、具有媒体属性和舆论动员功能的互联网网站、客户端、微信、微博、博客、论坛等网络信息平台落实总编辑负责制，健全内容管理审核制度，从而实现数字版权保护"前置"，降低数字版权侵权发生率。

综合上述举措，长沙市将社会监管、行业自律、版权合作有机结合起来，有利于形成数字版权共治局面，全力护航长沙市文创产业高质量发展。

（三）以版权示范企业为引领，积极开展数字版权行业自治

除了对数字版权进行司法保护、行政保护外，长沙市还积极开展数字版权行业自治，提升数字版权行业自律水平。以长沙市版权示范企业为例，其在数字版权自治方面所具有的共性为：重视优质数字版权内容创造；重视数字版权管理，建立全流程数字版权管理与维护制度，重视对作品进行及时登记；重视软件正版化工作，综合运用技术手段进行数字版权管理与应用，建立企业自有知识产权信息数据库等。表2列出了2021年长沙市版权示范企业数字版权管理情况。

表2 2021年长沙市版权示范企业数字版权管理情况

企业名称	数字版权管理情况
湖南山猫吉咪传媒股份有限公司（长沙市版权示范企业）	不断创造优质版权，转换为数字产品，与经济、科技等众多领域走向深度融合； 2021年度新增优质版权作品1173件，累计3500多件，创作完成14000多分钟拥有完整自主版权的原创动画； 加强版权内容科教应用，将系列版权内容与人工智能进行数字融合
天舟文化股份有限公司（全国版权示范单位、长沙市版权示范单位）	健全版权工作机制，设立知识产权管理研发部门及配套奖励机制，注重版权保护宣传教育，内部宣传培训制度化、经常化； 积极开展版权登记工作，完成600件以上版权登记； 软件正版化工作持续进行，实现公司办公软件全面正版化
学海文化传播股份有限公司（全国版权示范单位）	实现软件正版化改造，开展版权宣传教育工作，实现研、产、销结合； 强化作品保护工作机制，全流程实现作品跟进，重视作品登记申报； 建立企业版权信息数据库，大力推进版权资产管理工作
中广天择传媒股份有限公司（全国版权示范单位）	专注优质版权内容运营，制作优质视频内容； 将版权保护作为内部管理工作的重要组成部分，邀请专家学者进行互联网版权内容生产与保护等方面的专业培训； 严格加强版权保护，通过多重制度流程树立版权保护理念，将版权保护融入版权节目生产经营全过程； 2021年度新增登记作品590件，对版权资源共享平台关键技术申请保护
湖南盘子女人坊文化科技股份有限公司（全国版权示范单位、长沙市版权示范单位）	现拥有作品著作权1303个、软件著作权13个，原创研发作品均已申请作品著作权登记； 以中国传统文化和影视文学为研发灵感，与国内多家知名影视公司达成IP合作； 开展正版软件采购工作，初步建立知识产权信息数据库

长沙市数字版权相关企业不仅积极进行数字版权管理，还踊跃参与版权博览会等展会活动，大力宣传数字版权产业发展情况。2021年，湖南首次参展第八届中国国际版权博览会。湖南馆以"视听马栏山，魅力新湖南"为主题，

围绕"文化科技融合、版权示范引领、优秀作品展示"这一主线，设置了建党百年、"电视湘军"、"出版湘军"、动漫游戏、示范创建等主题板块，汇聚了芒果tv、中广天择等视频版权龙头企业，中南传媒、天舟文化等出版龙头企业，以及盘子女人坊、山猫卡通等"全国版权示范单位"的优秀版权作品，全方位展示了湖湘版权魅力，集中展现了湖南版权产业全面推进文化产业高质量发展的成就。

三、长沙市数字版权产业发展情况

（一）数字版权登记量爆发式增长，数字版权产业展现蓬勃生机

长沙市启动全国版权示范城市创建工作后，提出用两年时间培育一批重点版权产业集群和知名版权产品，在"电视湘军"、"出版湘军"、"动漫湘军"、机械制造、人工智能、烟花鞭炮等主导产业和特色企业形成一批高价值作品和核心版权；同时，实现作品登记和计算机软件登记数量年均增长50%和15%以上。为实现这一目标，长沙市出台一系列政策，并持续提高数字版权保护水平，推动数字版权产业发展壮大。经过一年的发展，长沙市数字版权市场规模大幅提升。2021年，长沙市作品登记量呈爆发式增长，达58158件，是2020年登记量的10倍。[1] 此外，软件著作权登记数量为34652件，同比增长超39%，展示了长沙市版权创造的蓬勃生机。在版权运用方面，马栏山视频文创产业园的版权平台交易额达到1.72亿元。"优版权"平台的版权交易由2020年的0笔迅速增加到2021年的5017笔。在版权优势企业存量方面，长沙市登记软件著作权的企业数量比上年度增长20%，登记软件著作权的个人数量比上年度增长30%。[2] 两年来，长沙市版权产业规模稳步提升。2020年，长沙市版权产

1　版权作品登记量将达8万件　长沙推进全国版权示范城市创建工作，网址：https://baiji-ahao.baidu.com/s?id=1731242788028565511&wfr=spider&for=pc，最后访问日期：2022年7月27日。

2　数据来源于长沙市版权局。

业实现增加值919.51亿元，占当年全市GDP的7.57%。2021年，长沙市版权产业实现增加值1011.46亿元，约占当年全市GDP的7.62%，均高于全国版权产业增加值占GDP的比重。[1] 在"2021马栏山版权保护创新论坛"上，长沙市有5家企业共13件优秀作品参加了湖南版权作品云展，版权交易签约额达到1.44亿元。

（二）重点打造"三集群、一基地"，聚焦视频版权与数字出版

作为世界"媒体艺术之都"，长沙市力争在2023年建成"全国版权示范城市"，重点打造"三集群、一基地"，即视频、数字出版、设计三大版权产业集群和长沙市版权国际化基地。截至2022年3月，长沙市有全国版权示范单位9家、全国版权示范园区2个（长沙天心文化产业园和马栏山视频文创产业园）。长沙市积极发挥现有产业优势，针对视频版权与数字出版持续发力。

视频版权方面，以马栏山视频文创产业园与"广电湘军"为代表。马栏山视频文创产业园是以数字视频创意为龙头，以数字视频金融服务、版权服务、软件研发为支撑的视频产业集聚区，是文化科技融合、创新创业的典型示范基地。2021年，马栏山视频文创产业园被国家版权局正式授予"全国版权示范园区"称号，其实现企业营收500亿元，同比增长25%，比2018年增长168亿元。马栏山视频文创产业园已成为省市共建的文化产业园区，形成"北有中关村，南有马栏山"的创新发展格局。另外，以湖南广播电视台、快乐阳光互动娱乐传媒和中广天择为主的"广电湘军"不仅是长沙文化产业的重要组成部分，对全国广播电视领域发展也起到了重要作用。2021年广播电视集成播控实现营业收入118.3亿元，比上年增长21.1%，占全市"百强文化企业"营业收入的13.0%。全市"百强文化企业"中电视业企业有3家，实现营业收入52.3亿

---

1 长沙创建全国版权示范城市，2021年版权产业增加值过千亿，网址：https://view.inews.qq.com/k/20220426A0C3FP00?web_channel=wap&openApp=false，最后访问日期：2022年7月27日。

元，占全市"百强文化企业"营业收入的5.8%。[1]此外，长沙天心文化产业园建立了创谷音频产业知识产权保护交易平台，促进了原创音频作品的保护和交易，以技术支撑长沙市数字版权产业发展。

在数字出版方面，以中南出版传媒集团股份有限公司（以下简称中南出版传媒集团）为主体，联动湖南日报、长沙晚报打造数字出版版权产业集群。数字技术对传统文化的赋能效果显著，数字出版也让传统文化的传承有了更为丰富的载体。例如，中南出版传媒集团引进全球最大在线版权交易平台IPR License，实现了版权交易全流程线上运营。该公司连续多年被评为"国家文化出口重点企业"，多次荣获"版权输出先进奖""优秀版权输出奖"，连续13年位列"中国文化企业三十强"，2021年被授予"全国版权示范单位"称号。[2]天闻数媒科技(北京)有限公司是中南出版传媒集团旗下的数字出版企业，以开拓数字教育、大众数字阅读和政企学习市场为主要业务。该公司在整合全产业链资源的基础上，致力于提供数字内容资源、数字化服务、数字阅读整体解决方案，全力建设中南数字资源库，在中国移动阅读基地MCP总排名中居传统出版集团（社）第1位。

四、长沙市数字版权保护与发展面临的问题及建议

（一）长沙市数字版权保护与发展面临的问题

1.数字版权领域保护合力不足，多元共治局面仍需完善

长沙市为实现知识产权协同保护工作常态化，成立长沙市产权保护工作领导小组，开创了知识产权保护联席会议机制，推动行政与司法协调联动，建

---

1 长沙"百强文化企业"发展情况分析，网址：http://www.changsha.gov.cn/szf/ztzl/sjfb/tjfx/202202/t20220223_10479979.html，最后访问日期：2022年7月27日。
2 中南出版传媒集团股份有限公司等获授牌"长沙市版权示范单位"，网址：https://baijiahao.baidu.com/s?id=1731161630844897887&wfr=spider&for=pc，最后访问日期：2022年7月27日。

立案件协调机制和信息互通共享机制，但在数字版权协同保护上仍有不足。具体而言，全社会对数字版权保护重要性的认识仍需要进一步加强；随着新技术、新业态的蓬勃发展，数字版权保护的法治化水平与新技术、新业态发展的客观需求之间存在一定差距；数字版权领域仍存在侵权易发多发和侵权易、维权难的现象；数字版权侵权违法行为呈现新型化、复杂化、高技术化等特点。长沙市数字版权领域侵权多发，新兴短视频领域成为著作权侵权的高发地带，部分网站为了节约成本，通过技术手段"抓取"或者"搬运"他人享有著作权的视频，使得短视频领域正成为互联网知识产权侵权的高发地带，亟待整治。同时，出版行业经营主体向网络平台的转授权不规范、管理不严格。因此，数字版权领域所涉及的多元主体仍需加强对数字版权的保护。

2.高质量、高价值数字版权偏少，与一线城市差距较大

长沙市数字版权整体质量效益不够高，高质量、高价值数字版权偏少。单就作品登记数量而言，长沙市与一线城市相比存在很大的追赶空间。2021年，北京市作品登记量达到1025511件，占全国登记总量的25.74%；而长沙市作品登记数量不足60000件，即便是更西部的成都，其作品登记数量也已达到9.2万件，计算机软件著作权登记达12.08万件。[1]作品规模在一定程度上限制了高质量作品的数量，缺少核心数字版权，是困扰长沙市数字版权发展的重要方面。长沙市的数字版权发展仍处于起步阶段，目前虽已出台一系列配套政策，但相比于一线城市乃至一些西部省会城市仍然存在不足。

3.数字产业占比偏低，数字版权贡献能级有待提升

数字产业化与产业数字化是数字经济的重要表现。其中，数字产业化即信息通信产业，具体包括电子信息制造业、电信业、软件和信息技术服务业；产业数字化是指传统产业应用数字技术所带来的产出增加和效率提升部分，包

---

1 "激发创新活力 创享知识经济"四川成都2022年版权保护主题宣传系列活动启动，网址：http://www.ipraction.gov.cn/article/xwfb/gnxw/202207/379372.html，最后访问日期：2022年7月27日。

含融合型新产业、新模式、新业态。[1] 数字经济的发展将加快传统版权产业的数字化转型。

在数字经济加速发展的背景下，尽管长沙市已在视频、数字出版等产业逐渐实现数字技术赋能版权产业，但仍有大量的文化资源未能实现数字化开发与保护。在数字版权产业结构上，长沙市文化产业仍以高消耗、低附加值型的传统文化产业为主。数字出版、动漫游戏等高附加值文化业态蕴含着丰富的数字版权资源，而长沙市此类高附加值文化业态的规模相对偏小、占比偏低，对全市文化及相关产业的贡献还有待提高。在数字版权资源整合上，打造长沙市完整的数字版权产业链仍面临挑战，数字版权贡献能级有待提升。以数字出版产业为例，在产业链上游，技术提供商与传统出版单位存在矛盾；在产业链中游，网络运营商自身数据整理问题严重；在产业链下游，电子图书、数字期刊等的营销与一般消费者仍是距离甚远。

（二）长沙市数字版权保护与发展建议

1.完善数字版权协同保护机制，提升数字版权多元共治合力

加强数字版权保护，一是要完善政策体系。全面梳理长沙市数字版权创造、运用、保护、管理、服务各个环节的政策措施，加强政策集成，及时调整、出台切合实际、操作性强、令创新主体满意的政策措施；探索构建大数据等新领域和新业态的规则制度，促进数字版权产业健康发展。二是要提高版权人和全社会的版权意识。提升社会总体的版权保护意识，加强宣传引导，推进作品自愿登记制度，实现个人、企业信息可追踪化，从而有效解决侵权问题，降低侵权行为的发生概率和维权成本；政府要健全数字版权维权援助机制，加强数字版权维权工作。三是要完善数字版权保护工作体制机制。加大知识产权检察职能整合改革力度，加强机构设置及人员配备，进一步强化统一履职效能；推动各部门之间的沟通联系，不断完善案件移送、信息共享等协作制度，

---

[1] 参见中国信息通信研究院《中国数字经济发展报告（2022年）》。

着力提升综合执法效能。

同时，在数字版权纠纷解决上，倡导发挥多元共治力量。具体而言，一是要完善数字版权多元纠纷解决机制；推动数字版权纠纷调解工作覆盖纠纷易发多发的重点区域和行业领域；推进数字版权纠纷诉调对接工作。二是要完善数字版权仲裁案件处理机制。积极推动权利人与互联网企业、行业协会建立版权合作保护机制，建立完善网站版权信息库、权利人维权绿色通道和海外知识产权援助机制，引导权利人通过调解、仲裁、诉讼等多种渠道依法解决纠纷。

2. 发挥产业集群优势，推动数字版权产业融合发展

为推动数字版权产业加速发展，应当充分利用现有产业集群优势，开发本土版权资源。一是积极扶持芒果tv、中广天择等本土文创企业，大力推进爱奇艺、腾讯、优酷、百度、今日头条等企业视频业务落户马栏山，通过"引进龙头、扶持小微、带动周边"的全产业链方式建造"中国视谷"。二是重构动漫游戏业，打造"动漫湘军""游戏湘军"。依托高校人才资源与产业基础，搭建产学研交流合作平台，通过深入挖掘长沙历史文化和购买网络文学IP等方式，制作高质量、全年龄段的动漫游戏作品，并通过加大与会展、教育、主题公园、衍生品等相关产业融合发展的方式推进长沙动漫游戏产业发展。[1]

同时，长沙市也需要优化传统文化产业结构，推动数字版权融合发展。推动马栏山视频文创产业园建设，进一步集聚资源要素，强化硬件建设和软件服务，着力打造具有全球影响力的数字视频产业链基地和媒体融合新地标。推进长沙信息产业园、长沙天心文化（广告）产业园、后湖文化艺术园等品牌园区差异化、特色化发展。当前，我国正处于媒体融合快速发展、传媒行业全面转型升级的新时期，长沙市的视频内容制作行业发展前景被普遍看好，但同时烟花鞭炮、出版印刷等传统文化业态总量较多、占比较高。因此，既要依靠马栏山视频文创产业园等一批国家级、省级文化园区，加大产业链招商力度，大

---

1 长沙文化产业发展现状与问题研究，网址：http://tjj.hunan.gov.cn/tjfx/sxfx/zss/201811/t20181112_5186090.html，最后访问日期：2022年7月27日。

力引进文化产业主要领域的上下游项目及人才，建设具有全国竞争力的新兴文化产业链条；[1] 也要利用数字和网络技术与传统文化产业充分融合，开拓传统文化业态新发展领域，积极发挥数字版权激励作用。

3."数智化"赋能版权产业，促进数字版权高质量发展

随着互联网、云计算、大数据等技术的发展，数字经济正在以惊人的速度赋能各行各业，为产业带来了巨大的发展机遇。新科技不仅可以提升版权经济的效率效能，也会降低社会成本。同时，由于区块链等技术的发展，为版权的数字化创造和运用提供了更多可能性。长沙市应当继续强化版权产业"数智化"发展，以长沙高新区等国家级、省级文化和科技融合示范基地为核心载体，以5G高新视频多场景应用国家广播电视总局重点实验室、数字文化创意智能设计技术文化和旅游部重点实验室为支点，加快传统文化产业数字化转型、强化新技术、新产品、新装备在文化领域的示范作用。

长沙市应坚持把创建全国版权示范城市与推动版权产业发展、促进文化大发展大繁荣结合起来，实现版权保护、运用与技术力量的有效结合；不断完善版权产业扶持政策，加快智力成果转化，大力推进结构调整和发展方式转变，实现版权产业全链条有序运转，使版权工作与长沙市经济社会文化发展水平相适应；以创建全国版权示范单位和示范园区为抓手，通过示范引领、以点带面，推动全市影视传媒、出版印刷、演艺娱乐、数字经济等产业成为版权密集的产业集群。

1　长沙"百强文化企业"发展情况分析，网址：http://tjj.hunan.gov.cn/hntj/tjfx/sxfx/zss/202202/t20220222_22486728.html，最后访问日期：2022年7月27日。

2021年佛山市数字版权
保护与发展报告

付继存　张王茹*

佛山于2019年获批创建全国版权示范城市。2021年，佛山高质量推进全国版权示范城市创建工作，围绕《佛山市创建全国版权示范城市两年行动计划（2021—2022年）》，推进版权管理提升、版权创造提质、版权运用促进、版权保护强化、版权服务优化、版权形象塑造六大行动。佛山深刻把握当前数字化的发展趋势，洞悉数字经济的重要作用，综合数字经济、文化产业与数字作品的融合发展局面，出台具体举措加强数字化作品创作、传播。本报告系统梳理2021年佛山数字版权保护与发展状况，明确佛山数字版权产业发展态势，对存在的问题进行综合研判，结合发展目标提出针对性的对策与建议，以期促进佛山数字版权发展，并为传统南方城市数字版权发展提供蓝本。

一、佛山市数字版权保护与发展环境

（一）政策环境助力数字版权全链条发展

1.出台专项行动计划，大力促进版权创造、加强版权保护

佛山高度重视本地区经济发展，将版权作为提高创新支撑能力、优化创

★ 付继存、张王茹，中国政法大学。

新生态系统、打造一流营商环境的重要抓手。2021年，《中华人民共和国国民经济和社会发展第十四个五年规划和2035年远景目标纲要》发布后，佛山跟随宏观政策的指引，发布《佛山市国民经济和社会发展第十四个五年规划和2035年远景目标纲要》，提出高标准建设国家知识产权示范城市，全面提升知识产权创造、运用、保护、管理和服务能力，有效支撑全市重点产业知识产权高质量发展的总要求。同年，佛山推出《佛山市创建全国版权示范城市两年行动计划（2021—2022年）》，全力支持版权创新创造、加强版权运用及保护。

在版权创造方面，佛山出台具体政策提供专项资金扶持，通过标准化定级推动版权创新能力提升。佛山市版权局等部门针对原创文艺作品、版权示范单位、版权示范园区和优秀版权作品均提出针对性扶持方案并出台具体的扶持办法，进一步提高资助扶持力度，最高资助金额达100万元。为挖掘版权精品，培育版权发展领头羊，2021年出台《佛山市版权发展"十四五"规划》，要求将版权精品纳入版权重点保护名录，层层定级，起到版权引领示范作用。同时，与各大赛事、行业协会、基层管理部门对接，发挥版权宣传的促进作用。

在版权保护方面，佛山持续推动多方联动协作办案，出台各种举措加强版权保护实效。《佛山市版权发展"十四五"规划》中提出，要持续发挥佛山市知识产权联席会议、佛山市版权行政与司法保护联席会议的作用，完善执法联动、信息共享、协作办案的有效机制。具体落实方面，佛山持续加强版权行政执法力度，针对重点领域开展专项行动，包括强化网络领域版权监管、持续开展打击网络侵权盗版"剑网行动"。为了加强对政策实施效果的研判，对下一步改进作出具体指引，佛山持续发布"佛山版权十大案件"，并综合现实情况出台《佛山市中级人民法院关于全面加强知识产权司法保护的实施意见》，帮助明确著作权审判方向，破解举证难、维权成本高等问题。

2.推出版权产业化、数字化实施政策，加强数字版权运用转化

产业化是版权作品转化、生发经济活力的重要途径，产业发展也对城市文化与经济的进步起着极其重要的促进作用。随着数字技术的不断发展，催生了诸如抖音、淘宝等线上电商平台，给数字版权产业发展带来新机遇。在此背

景下，佛山高度重视版权与产业化、数字化的深度融合，为数字版权产业发展提供了有利的政策环境。

第一，专项政策引导产业实践。佛山是制造业大市，为推动制造业与数字版权结合，佛山政府出台多方政策，在版权前端转化上，大力推进制造业数字化转型，为融合发展奠基；在版权、产业融合发展上，大力促进相关理论研究的开展，切实指引产业实践。具体而言，出台《佛山市推进制造业数字化智能化转型发展若干措施》，在资金财政、集群发展、资源供给等多方面提供支持。在理论指引上，明确提出推动召开版权与产业融合发展研讨会，组织国内著名专家学者及版权从业人员，对版权相关产业等方面开展专题研究。在具体实践上，通过研讨会或论坛对研究成果进行论证和推广，为佛山产业发展提供理论支持和权利保障，形成产业与数字版权联动发展、相互促进的良好态势。

第二，加强相关产业布局。佛山紧抓传统版权产业与数字化新兴产业，努力推动版权管理和运用水平提升。对传统版权产业，《佛山市版权发展"十四五"规划》要求重点完善传媒出版、工业设计等产业版权资产管理制度，规范作品资源的开发、运用和授权。针对数字化信息产业，《佛山市创建全国版权示范城市两年行动计划（2021—2022年）》要求加强对产业情况的基础性、全面性把控，推动重点企业发展。一方面，开展计算机软件著作权登记调研统计，出台佛山软件著作权登记报告；另一方面，建立以开发通用软件、物联网软件、云计算软件等为主的优秀软件企业重点名录，不断提升数字版权的管理和运用水平，促进数字版权运营与版权价值实现。

第三，加强版权平台构建。为提升企业、产业对新兴技术的利用度，促进产业发展，佛山持续推进综合性、专门性平台构建。2021年，建成佛山版权中心，形成集版权工作展示和社会服务于一体的专业化版权多功能载体。《佛山市创建全国版权示范城市两年行动计划（2021—2022年）》提出，将南方影视中心、动漫产业基地建设作为发展的重点，不断完善和落实影视产业发展专项扶持政策。在此基础上，根据各区产业发展特色，开展不同主题的影视创作活动，推动影视作品的深度开发和综合运营，真正激发数字作品的经济价值。

3.紧抓数字经济的重要作用，强化作品数字化发展与传播

数字经济进步与数字版权发展密切相关，一方面，数字版权的保护与发展能够赋能文化产业，推动数字经济进步；另一方面，数字版权的繁荣也离不开良好的数字经济环境。在加深、加快经济数字化发展进程的宏观要求下，佛山出台相关政策，高度肯定版权发展对数字经济的重要作用，并提出一系列具体举措，加强数字化作品创作、传播。2021年《"数字佛山"建设总体规划——佛山市智慧城市和数字政府建设（2021—2025年）》发布，其中将"数字佛山"建设作为构筑数字化时代城市竞争新优势的战略选择，明确提出建设"数字+兴业"引领产业转型的新格局，要求强化知识产权运营能力，推动重点产业数字化发展。针对文化产业发展，佛山出台《佛山市建设高质量文化导向型名城三年行动计划（2020—2022年）》，通过对标国内优秀城市乃至世界一流工业城市，突出重点、精准施策，加快文化产业培育壮大，提升文化产业影响力和竞争力。在此基础上，《佛山市创建全国版权示范城市两年行动计划（2021—2022年）》进一步明确加强数字化作品创作和传播的具体举措：在作品创作上，全力支持基于5G、超高清、人工智能等高新技术的发展，加强数字技术支持下的出版、电竞、电子音乐、网络视听等数字作品创作；在作品传播上，进一步提升新闻传媒单位数字版权的保护意识和创作水平，增强官方新媒体的主流传播力。同时，支持举办佛山国际电子音乐产业论坛，借助"音乐+互联网"的信息技术，推动形成良好的电子音乐原创生态。

（二）市场环境激发创新创造源泉

1.非遗民间文艺资源丰富，数字版权创新基础深厚

随着物质生活的不断丰富，人们对精神生活的追求愈加重视。"怀旧"文化的兴起，引发了新的消费热潮，加之数字技术发展改变了作品的创作、展现、传播方式，也为数字版权产业提供了发展新思路。佛山拥有粤剧、陶瓷、剪纸等优秀传统文化，数字版权产业发展具有深厚的文化基础及强劲的后发力量。截至2021年底，佛山市拥有国家级非物质文化遗产11个，排名全省第3

位；省级非物质文化遗产数量排名全省第5位。[1] 佛山市共有全国重点文物保护单位8处、省级重点文物保护单位63处、市级重点文物保护单位280处，国家级文物保护单位数量仅次于广州、韶关和潮州，排名全省第4位，省级重点文物保护单位数量排名全省第1位。[2] 如前所述，佛山市文化遗产质量和数量均位居全省前列，具有较明显的质量优势和数量优势。悠久的历史及丰富的文化资源为版权创新创造提供了丰厚的文化土壤，数字技术则进一步深入挖掘本土非遗文化资源的版权价值，为木版年画、陶塑技艺、香云纱等非遗项目注入发展新活力，有效推动了本土非遗文化资源产业链向后端延伸。与此同时，为充分开发本地历史文化资源，佛山将非物质文化遗产等民间文艺的版权保护列为数字版权提质增效的重点方面，推动民间文艺融入现代生活、现代科技、现代产品和现代审美，朝着打造"世界手工艺与民间艺术之都"的目标努力。总体而言，丰厚的传统文化资源为佛山数字版权产业的创新发展奠定了深厚基础。

2.数字版权发展环境不断优化，数字版权创新活力显著提升

为促进数字版权产业发展，佛山高度重视相关发展环境建设，大力构建多元技术平台及产业联盟，加强对公众版权管理指引。首先，佛山推动相关技术措施不断发展优化，构建起丰富的数字化平台。具体包括"区块链+工业设计"版权交易平台、"E防标原创保护平台"、佛山电子证据固化平台、EC源版权备案交易平台等多个企业自主开发运营的平台。其次，佛山创新探索成立版权产业发展联盟。该联盟不仅为企业提供版权扶持申请指导、版权保护指引等基础服务，同时针对企业需求，为联盟成员提供精准版权推广等特色服务。最后，佛山相继开展"版权百企行"、"正版正货"承诺、"版权维权保险+服务"、版权"进机关、进企业、进校园"等活动，为企业和公众讲解版权发展新趋势，助力企业逐渐形成版权资产管理意识，营造良好的创新创造氛围。

在此环境下，公众版权创新热情不断提升，版权保护意识不断加强。作

1　2021年度广东博物馆事业发展报告出炉 佛山非国有博物馆数量居全省第二，网址：https://www.foshannews.net/h/191/20220517/461243.html，最后访问日期：2022年8月6日。

2　数据来源于佛山市版权局与佛山市文化广电旅游体育局。

为地区数字版权创作能力的重要体现，佛山作品登记数量连续10年增长，2021年达25199件，同比增长25.16%。其中，作品著作权登记14319件，同比增长25.94%，居全省第2位。与珠三角城市对比分析，佛山每亿元GDP的作品著作权登记量为1.18件，高于珠三角其他城市。[1] 同时，在相关政策及联盟的指引下，版权精品不断涌现，目前共有全国版权示范园区和单位4家，两年内实现零的突破，增至4家，新增数量居全国地级市首位。[2]

二、佛山市数字版权保护状况

（一）司法保护水平不断提升，数字版权成为保护重点

1.深入推进司法审判机制改革，提升知识产权案件审判质效

自获批创建全国版权示范城市以来，佛山持续深入推进司法审判机制改革，不断提升著作权案件司法审判效率和质量。为强化版权司法保护水平，佛山市中级人民法院不断完善知识产权审判机制，重点关注文化产业创新发展。首先，不断增强对数据库、软件、游戏、动漫等与数字领域相关的新兴文化产业的关注，逐步提升数字版权保护水平。其次，在具体审判实践上，于2021年发布《关于全面加强知识产权司法保护的实施意见》，明确著作权审判方向，为破解举证难、维权成本高等问题提供了进一步的解决方案。同时，重点完善案件繁简分流机制，进一步提升知识产权司法保护效率。具体而言，审判方式线上线下融合；送达机制不断创新；审理程序多样化，提升审判质效。案件平均审理周期仅为8.66天，有效缩短了知识产权诉讼周期。[3] 并且，明确多个具体审判问题。针对损害赔偿数额，探索建立与知识产权市场价值相适应的侵权损害赔偿标准，提高损害赔偿数额计算的科学合理性。对重复侵权、恶意侵权

---

1 参见佛山市版权局《佛山市著作权登记白皮书（2021）》。

2 2022年佛山市版权工作要点出炉，网址：https://baijiahao.baidu.com/s?id=173112681210616826 3&wfr=spider&for=pc，最后访问日期：2022年8月21日。

3 参见《佛山市中级人民法院著作权民事案件审判白皮书（2020）》。

等行为，无法适用惩罚性赔偿时，在法定赔偿数额限度内相应提高赔偿标准。

2.数字版权相关纠纷占比大，作品类型集中

佛山通过加强版权领域以及数字版权领域案件审理，梳理案件分布情况，整理重案、要案、典型案件，推动本市数字版权保护能力不断提升。2016—2020年，佛山市一审知识产权民事案件上升趋势明显（见图1），著作权案件占比最高，均超过60%，2017—2020年高达85%以上，可见，对佛山而言，著作权案件也是知识产权案件审判的重点类型。

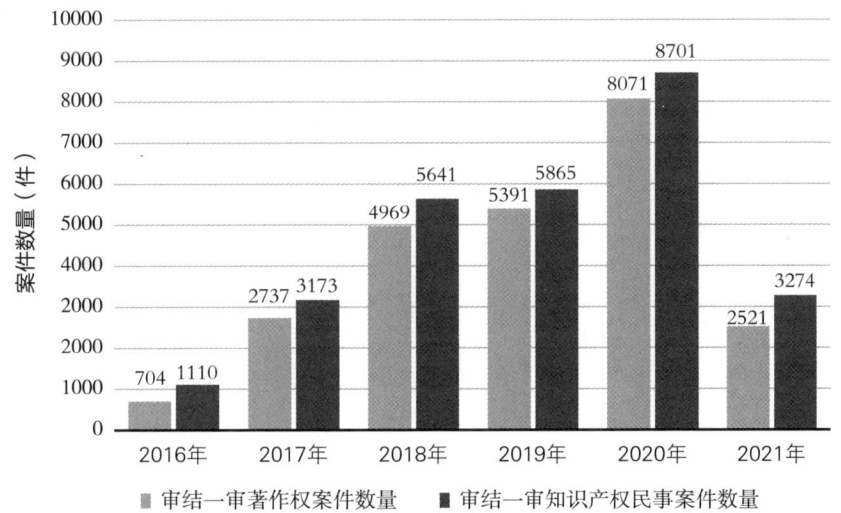

图1　2016—2021年佛山市人民法院知识产权案件审理情况[1]

为进一步了解佛山数字版权保护状况，课题组在中国裁判文书网上以"侵害作品信息网络传播权"为检索条件，梳理了2016—2021年佛山市人民法院公开的裁判文书数量。与知识产权案件、著作权案件相同，涉网著作权案件数量也呈现明显上升趋势（见图2）。

1　分别以"著作权权属、侵权纠纷""知识产权权属、侵权纠纷"为搜索条件，以中国裁判文书网公开的裁判文书为样本，检索而成的结果。检索日期：2022年8月27日。

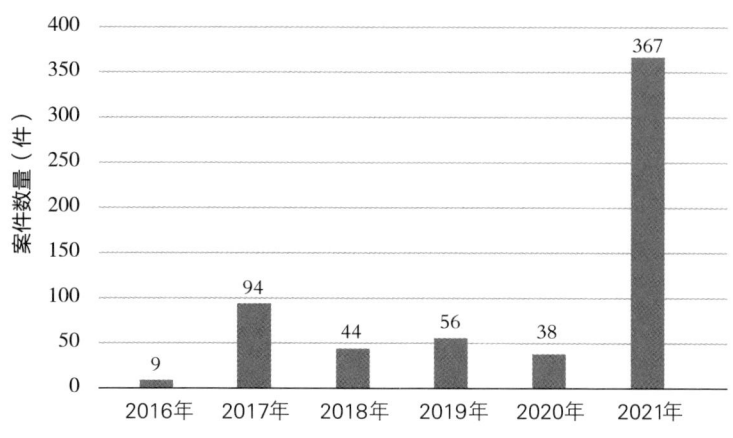

图2　2016—2021年佛山市人民法院审理涉网著作权案件数量[1]

2021年，全国各地区涉网著作权案件的审理情况中，案件审结数量省份间差距较大。在广东省内，广州互联网法院与广州知识产权法院承担了全部案件数的60.1%，剩余案件中佛山市人民法院审理数量居全省第2位，位于深圳市之后（见图3）。

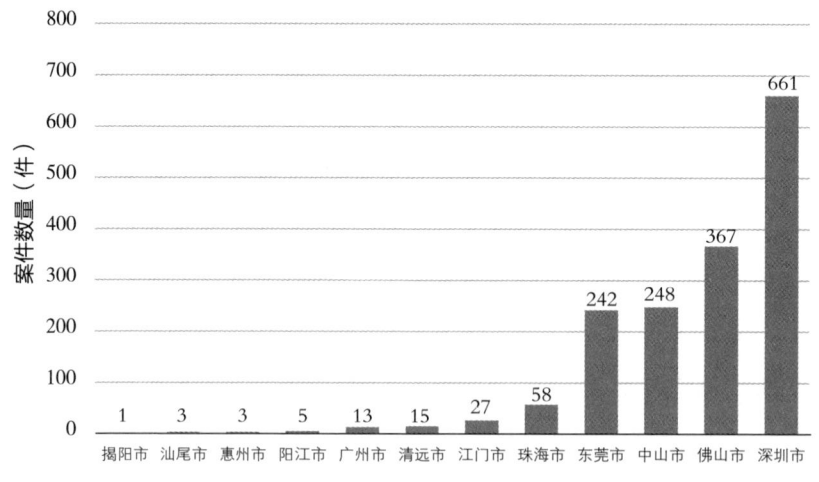

图3　2021年广东省各市涉网著作权案件审理情况

1　以"侵害作品信息网络传播权纠纷"为搜索条件，以中国裁判文书网公开的裁判文书为样本，检索而成的结果。检索日期：2022年8月27日。

在佛山法院2021年审理的367件涉网著作权案件中，包含67份判决书与300份裁定书。对其中的67份判决书进行梳理，就侵权作品类型而言，视听作品与美术作品案件数量占比最高。全部侵权作品种类仍然基本为视听作品、美术作品、文字作品、摄影作品与音乐作品（见图4）。其中视听作品、音乐作品为典型数字化作品类型，反映出数字版权客体为涉网著作权案件客体的主要类型。而美术作品、摄影作品的侵权多发，则与佛山纺织、陶瓷等传统产业的数字化发展密不可分。同时，佛山数字版权案件也呈现出类案聚集的特征，如2020年佛山市中级人民法院新收著作权纠纷案件多由KTV放映音乐电视作品所引发，[1]类案聚集效应明显。

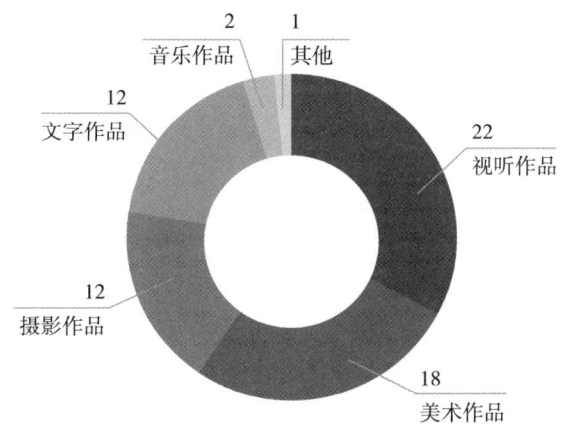

图4 2021年佛山市数字版权案件涉及的主要作品类型

除加强数字版权案件审理外，佛山还通过发布典型案例展现佛山版权保护实践成果，指导新类型作品案件审理，统一类案司法裁判标准。《佛山市中级人民法院著作权民事案件审判白皮书（2020）》总结出案件涉及的主要争议问题，其中重点解读了音乐电视是否构成作品的理论问题，为后续裁判提供指引。2021年，佛山市版权局等部门联合发布佛山版权十大案件，其中7个案例直接与数字领域相关，具体表现为侵害著作权人信息网络传播权、将侵权复制品通过网络平台进行销售等，违法犯罪形式及手段明显呈现出网络化、信息化

---

1 参见《佛山市中级人民法院著作权民事案件审判白皮书（2020）》。

特征。仅有的2个赔偿数额在5万元以上的民事案件，侵害权利均为视频类作品的著作权，数字领域的版权保护已成为版权保护工作的重点。[1]

3.加强和解机制建设，推动数字版权纠纷高效解决

为了减轻司法机关及相关主体的负担，优化诉讼程序、提升诉讼效率，佛山法院创新推出著作权纠纷"一门式"和解机制。"一门式"和解机制具有多方联动、方式灵活、程序简便等多个优点。首先，该机制贯穿诉前、诉中、判后全流程，在提交立案时即介入调解，由法院、市版权局、行业协会、版权纠纷人民调解委员会共同参与、多方联动、集中调解。同时，对涉及同一当事人的案件进行整合，对性质相同、主张一致的纠纷集中进行调解。其次，调解方式灵活多样，程序可通过线上或由代理完成。从和解的难点出发，采用电话、微信、邮件等多种形式，采用面对面和背靠背相结合的灵活调解方式。最后，达成和解协议后，调解委员会接受双方委托代为办理后续手续，实现当事人一次见面签署和解协议和委托书、其他程序采取线上或邮寄完成的真正"一门式"工作模式。

自2020年实施以来，通过著作权纠纷"一门式"和解机制累计调解案件15005件，调解率达98%，和解金额201万元，案件调解时间由原来的90天缩短到30天，大大减轻诉累。[2]佛山全市著作权民事诉讼案件数量实现近五年来首次下降，佛山市版权保护协会在国家知识产权局公布的29家"首批能力建设知识产权仲裁调解机构"名单中，得分名列全国第2名、全省第1名。[3]

（二）持续加强行政保护力度，部门联动多方协作显成效

1.开展"剑网"专项行动，健全跨区域联防协作机制

佛山深入开展"剑网"专项行动，结合"扫黄打非""新风"集中行动，密集开展市场巡查整治。2020年以来，累计出动各级各类执法检查人员7.2万余人次，巡查各类经营单位2.73万余家次，查办侵犯著作权案件37件，

1　参见佛山市版权局等《佛山市版权十大案件（2019—2020年）》。
2　数据来源于佛山市版权局。
3　数据来源于佛山市人民政府。

刑事处置15人，涉案金额共计超过700万元，查缴侵权盗版出版物4.2万余册，查删侵权网络信息作品1798件，关停侵权网站3个。[1]"6·16""6·18"侵犯著作权案被列为公安部等多部门联合督办案件。多个部门和人员连续5年共15次获得全国查处重大侵权盗版案件有功单位和个人表彰，2个案件入选"广东省2020年版权十大案件"，[2]"剑网"专项行动成效显著，全网盗版侵权案件数量显著减少。

与此同时，佛山努力从联防协作迈向联动共治共享，健全跨区域联防协作机制，强化广佛两地区域文化环境整治。特别是深化推进"南海—荔湾"联防协作，建立联席会议、联合执法、信息互通、统一培训、联合宣传五大工作机制，加强两地交界区域文化市场监管。推动两地"扫黄打非"基层站点联动，打破行政区域管辖壁垒，实现两地基层阵地网络"并网"，构建立体防护、共治共享的"扫黄打非"新格局。

2.加强行政司法联动，构建多方协调共治版权保护工作格局

佛山市在全省率先建立版权行政执法与司法保护联席会议制度，加强"两法衔接"，构建起多方协调共治的版权保护工作格局。行政执法与刑事司法衔接，多部门之间信息互联互通，利用数字化政府办公系统实现联合查处，大大提升办案效率。2020年6月16日与18日，分别破获网络销售盗版书籍系列案件，查获侵权盗版书籍3227册、34822本，总码洋3395699元。[3]这两个案件由佛山市"扫黄打非"、公安、文化执法等部门联合查处，仅用半年时间便完成线索核查、执法部门立案深入调查、司法机关审理判决等一系列程序，并深挖出一条印制—存储—网络销售侵权盗版图书的犯罪链条。这反映了佛山版权执法部门善于深挖案件线索的办案技巧和能力，体现了行政执法与刑事司法衔接机制的高效运作，有力震慑了侵权盗版违法活动。

----

1 数据来源于佛山市版权局。

2 数据来源于佛山市人民政府。

3 参见佛山市版权局等《佛山市版权十大案件（2019—2020年）》。

三、佛山市数字版权产业发展情况

（一）数字版权产业总体发展情况

2021年，面对复杂的国内外环境，佛山坚持以习近平新时代中国特色社会主义思想为指导，在省委、省政府和市委、市政府的正确领导下，全市经济运行稳中向好，经济总量突破1.2万亿元，实现了"十四五"良好开局。其中，代表新兴服务业的互联网和相关服务、软件和信息技术服务业营业收入实现超高速增长，增速分别达到61.3%和42.6%。市场消费规模中，金银珠宝类、智能家用电器和音像器材类与服装、鞋帽、针纺织品类增势良好，增速分别为54.8%、21.5%和11.9%。居民消费价格指数平稳，工业品价格明显上涨，其中交通通信与教育文化娱乐板块上涨比率最高，分别为4.7%与2.6%。[1]可见，新冠肺炎疫情等社会环境对版权相关产业影响较小，同时反向带动网络领域产业发展，为数字版权相关产业提供了充分的平台支撑。总体而言，佛山数字版权相关产业总体规模不断壮大，持续得到市场认可，发展潜力巨大。

同时，为进一步推动版权产业高质量发展，佛山成立版权产业发展联盟。目前已有美的、蒙娜丽莎、东鹏等共100家单位加入该联盟，涵盖建筑陶瓷、家纺、服装、影视、美术陶瓷、软件等重点版权产业。在联盟内，成员需签署相应联盟公约，发挥重点企业合法保护、高效运用版权的带头作用及指引作用。同时，联盟将为成员单位提供基础服务与特色服务两个层面的服务支持，通过版权扶持申请指导，增强联盟成员的版权意识，促进联盟企业的可持续发展；通过精准地对联盟成员及其新品进行推广，提升和强化其知名度；通过IP孵化中心和EC源平台，为联盟企业搭建版权交易平台，有效推动版权创新与产业融合，提升整体发展水平。

---

1 数据来源于佛山市统计局。

（二）数字版权重点行业发展情况

互联网浪潮之下，网络新媒体得到新发展。佛山传媒集团主动拓展网络阵地，探索与快手等科技平台合作，下属各媒体网络传播平台总粉丝量累计5468万人。[1] 新闻出版产业走向融合发展，打造覆盖报纸、广播电视、网络、移动客户端等多维度媒体矩阵，截至2021年底，以新闻作品传播为主的各类新媒体平台累计总粉丝量超4200万人，其中"佛山+"客户端下载量150万次，"醒目视频"下载量520万次，"花生FM"客户端下载量1250万次，形成一批媒体版权核心作品。[2] 与此同时，佛山电台不断加强自身的交互性、参与性和共享性特点，充分利用互联网创新传播形式。例如2021年举办的佛山城市民谣大赛，通过"佛山+"等佛山传媒集团下属各媒体客户端，抖音、快手等头部直播平台进行全程直播，自开赛以来全网浏览量达到430万次。[3] 此外，以孔雀廊娱乐唱片有限公司为代表的本土音乐企业成功推出《荷塘月色》《最炫民族风》等脍炙人口的歌曲，入选广东省最具价值版权作品，系列作品版权授权收入近8000万元。[4]

通过实施《佛山市扶持影视产业发展的若干政策》，影视、软件、新闻出版等产业迎来新发展机遇。自政策出台以来，佛山累计核发影视扶持资金超5000万元，吸引1700多家影视及相关企业落户，建成南方影视中心以及南海新经济小镇等10个影视产业园区，[5] 打造出《白蛇传·情》《天·火》《邓小平小道》等一批高质量电影作品。制造业版权产业化发展也在同步进行，紧扣制造业转型升级需求，把握重点产业对数字版权发展的影响，《佛山市推进制造

---

1 玩转全媒体 讲好佛山故事 佛山传媒集团大学生夏令营结营，网址：http://www.fsxcb.gov.cn/xwyl/content/post_698583.html，最后访问日期：2022年8月21日。
2 数据来源于佛山市人民政府。
3 以音乐为媒 唱响佛山城市形象，网址：http://epaper.fsonline.com.cn/fsrb/html/2021-10/25/content_40988_203173.htm，最后访问日期：2022年8月6日。
4 广东佛山4件作品入选省最具价值版权作品名单，网址：http://ipraction.gov.cn/article/xwfb/gnxw/202109/355878.html，最后访问日期：2022年8月21日。
5 数据来源于佛山市人民政府。

业数字化智能化转型发展若干措施》出台，设立专项资金300亿元，建立以开发物联网软件、云计算软件等为主的佛山市优秀软件企业重点名录。在此基础上，培育了广东金赋科技股份有限公司、广东艾科技术股份有限公司等一批重点软件企业，在数字政府、智能停车、纺织印染等领域提供高质量软件服务，实现软件发展与版权保护的相互促进及深度融合。[1]

游戏动漫等新兴产业与玩具、家居等传统产业融合创新。佛山市的制造业优势不仅能为游戏动漫行业提供资金、资源和硬件支持，同时游戏动漫行业也能为玩具、服装等传统制造业增加文化附加值，提升企业产品的社会影响力。以动漫行业为例，可儿玩具有限公司作为佛山市玩具企业转型发展的代表，不仅在原创玩具娃娃研发上取得显著成绩，还十分注重品牌的打造，在2021年第八届中国国际版权博览会上，可儿娃娃作为全省唯一版权精品在国家馆展示，佛山市版权局荣获"中国版权金奖"。[2]

（三）数字版权重点企业发展情况

自2019年开展全国版权示范城市创建以来，佛山版权工作成果逐渐显现。连续三年均有单位（园区）获评全国版权示范单位（园区），目前已增至4家。重点企业涵盖瓷砖材料、音乐、动漫玩具三个领域。

广东蒙创致远新材料科技有限公司为蒙娜丽莎集团旗下子公司，以"艺术版权+生产经营"为经营理念。2021年，该公司充分依托线上、线下平台开创运营、盈利新模式。在宣传及销售方式上，开展首届Q粉节，利用创意视频、原创IP形象吸引大批网民参与直播间互动，引起全民购砖热潮，在线观看人数突破2万人次。在招商模式上，首度与红星美凯龙联合线上招商，开展以"后浪·敢为致远"为主题的线上招商直播会，观看人数高达34885人次、分享人数15475人

1　资料来源于佛山市人民政府。

2　2021年度佛山版权十件大事出炉，网址：http://www.fsxcb.gov.cn/cbbq/content/post_714408.html，最后访问日期：2022年8月21日。

次。[1]与此同时，该公司始终坚持陶瓷艺术创新与版权保护，参与了第36届佛山（国际）陶瓷博览交易会，携2021年度岩板新品，将"后浪"主题融入家居设计理念中，打造"后浪"主题馆亮相华夏展馆，吸引了众多经销商、设计师前来参观洽谈。

佛山市孔雀廊娱乐唱片有限公司作为中国内地知名的唱片公司之一，积极推动原创音乐产业发展，成功推出了凤凰传奇、郑源、王二妮、阿宝等一批华语乐坛歌手，制作了《月亮之上》《自由飞翔》《最炫民族风》等800多首流行金曲。截至2021年底，该公司旗下知名组合凤凰传奇共发布新专辑13张，创造多首全新爆款歌曲，其中歌曲《绿旋风》在QQ音乐平台的喜爱度超过100万人次，与徐千雅合作歌曲《天下的姐妹》的喜爱度超过50万人次。[2]在第七届"一带一路"国际大咖秀年度颁奖盛典上，该公司歌手罗聪受邀出席，获得最佳影响力原创歌手大奖。

（四）数字版权重点产业园区发展情况

佛山创意产业园秉承"文化是魂、产业是根、平台是关键"的宗旨，已成为全国知名的创意产业园区。截至2020年底，园区已进驻企业1200多家，日均固定人流约4.5万次，日均车流2万辆。[3]建设了白·痴艺术空间、陶瓷博物馆等文化艺术展示空间，为设计师、艺术家等创业者提供了文化艺术作品展示空间。2021年，园区举办佛山首届创意咖啡文化节，复苏艺术展、草地上的音乐会、设计师品牌特卖会等多种展会，为20多个独立咖啡及文创品牌、小众独立艺术家及音乐人提供多元展示及宣发平台，拓宽营销空间。在传统文化宣传上，利用泡泡广场、前门广场、洋人街市集等园区场所，结合元宵节，开展猜

---

1 QD瓷砖首届Q粉节完美收官，网址：http://www.qd-china.cn/view/101.html，最后访问日期：2022年8月6日。

2 数据来源于QQ音乐平台公开数据，统计日期：2022年8月6日。

3 佛山禅城将打造全国首个服务业产业孵化器，网址：https://www.163.com/dy/article/FTQ7UAHU05129QAF.html，最后访问日期：2022年8月21日。

灯谜、穿汉服、做糖画等多个活动，在充分展示传统岭南文化的同时，与现代工艺相结合，进一步促进版权创新创造活力。

广东新媒体产业园是广东首家专业型新媒体产业园区、佛山唯一数字出版转型示范单位。该产业园以创造"新经济、新文化、新生活"为使命，把握佛山制造与新媒体产业的关联，针对佛山制造业传播及营销模式创新力缺失等现状，集聚新媒体企业，培育数字出版、电子商务、影视动画、时尚设计、云计算研发应用五大核心产业。[1] 2021年，产业园承办了多项赛事、演出、宣讲活动，相继举办了第一届"杯王"大赛、第三届粤港澳大湾区文化创意设计大赛等赛事，吸引了环宇星辰短视频影视基地、未必文创咖啡等品牌进驻。世界知识产权日当天，产业园联手禅城区委宣传部、环宇星辰文化传媒有限公司等特别推出"版权政策宣讲会暨网红IP成长路径与变现策略"活动。分别从版权政策、文化产业政策及申报重点、网红IP打造与变现路径及版权保护四个方面全面解析企业如何全面攻略短视频市场。[2]

四、佛山市数字版权保护与发展面临的问题及建议

自2019年获批创建全国版权示范城市以来，佛山版权工作初见成效。但同时也反映出诸多新问题，结合《佛山市创建全国版权示范城市两年行动计划（2021—2022年）》中提出的具体目标要求，目前在数字版权管理、数字化作品创作、版权产业运营、版权内容宣传等方面，还存在较大进步空间。

----

1 广东新媒体产业园 园区简介，网址：https://www.news0101.com/a/gb2312/yuanqujian-jie/index.html，最后访问日期：2022年8月21日。
2 玩转佛山网红IP，这场会一次性说清楚，网址：https://baijiahao.baidu.com/s?id=1699341601415218189&wfr=spider&for=pc，最后访问日期：2022年8月21日。

（一）佛山市数字版权保护与发展面临的问题

1.版权管理缺乏统一协调机制，数字化针对性弱

目前佛山版权产业涉及面广，分布在诸如纺织行业、陶瓷行业、动漫产业、游戏产业等不同的行业和领域，缺乏有效、常态、统筹的协调管理机制。在管理政策上，一方面，对整体版权产业的发展规划，需要系统化、常态化梳理汇总版权工作经验，抓好查漏补缺、抓紧项目建设、抓严督导落实、抓实材料汇报，通过总结版权各行业发展所面临的综合性、统筹性问题进行全方位管理和指引。另一方面，在数字和信息经济发展大潮下，版权作为国家发展战略性资源和国际竞争力核心要素的作用将更加凸显，在此背景下，版权发展相关政策不够完善，数字化、技术化针对性弱，促进跨领域的版权产业发展合力有待加强。在管理人员上，专职版权管理力量薄弱，专业管理人才队伍有待建立。社会组织自我管理机制建设有待加强，缺乏统一行业自治组织与自律举措，自律水平仍然不高。同时，版权基层服务站工作质量有待提高，自觉提供版权服务意识不强。

2.优势领域基底回弹力不足，作品创作类型相对单一

作品是版权运营的基础，同时也是版权全流程管理的核心。2021年，佛山市著作权登记总量大涨，凸显作品创造活力。但在登记的作品类型中，更多集中于美术作品、摄影作品。计算机软件登记数量相较之前有所增加，前进势头强劲，但目前仍非主要作品类型，作品创作类型相对单一。一方面，在数字化背景之下，结合5G、超高清、人工智能等高新技术的数字出版、电子竞技、数字音乐、网络视听等数字作品创作仍需加强，需进一步强化数字版权产业单位及社会公众的版权保护意识，提升作品创作水平，扩大精品原创作品的传播力与影响力。另一方面，作品创作主体仍高度集中在家纺和陶瓷等行业，封闭性、稳定性强，与数字领域结合程度较低。总体而言，有社会影响力、市场竞争力的优秀文艺作品和高附加值的影视作品、计算机软件等相对缺乏，文学艺术、影视制作、软件信息等重点领域仍有较大的创作发展空间。

3.产业发展与版权融合不足，版权创新能力亟待加强

制造业为佛山的重点产业领域，为促进版权发展与产业融合，佛山创新探索成立版权产业发展联盟。但是，联盟集约效应仍未凸显，产业发展与版权未充分融合。一方面，企业往往忽略版权保护和运用的作用，版权推进产业发展动力不明显。版权产业缺乏龙头企业，集约化、规模化水平偏低，示范带动作用不强。另一方面，缺少"行为规范、标准统一"的集交易、评估、质押、投资、融资等功能为一体的综合性版权交易平台，版权交易信息流通水平有待提高，以作品为主体的版权贸易活动不够活跃。

（二）佛山市数字版权保护与发展建议

1.依托粤港澳大湾区，深化城间区域合作

佛山市地处珠三角核心区，地理位置优越，与广深港澳之间具有语言相通、文化相融、民俗相近的优势。同时佛山市经济实力雄厚，是粤港澳大湾区的第四大经济体，能够很好地对接粤港澳的各类资源。《粤港澳大湾区发展规划纲要》提出，要将佛山市打造成为重要节点城市，这将为佛山市版权产业发展带来重要机遇。

佛山市应以粤港澳大湾区建设、广佛共建世界级万亿产业集群等区域合作为契机，全面落实"双区"建设、"双城"联动战略，深度融入"一核一带一区"区域发展。[1]一方面，充分发挥自身优势，深化改革创新，增强城市综合实力，带动周边特色城镇发展；充分发挥佛山产业和区位优势，紧抓制造实力强大等基础，强化与中心城市的互动合作，成为粤港澳大湾区的极点城市。另一方面，利用广深港澳创新研发能力强、创意资源丰富、运营总部密集等优势，全面对接其创新创意资源。应努力构建结构优化、服务优质、布局合理、融合发展的发展体系，综合提升数字版权发展的结构层次和辐射能级，助推佛

-----

[1] "双区"指"粤港澳大湾区"和深圳"社会主义先行示范区"；"双城"指广州和深圳；"一核一带一区"中，"一核"指珠江三角洲地区，"一带"指沿海经济带，"一区"指广东省北部生态发展区。

山经济发展质量变革、效率变革、动力变革，增强佛山的综合竞争力，构建更强大的版权产业体系。

2.深度挖掘文化资源，打造佛山文化品牌

佛山作为岭南广府文化的重要发源地，是国家历史文化名城之一，拥有粤剧、陶瓷、剪纸、龙舟龙狮等传统文化资源，文化资源是佛山市打造特色版权产业的文化基础。对此，佛山市应以建设高质量文化导向型名城为指引，大力弘扬当地优秀的历史文化，深入挖掘影视、粤剧、功夫等佛山文化资源，形成国内外知名的佛山文化品牌。同时，将文化资源的开发利用与旅游休闲、博物馆、影视、动漫游戏、文艺演出等行业发展有机结合，推动文化资源向产业优势转变。应依托数字化发展形式，创新创造佛山传统文化运营新模式，将文化资源与文创品牌、产业设计相结合，打造独具特色的佛山IP，利用传统文化产业的集群效应，形成新时代佛山数字版权作品集合。

3.加大规划指导力度，推动版权产业融合发展

推动版权产业高质量发展，不仅是佛山市创建全国版权示范城市的重要目标，也是建设高质量文化导向型名城、助力传统产业转型升级的重要抓手。一方面，佛山家用电器、金属制品、陶瓷建材、纺织服装、家具制造等行业产值规模均排全省第1位，打造的泛家居和先进装备制造两个超万亿元产业集群，均与版权核心产业软件信息以及版权相关产业纺织服装、陶瓷、家具、设计密切相关，版权将成为赋能佛山制造业高质量发展的强大动力。另一方面，制造业与版权实现深度融合创新，不仅有利于提升佛山制造业的附加价值，提升品牌知名度，巩固和提升传统支柱产业的核心竞争力，也有利于培育和壮大影视、动漫、游戏、数字创意等新兴产业，推动全市产业转型升级。因此，为推动版权产业发展，佛山市应进一步理顺和健全版权产业管理机制，建立跨部门的版权产业发展联席会议协调机制，坚持由相关市领导牵头、有关部门负责人参加，结合国家和全省关于发展版权产业的有关政策措施，做好全市版权产业发展的顶层设计。同时，继续推动"工业设计版权保护"系列活动、陶瓷设计周系列活动等各种公开宣传活动的开展，进一步密切版权与制造业的关联，提升产业附加值。

IV

专 题 篇

数字版权交易机制研究

张勇凡　徐彤*

摘要：数字版权作为数字经济时代的全新产物，其交易机制之完善具有增进潜在社会福利和版权人利益的独特价值，英美等知识产权强国已逐步构建一套完善的数字版权交易机制。与之相比，我国数字版权交易制度依然较为薄弱，主要表现为授权机制滞后、交易效率低下、主体间利益失衡等。笔者认为，应当在厘清数字版权交易机制构建整体思路的前提下，完善数字版权授权机制，建设统一的数字版权交易平台，建立符合我国现实的数字版权交易流程，从而实现数字版权人、相对人以及社会公众三方利益的动态平衡。

关键词：数字版权；版权授权；利益平衡；版权交易平台。

一、数字版权交易及其制度演进

（一）数字版权

继农业时代和工业时代之后，人类已经迈入以互联网为重要载体，以人工智能技术为核心驱动力，以数字化信息为主要生产要素，通过数字网络与实体经济深度融合，实现国家治理现代化和生产力水平大幅度提高的数字经济时

★ 张勇凡、徐彤，中国人民大学。

代。[1] 向来被称为"印刷之子"的版权，其每一次变迁都与技术的飞跃密切相关。[2] 各类新技术在版权领域的广泛应用，不仅深刻地改变了版权的面貌，而且使得版权的效力、范围和内容受到冲击，[3] 一种基于数字技术话语下的版权样态正在发生。由于数字版权是随着数字技术与网络技术的飞跃应时而生的全新产物，当前理论界和实务界对数字版权的理解和阐述有待进一步深入。"数字版权交易""数字版权平台""数字版权协同治理"等围绕着"数字版权"的概念语汇不断涌现，但现有法律法规尚无针对数字版权的相关规定，在此背景下，提出逻辑融通的数字版权概念定义方法并对其内涵和外延进行界定具有现实意义。

事实上，数字版权在本质上是一种版权权利。一方面，其必然囊括传统作品数字化后所对应的版权权利，如将纸质版的文字作品通过扫描等技术手段数字化后对应的版权权利。另一方面，数字版权在一定程度上区别于传统版权，随着数字技术的不断更新和版权数字化应用场景的不断开发迭代，原生数字作品的版权权利被纳入数字版权的范畴也属题中应有之义，如网络游戏、计算机软件等在网络场景下产生、存在和流转的作品。基于以上两方面考量，笔者认为数字版权是指作者及传播者等权利人，对以数字化方式产生或传播的作品享有的专有权利。

（二）数字版权交易机制

语义学中的"交易"指的是以货币为媒介的商品价值交换，而具体到数字版权领域的交易，是指交易的主体将数字版权中能够用于对价交易的部分进行交易的过程。当我们观察的对象由农业时代和工业时代的传统版权转变为网络技术时代的数字版权时，我们对版权交易概念的理解也随之发生变化。20世纪早期，随着实用主义法学流派的兴起，权利束理论逐渐作为一种建构财产

权利的理论而兴起。霍菲尔德（Wesley Newcomb Hohfeld）教授认为，一个财产上存在这样的一组权利，这组权利可以被视为不同类型的权利绑在一起而形成的权利束，权利束中的每个条块都可以单独被抽出并分配给不同的人。[1]依权利束理论，数字版权交易其实是指将数字版权这一权利束中可以被独立抽出的权利，在数字版权交易场所中以有偿方式流转于不同主体的过程。由此出发，数字版权交易机制是不同交易主体对数字版权权利束中不同价值客体的转移过程中形成的主体、场所、领域、交易规则和运行模式的总和。网络技术时代的数字版权不同于传统权利，其交易价值的产生更加依赖技术的进步和交易模式的优化。因此，如何通过技术的进步和交易模式的优化来实现社会福利的最大化，是数字版权交易机制建构需要解决的首要问题。为了明晰数字版权交易机制的具体内涵，有必要从数字版权交易的主体和客体两方面进行分析，探究数字版权交易相较于传统权利交易蕴含的特殊性。

1.数字版权交易主体

任何权利交易机制的建构都服务于一定的主体，数字版权交易机制也不例外。数字版权交易主体是交易直接相关者和权利主体。对于数字版权交易过程中的权利主体，学界首要关注的问题还是交易主体的适格性问题，即主体是否具有交易数字版权的资格以及如何获得数字版权交易的主体资格。一旦参与数字版权交易的权利主体不适格，其最终结果是数字版权交易行为被认定为无效。近年来，由于5G、NFT和元宇宙等技术概念层出不穷，再加上市场主体对数字版权不同维度的价值期待不断延伸，数字版权交易方式也呈现出多样性的特征，这也必然会使得数字版权交易主体具有多元化的特点。具体而言，这些主体可以分为以下几类：一是数字版权的出售方与买受方，其中的出售方是版权法意义上的数字版权的权利人，他们既包括将传统作品数字化后享有数字版权的权利人，又包括网络游戏等原生数字作品的数字版权人。其中的买受方

---

1 Wesley Newcomb Hohfeld, Fundamental Legal Conceptions as Applied in Judicial Reasoning and Other Legal Essays, Yale University Press (1923), p.96.

主要包括第三方版权代理机构、集体管理组织和其他自然人或者法人。二是授权方与潜在的被许可方。除上述直接参与数字版权交易过程的主体外，还有一些数字版权权利主体没有直接参与，而是选择委托具有专业知识及职业资格的自然人和法人等中介组织代为实施数字版权交易。实践中，这类中介组织可以充当数字版权出售方与买受方、授权许可方与被许可方的桥梁。

2.数字版权交易客体

随着信息科技的飞速发展和数字版权交易时代的加速到来，有关数字版权交易客体的争论持续发酵。根据版权二元理论，版权分为人身权和财产权两个部分。其中的著作财产权是指版权人通过对其作品的自行使用和许可他人而依法享有的、以经济利益为内容的权利，具体来说，著作财产权是《著作权法》第10条第1款第（5）项至第（17）项列举的所有权利。[1] 而著作人身权止于作者人格精神方面的权利，且无财产权内涵。[2] 由于实务中著作人身权流转交易的司法案例增多，部分学者探索为著作人身权的可交易性寻求正当性基础。例如，有的学者认为，著作权法上的人身权不等于人身权，简单套用民法理论容易走向理论的绝境。[3] 有的学者认为，著作权人身权的交易双方达成的协议没有社会危害性，亦不违反社会公序良俗的，那么交易行为应当合法，法律不应对其强加干预。[4] 还有的学者则从信息科技发展的角度论证指出，著作人身权中的积极权能，如署名权、发表权和修改权等是作者对作品的外在表现形式所拥有的权利，应当具有可转让性。[5] 笔者认为，数字版权的交易客体不包括著作人身权。首先，从法条层面上看，《著作权法》明文规定对著作财产

---

1 《著作权法》第10条："著作权人可以全部或者部分转让本条第一款第五项至第十七项规定的权利，并依照约定或者本法有关规定获得报酬。"

2 具体而言，著作人身权范围包括《著作权法》第10条第1款第（1）项至第（4）项列举的发表权、署名权、修改权和保护作品完整权。

3 谭启平，蒋拯：论著作人身权的可转让性，《现代法学》2002年第2期。

4 余秀宝：论著作人身权的性质——以著作人身权的非人身性和财产性为视角，《广东工业大学学报（社会科学版）》2013年第3期。

5 李莉：论作者精神权利的双重性，《中国法学》2006年第3期。

权可以按照约定全部或者部分交易并获得相应的报酬，而著作人身权的交易问题则无明确的规定。因而在我国，将数字版权交易的客体扩大到著作人身权并不具有合法性基础。其次，著作人身权具有永久性和不可分割性的特点，[1]著作人身权的特点决定了其不满足数字版权交易的要求，不能作为数字版权交易的客体。版权制度的初衷是保护财产权，数字版权交易机制的核心是版权交易，而著作人身权则完全是作者精神上或者人格上的权利，除数字作品的作者以外的其他人都不得通过受让得到该权利。[2]

（三）数字版权交易制度演进

数字版权作为信息科技产业发展的一种产物，其交易机制的演进也深受技术发展的影响，可以认为数字版权交易机制每一次演进都是信息科学技术推动的成果。早在工业时代中晚期，就有学者提出以契约原理为理论基础，利用科学技术构建统一的版权交易市场从而将版权与新技术紧密结合。[3]进入信息时代，计算机技术对著作权法所保护的作品的创作、复制和传播产生巨大的影响。

为了回应互联网环境下版权理念新变化，美国于1995年发布了《国家信息基础设施白皮书》，这是版权交易机制发展进程中的里程碑。白皮书将"信息网络传输行为"作为数字版权保护的重要一环，使得版权人可以在一定程度上控制作品的传播行为，保障自己的合法权益。此后，美国立法机构又相继出台了一系列数字版权相关法案，如《网络版权责任法》《千禧年数字版权法》等，推动形成了较为完备的法律体系。应当承认的是，美国在数字版权及交易机制方面的立法不仅具有较强的整体性、协调性，还具有较强的可操作性。实践层面，2010年美联社宣布建立一个融合现代智能技术手段的"数字版权交

1　刘丹冰：试析版权作为信托财产的特殊性，《知识产权》2012年第12期。

2　刘春霖：《知识产权资本化研究》，法律出版社2010年版，第169-170页。

3　北川善太郎：《著作权交易市场——信息社会的法律基础》，郭慧琴译，华中科技大学出版社2011年版，第10-11页。

易中心"。日本著名学者北川善太郎教授是国际上较早提出构建面向数字经济时代的数字版权交易机制的学者。在他的构想中，版权人可以通过数字版权交易机制实现数字内容的交易。实践中，日本建立了"高等研术出版"和"日本版权法在线"两个数字版权交易机制实验网站。而作为现代版权制度的发源地，英国不仅敏锐地捕捉到信息科学技术和版权制度结合的新动态，还较早确立了建立面向未来的数字版权交易制度的目标并开展了相应的版权制度改革规划。英国首相卡梅伦在任内高度关注数字经济时代下英国版权制度改革问题，并就该问题委托数字经济学家哈格里夫斯进行研究。哈格里夫斯于发布的报告当中指出：现有数据及事实证明，当前的分散型版权许可机制会阻碍英国创意产业的长足发展，为此应当建造一个由共用性数据库所组成的数字版权交易平台。[1]实践层面，在卡梅伦政府任内，英国建立了能够实现一站式数字版权交易的非营利性网站，目的是为著作权人、第三方版权代理机构、集体管理组织和社会公众提供数字版权交易与服务，从而确保数字时代英国知识产权保护制度的领先地位。

进入21世纪以来，我国为加强数字经济时代的知识产权保护、推动新时代版权产业健康发展，颁布了一系列法律、法规和政策意见，为数字版权交易机制的构建奠定了制度基础。实践层面上，为了推动形成更高效率的版权交易体制，进一步提升数字版权交易体制机制效能，我国近年来也借鉴了英国、美国、德国等知识产权强国的经验做法，探索创设了示范性的数字版权综合交易平台，如中国人民大学国家版权贸易基地、西部影视版权交易中心、青岛国际版权交易中心、华视网聚影视版权分销平台等。这些数字版权交易平台的建立为适应数字经济时代版权贸易发展的新趋势，加强数字版权交易的可靠性、协调性和便利性，创新和完善数字版权交易机制积累了丰富的经验。

1　何天翔：《哈格里夫斯报告》述评对英国知识产权立法改革一揽子计划的分析，《电子知识产权》2012年第9期。

二、数字版权交易机制分析

（一）数字版权授权许可机制

所谓的数字版权授权许可是指数字版权人就数字版权中能够进行授权许可的部分，与被授权方达成一致，被授权方以支付一定的报酬为对价，在一定的期限和地域范围内，以特定的方式来行使版权人的某项或某几项数字版权。数字版权授权许可是最常见的数字版权交易机制，是数字时代下实现数字作品价值的重要手段。实践中，主要存在独家授权机制、授权要约机制、委托代理机制和集体管理授权机制等数字版权授权机制，对这些数字版权授权机制进行审视并探究其在数字经济时代下的优势和局限性有助于完善我国数字版权交易机制。

委托代理机制在版权人与使用者间引入了第三方版权代理机构，其交易流程是：数字版权人与第三方版权代理机构或者数字出版商达成委托代理关系，第三方版权代理机构或数字出版商取得数字版权人的授权委托后以数字版权人名义行使数字作品的部分或者全部的版权权利。使用者只需与第三方版权服务机构沟通授权许可事宜。委托代理机制相较于直接授权机制的优势在于使用者只需与专业的中介机构就授权许可事项达成一致，这就为使用者节省了一定的交易成本，提升了授权许可效率，但是这种方式本质上依然属于点对点的授权机制，没有脱离传统授权模式的窠臼，无法应对数字经济时代下海量的数字版权授权许可需求。

授权要约机制是指数字作品的版权人提前在其作品中以要约的形式进行许可说明，潜在的被许可方只要接受并实现版权人提出的许可条件，数字版权授权许可即可达成。[1]授权要约机制在提出之初，实务界对其在数字版权交易机制中的作用充满期待，理由是这种授权机制减少了传统独家授权机制和委托

---

1 宋伟，孙文成，王金金：数字出版时代混合授权模式的构建，《电子知识产权》2016年第3期。

代理机制点对点协商达成合意的交易成本，有助于适应数字经济时代即时高效的授权许可需求。[1] 但实践结果表明，这种数字版权授权许可机制依然难当大任，主要原因有以下两点：一是数字版权人发出的单方授权要约的授权范围宽泛模糊，无法兼顾潜在的被授权方利益，如果被授权方提出修改要约则又回归至传统授权许可机制；二是多数数字版权人在没有专业中介机构的协助下很难设计合理的要约，因而会在实践中引发许可费支付、违约责任等问题。

集体管理授权机制是数字版权人对一个能够代表多数数字版权人的垄断性和非营利性组织进行授权许可，这一组织可以以自身名义独立行使授权维权等各项事宜。集体管理授权机制是当前被普遍采用的一种数字版权授权许可机制，在这种机制下数字版权的利用效率得到显著提升，使用者寻求许可的成本有效降低，符合数字经济时代下数字版权的海量授权要求。但是，传统的版权集体管理组织可能会滥用其市场优势地位，侵犯数字版权人的私权。

（二）数字版权转让机制

数字版权转让是指数字版权人通过市场交易将全部或部分数字版权财产权移转给受让人所有，受让人为之支付一定对价的过程。从效果来看，数字版权转让与传统版权转让具有同质性，是数字版权流动化不可或缺的场景。如前所述，数字版权作为财产客体，其具有社会一般标准所认定的交易价值，这种价值可在转让机制中以市场价格的形式彰显。在数字版权交易机制中，数字版权的可转让性为数字版权交易与利用的前提条件，数字版权交易机制构建的逻辑前提就是使数字版权人可以通过交易机制转让其拥有的数字版权而获得收益。正如亚当·斯密所言："全部个体都依赖交换而得以生存，全部个体都成为交换主体。"[2] 只有充分认识和挖掘数字版权的转让价值，数字版权才能流转到最需要它的主体手中，原权利人才能够将数字版权变现为金钱之对价。而

---

1 王秀丽，于秀丽：授权要约：数字版权贸易的新模式，《出版发行研究》2008年第9期。

2 亚当·斯密：《国民财富的性质和原因的研究》，郭大力，王亚南译，商务印书馆1974年版，第5页。

对于数字版权受让人而言，数字版权转让机制则是其通过继受取得的方式获得所有权控制下的数字版权的途径。此外，倘以公共利益视角观之，数字版权的转让是使得数字版权流向更多希望得到它的主体的基本方式。正如菲舍尔教授所言："各种交易机制的利益职责从来没有根本的不同，都是将双方联通以减少彼此发现的搜寻成本。"[1]质言之，数字版权转让机制以枢纽的姿态增进了数字版权的公众可获取性，从而推动社会整体文化创新。

三、数字版权交易机制的困境与建议

（一）现存问题与困境

1.模式不明：交易机制的实质性作用难以彰显

版权交易模式处于版权交易机制的中心地位，是版权交易机制运作之核心。数字时代的到来对版权交易模式的可靠性、稳定性提出了更高要求。构建既满足我国版权交易现实情况，又适应数字经济时代版权交易的技术逻辑和发展趋势的数字版权交易模式至关重要。而在实践中，我国虽然建立了多个数字版权交易中心以满足版权人的交易需求，但是适用于数字经济时代的版权交易模式却远未明确。除此之外，集中许可和中心化版权管理的数字版权交易机制在应对以下挑战时也显得力不从心。

首先，在信息科技快速发展的背景下，数字作品创作变得更加去中心化，任何个体都有机会运用数字技术创作数字作品，并通过互联网将自己的数字作品上传从而成为数字版权人。显然，数字版权权利人数量的激增会带来海量的数字内容，而考虑到授权条件和版权状态的极大差异性，数字版权使用者事先获得版权人许可再使用数字作品是很难实现的，因此集中许可和中心化数字版权交易模式将会扼杀多元化、碎片化的数字版权交易需求。

---

1 Daniel R. Fischel, Organized Exchanges and the Regulation of Dual Class Common Stock, University of Chicago Law Review(1987), pp.121-122.

其次，与传统版权交易过程相比，数字经济时代下数字版权交易的对象还具有较强的变动性和不可预测性。随着数字经济的创新发展，重混创作、用户原创内容等新型创作模式日趋融合，弹性不足、规则不明的版权交易模式可能成为数字版权紊乱发展的"熔池"。现有的以契约自由为主，集体管理以及非自愿许可为补充的交易模式也难以应对大规模的交易需求，导致交易成本上升。全国性统一的数字交易平台的缺失更加剧了作品信息的搜寻成本。在此背景下，数字版权交易机制很难发挥有效配置数字版权资源的实质性作用。

2.权属模糊：海量数字作品滋生侵权风险

数字网络技术的飞速进步，一方面使得数字版权的传播价值得到极大实现，但另一方面，随着数字版权产业的不断发展，海量作品的海量授权等根本性问题逐渐浮出水面。例如，数字作品的权属不清晰，其权利状态具有天然的不确定性。特别是在《伯尔尼公约》规定版权无须登记即可自动取得的情况下，数字版权的产权边界和权属信息难以像专利权和商标权那样通过强制登记明晰，这不仅不利于调动数字版权交易主体的积极性，而且导致数字版权的潜在使用者面临较大的侵权风险，成为制约数字版权产业长久发展的瓶颈。

从具体的市场运作角度观之，海量作品的权属模糊导致的数字版权交易机制困顿主要体现在以下两方面：一是加剧信息不对称和市场失灵。完美的市场交易状态离不开全面完善的交易信息，[1]现有数字版权交易中心虽然简化了交易程序，提高了交易效率，但是面对缺少权属信息的孤儿数字作品时，数字版权交易中心无法确定版权权利人，查找和联系数字版权权利人的成本将由使用者承担。畸高的交易成本制约了数字版权意向使用者的交易意愿，迫使其选择放弃利用数字作品，进而导致数字版权交易市场寡淡。二是造就未经许可的数字版权使用乱象。实践中由于无法明晰数字版权的归属信息，数字版权的实际状态如同阳光无法照射的阴暗面，滋生了较大的侵权风险。事实上数字版权

1　A. Mitchell Polinsky, Economic Analysis as a Potentially Defective Product: A Buyer's Guide to Posner's Economic Analysis of Law, Harv.L.Rev. (1974), p. 1655, p. 1667.

是一项可以被多重主体基于不同的使用方式而重复利用的无形权利，在经过多次权属变动后，潜在的使用者很难核实数字版权的流转状态和权属状况，选择未经许可的数字版权便成为普遍现象。

3.基础失序：技术保护措施引致风险

在数字经济时代，社会公众接触和传播数字作品的方式更加多样、成本更加低廉。于是，数字时代版权人面临着"数字困境"。[1] 有学者指出数字环境下的信息传递是网状的，不受载体流通的限制。[2] 这一方面削弱了版权人对数字作品的控制，另一方面也为社会公众敞开了便捷复制和传播数字作品的大门，使社会公众能够轻易接触和传播版权人的数字作品。[3] 数字版权人为了维护自身版权财产权，倾向于采取技术措施限制未经许可"接触"数字作品的行为。

数字版权人采取技术措施保护自身版权财产权本无可厚非，但是过度的技术保护措施与数字版权交易现实之间的张力也随着技术保护措施的不断更新迭代而愈发明显，并引致了诸多难题。首先，从数字版权交易双方来看，强技术保护措施将引致数字版权交易的非对称性问题。数字版权交易的非对称性是指在数字版权交易过程中，交易一方拥有另一方无法知晓或者无法验证的信息。其次，信息对称是交易机制的本真意涵与价值追求。无论是传统版权交易还是数字版权交易，交易过程中的信息对称性都是其交易的生命力所在。而令人遗憾的是，在数字版权人采取强技术保护措施控制其数字作品时，交易相对人对交易的数字作品的禀赋特点、流通次数和权属状态等必要交易信息很难作出准确的观察和验证。当对交易的数字作品无法观察、无法监督甚至无法验证时，交易相对人便很难获得对抗潜在的欺诈和疏忽的可能性。

此外，数字版权技术保护措施的影响范围又不局限于数字版权交易双

----

1 Theresa M. , Troupson: Yes, It's Illegal to Cheat a Paywall: Access Rights and the DMCA's Anticircumvention Provision, NYUL Rev. (2015), p.338.

2 孙昊亮：论网络技术对版权制度的影响，《河北法学》2015年第10期。

3 刘颖：版权法上技术措施的范围，《法学评论》2017年第3期。

方，其更深层次的关切是社会公共利益之保护。对于社会公众而言，数字技术措施提高了未经许可接触和传播数字作品行为的成本，提高了侵权行为的技术壁垒，但也使得数字版权的权利范围不断扩大，限缩了合理使用的空间。无论是功利主义理论还是洛克的财产权利劳动理论，都认为保护公共利益具有必要性和正当性。作为一项知识信息，数字作品具有较强的创造性，其公开有利于社会整体的发展与繁荣。在目前的数字版权交易实践中，数字版权人对作品采用严格设密保护的授权许可模式，付出对价的用户只有在完成数字作品密钥匹配后才能进行转让等交易行为。这一数字版权交易机制虽然可以有效克服数字时代侵权泛滥的弊病，但却可能堵塞了用户合理使用数字作品的通道，摧毁了公众利益与版权人利益之间存在的平衡机制。

（二）完善我国数字版权交易机制的建议

1.坚持以利益平衡原则为基础

进入数字经济时代后，数字作品的转让、授权等交易模式的创新速度越来越快，样式形态也越来越多，但这也带来主体间利益失衡、数字作品权属模糊等诸多挑战。鉴于数字经济时代下数字版权的特质及其对现有版权制度形成的挑战，数字经济时代下完善我国数字版权交易机制有其正当性和必要性。在数字经济时代对数字版权交易的规制过于严苛，可能会导致数字版权人利益受损，侵权现象频发；但若对数字版权交易的规制过于宽松，则又可能会导致公共知识信息难以推广，社会整体的文化创新迟滞。因此有必要以更完善的整体思路，妥当回应当前数字版权交易领域的诸多挑战。

笔者认为，应当将动态的利益平衡机制贯穿数字版权交易机制构建的全过程，以实现数字版权人、相对人以及社会公共利益的三方平衡。"全社会总体福祉是法律制度宗旨。"[1] 在各国，版权人、相对人和社会公共利益平衡理念贯穿版权法。数字版权交易机制的利益平衡原则并非仅是为了体现制度完备

---

1 本杰明·卡多佐：《司法过程的性质》，苏力译，商务印书馆1997年版，第35页。

性所提出的宣誓性口号，而是如同版权例外体系之于传统版权的平衡器。利益平衡原则也并非构建数字版权交易机制过程中的"奢侈品"，在科技快速发展的数字经济背景下，利益平衡具有独特价值，故有必要将其作为数字版权交易机制构建的基本原则。当然，利益平衡的内涵极为广泛，历来存在争议。在此前的司法实践中，最高人民法院也曾提出"公共利益属于不确定法律概念"的观点。[1] 事实上，即使对于利益平衡机制相对成熟的传统版权客体，利益平衡界限仍然存在诸多模糊之处。一方面，随着版权权能范围的不断扩大，数字版权的权利范围必定会得到一定延伸；另一方面，数字版权本身的性质、双方的交易行为以及公共利益的重要程度均会成为左右该平衡的动力。

2.改进数字版权授权制度

如前所述，科技快速发展的数字时代背景下，数字版权权利人数量激增和不同类别作品之间的界限不断趋于模糊，必然产生海量作品的海量授权需求。而考虑到授权条件和版权状态的极大差异性，数字版权使用者很难事先获得版权人许可再使用数字作品。有观点认为，数字版权交易成本是决定数字版权利益配置效率的决定性因素。[2] 当前集中许可和中心化的授权机制仅限于会员已授权内容，有的数字版权交易平台甚至要求采用一对一事先授权，这显然无法应对"海量作者""海量交易"和"海量授权"等多方挑战。对于数字版权时代面临的私人授权和作品资源问题，在很大程度上可以通过引入延伸性集体管理制度解决。[3] 笔者也认为，应当在充分考虑我国版权保护现状和国情的基础上，建立数字版权延伸集体管理制度，从而实现降低交易成本与增进交易制度整体效能的目标。在数字版权人没有其他意思表示的情况下，集体管理组织有权在延伸性管理范围内对已在统一的数字版权平台登记的数字版权实施管理并进行交易。与此同时，集体管理组织还应当充分利用版权交易平台的通知

----

1 最高人民法院（2017）最高法行申8518号行政裁定书。
2 李岩，王志文：论数字作品转售的理论困境与突破，《电子知识产权》2022年第3期。
3 向波：著作权集体管理组织：市场功能、角色安排与定价问题，《知识产权》2018年第7期。

机制，尽最大可能使数字版权人知悉其作品将被使用。这也意味着数字版权交易平台应当为数字版权人接受作品的使用通知建立机制，从而避免对数字版权人权益造成侵害，减少数字版权人对延伸性集体管理机制的顾虑。

3.建立统一的数字版权交易平台

近年来我国借鉴知识产权强国的经验做法，探索创设了示范性的数字版权综合交易平台，但至今还未建成跨地域、跨部门的集成性、非营利性的数字版权交易平台。实践中由于全国统一的数字版权交易平台的缺位，不同地方和不同部门重复建设数字版权交易平台，导致资源浪费和交易成本上升。建设全国统一的数字版权交易平台不仅能够处理海量的数字版权交易信息，推进数字版权交易的高效化、便捷化，而且能够有效解决数字作品确权认定和一权多卖等难题。笔者认为，全国统一的数字版权交易平台的构建应当在充分整合社会力量的基础上以行政力量为主导，从而整合全国各类数字版权资源；在授权模式上，应当采用延伸性集体管理的模式提高授权许可的效率；在交易规则上，应当按照数字版权的性质进行统一的信息登记管理并分类适用不同的交易流程，对于容易发生权属纠纷和具有较高市场价值的数字版权，在交易前应当运用技术手段进行审查评估，从而减少交易纠纷、保障交易安全。

NFT数字作品的版权交易与版权保护研究

姜南　钦青*

摘要：NFT具有唯一性、不可篡改性、可证明的稀缺性等特征，NFT与数字作品相结合，使NFT数字作品在具有数字版权无形性、易复制、易传播等特征的同时又具有了虚拟财产的属性。数字经济热潮下，数字版权法律制度的稳定性与科技发展之间表现出不适应性，区块链、智能合约等新兴技术的应用却为版权保护和版权交易带来便利。NFT的技术特征可以解决数字作品的登记确权问题，控制NFT数字作品在转售过程中数量的唯一性，为构建数字所有权以及发行权在数字环境中的延伸适用提供了可能。去中心化的交易模式实现了交易过程安全透明，智能合约技术使得著作权人的创作成本得以补偿。目前NFT技术尚处于发展初期，仍面临诸多的法律风险，因此亟待构建健康、规范、绿色、安全的标准共识机制，推动和强化行业规范治理，引导行业合理有序发展。

关键词：NFT；NFT数字作品；区块链；虚拟财产；发行权；注意义务。

---

* 姜南、钦青，同济大学。

一、引言

艺术品数字化浪潮兴起，数字藏品引发广泛的讨论和关注。调查显示，市场上14个NFT交易平台的总交易量由2020年的8570万美元上升到2021年的196亿美元，增长接近23000%。[1] 2021年3月11日，佳士得首次拍卖NFT艺术品便以6930万美元成交（约4.5亿元人民币）。此后，巨额的NFT艺术品交易不断涌现。

NFT数字藏品交易如火如荼开展，版权争议也随之产生。2021年11月，米拉麦克斯影业公司（Miramax Films）正式向美国加利福尼亚州中区法院递交诉状，指控著名导演昆汀·塔伦蒂诺（Quentin Tarantino）关于《低俗小说》的NFT发行侵害了其商标权和著作权并构成不正当竞争。[2] 2022年4月20日，杭州互联网法院依法公开开庭审理原告奇策公司与被告某科技公司侵害作品信息网络传播权纠纷一案[3]，就国内首例关于NFT数字藏品的著作权侵权纠纷案件作出一审判决。在NFT数字藏品尚未有明确的法律条文予以规制的情况下，如何对NFT数字作品进行保护、NFT技术的应用将对版权保护与交易产生何种影响，仍待学术界和实务界予以回应。

二、NFT与NFT数字作品

（一）NFT与数字作品的关系

1.NFT的技术特征

NFT的英文全称为"Non-Fungible Token"，中文名为非同质化代币。NFT作为区块链的延伸应用，是区块链（数位账本）上的一种数据单位，每

---

1 NFT市场如何玩，重点NFT交易平台介绍，网址：https://mp.weixin.qq.com/s/cQl-rQW62XHRxDvJz6DvsoQ，最后访问日期：2022年7月27日。

2 Miramax, LLC v. Quentin Tarantino, Visiona Romantic Inc. and DOES 1-50.

3 杭州互联网法院（2022）浙0192民初1008号民事判决书。

个代币可以代表一个独特的数码资料，用来标记区块链上特定数字内容的元数据。[1] 依据NFT交易平台OpenSea的观点，NFT是开放式数字经济的基本要素，带有全新的财产属性，能够确定权属、跨程序操作。[2]

当数字商品的信息被上传至区块链后，借助区块链分布式存储和哈希算法，生成后的NFT数字商品不可篡改、可溯源，具有唯一性和可证明的稀缺性。每一笔交易均记录在公共账本中，使得NFT的历史交易记录公开且固定，能够追溯到发行者和购买者的信息。每一个NFT所映射的特定区块链上独一无二的序列号保证了NFT的唯一性，同时发行者还可以对特定NFT数字商品的供应数量设置上限，以此保证NFT数字商品的稀缺性，这也构成NFT具有市场价值和流通交易的前提。NFT技术是针对商品数字化或者交易对象数字化的技术实现方式，在区块链和智能合约技术的背景下，NFT的出现很大程度上解决了网络环境中存在海量复制件且不可溯源所导致的数字商品或虚拟财产无法确权这一难题。

2.NFT数字作品的界定

数字网络技术的更新催生了各类数字作品，不同于纸媒时代作品的传播依赖一定的技术条件，数字作品在网络环境中能够被迅速复制并广泛传播，作品的传播范围往往脱离着作权人的预期，盗版现象屡见不鲜。NFT数字作品与普通的数字作品不同，非同质化通证NFT即为区块链上的令牌，区块链数字商品是被令牌标识的特定数据或物品，NFT数字作品则是指被标识的具有"独创性"的数字作品。

数字资产是经过二进位编码的任何被授权使用的文字或媒体资源，包括文字内容、图片和多媒体，[3] NFT数字作品属于NFT数字藏品中的一种，是一

---

1 万字报告：NFT是元宇宙的基石，网址：https://mp.weixin.qq.com/s/4TxXTxBsaByxw_ XphX_MKg，最后访问日期：2022年7月27日。

2 张烽，吴平平：NFT技术应用与法律规制，网址：https://mp.weixin.qq.com/s/IN-f3yTCV4NVZOgBJmepvDA，最后访问日期：2022年7月27日。

3 张逸瑞：元宇宙起源：从UGC说起，网址：https://xueqiu.com/7289558063/207430767，最后访问日期：2022年7月27日。

种数字资产，同时附着于NFT之上的数字作品归属于著作权法的保护范畴。国内外现有的NFT应用场景涉及音乐、游戏、视频、图片等领域，NFT和数字作品的结合可以与著作权法中的音乐作品、摄影作品、美术作品、视听作品等多个作品类型相对应。

（二）NFT数字作品的特征

1.NFT数字作品具有财产属性

判断某一客体是否具有财产属性时，往往会从其价值性、稀缺性和可支配性三个方面来分析，[1]NFT数字作品符合上述特征，因而具有财产属性。首先，数字作品作为知识产权所保护的一种智力成果本身即具有一定的价值；其次，NFT数字作品在传播和使用的过程中并不产生任何消耗，发行方通过限制发行数量设置了人为的稀缺性。此外，通过区块链这一底层技术，将数字作品转换为一种易于储存并可以在特定应用中进行交易的可验证资产，并为数字资产提供所有权证书，使权利人可以对其拥有的NFT资产进行流转交易。依据美国统一州法委员会发布的《统一受托人访问数字资产法》［*Revised Uniform Fiduciary Access To Digital Assets Act*（2015）］，"数字资产是指个人拥有权利或利益的电子记录"。[2]因此，NFT数字作品是一种在网络环境下以数字化形式存在的、既相对独立又具有排他性的信息资源，[3]具有财产属性。

2.NFT数字作品具有无形性

在NFT数字作品中，不仅权利客体具有无形性的特征，其载体的表现形式也呈现出无形性的特点。部分NFT数字作品在现实世界存在与其相对应的实物作品，但也有部分数字作品仅存在于虚拟的网络世界中，并无线下的实物作品与之对应。每个NFT数字作品背后均存在一组唯一确定的元数据，该元

---

1 林旭霞：《虚拟财产权研究》，法律出版社2010年版，第21页。
2 黄忠，钱家欢：美国《统一受托人访问数字资产法》，《私法研究》2015年第1期。
3 NFT市场如何玩，重点NFT交易平台介绍，网址：https://mp.weixin.qq.com/s/cQl-rQW62XHRxDvJz6DvsoQ，最后访问日期：2022年7月27日。

数据显示为存储特定数字内容的具体网址链接或者一组哈希值，[1]这些数据信息构成了具有财产价值的虚拟财产。"虚拟"的事物虽然不是物质世界的真实存在，但却并非主观存在，是一种以代码形式记录和存储的客观的存在。[2]因此，NFT中的数据信息和数字作品都是以一定形式表现的客观存在而应当受到法律保护。不同于物权一般可以通过事实占有实现对客体的支配，基于知识产权客体和虚拟财产无形性的特征，对知识产权和虚拟财产的支配则往往依托于法律的实施。

（三）NFT数字作品的区分保护

正如前文所述，NFT数字作品中涉及的作品类型可以受到著作权法保护，而NFT是在算法执行下生成的与某一特定数字内容相联系的数据集，其本身并不具有独创性，无法受到著作权法的保护。NFT作为加密数字凭证在交易过程中发挥着重要作用，记录权属和交易流程等数据信息，是一种重要的数据资产。[3]网络虚拟财产是互联网发展的科技和物质基础，[4]《民法典》将虚拟财产规定在民法总则第五章民事权利部分，体现了互联网和大数据时代的特征。基于网络虚拟财产的特殊性，目前对于虚拟财产权的归属有物权说、债权说、知识产权说和新型财产权利说等学说。在数据等虚拟财产尚未有明确的法律予以规制的情况下，可以参照适用《民法典》中"物权编"的相关规定对其进行保护，而其中有关数字作品的保护则仍适用《著作权法》的规定。

---

1 陶乾：论数字作品非同质代币化交易的法律意涵，《东方法学》2022年第2期。
2 瞿灵敏：虚拟财产的概念共识与法律属性——兼论《民法总则》第127条的理解与适用，《东方法学》2017年第6期。
3 王竹：《物权法》视野下的虚拟财产二分法及其法律保护规则，《福建师范大学学报（哲学社会科学版)》2008年第5期。
4 杨立新：民法总则规定网络虚拟财产的含义及重要价值，《东方法学》2017年第3期。

三、NFT数字作品的版权保护

（一）NFT数字作品的版权确权

1.现存著作权登记制度的弊端

权利公示是财产制度的基本原则，登记作为权利公示的一种重要表现形式，是随着财产权制度的不断完善发展起来的。[1]目前各国立法普遍采取著作权自动保护制度，著作权登记能够作为证据材料证明作品的权属，在诉讼中发挥作用。例如美国版权法将版权登记作为提起诉讼的前提条件，只有登记才能获得法定赔偿。在绝大多数国家，登记记载的事实通常在司法诉讼中作为初步证据被采用。[2]

著作权登记处于作品传播链条的始发站，是后续作品著作权交易的基础和避免权属争议的制度保障。[3]著作权的客体具有无形性，在其转让过程中往往存在多重买卖和权属不清的情形。依据现行《著作权法》中的相关规定，著作权的转让仅要求双方签订书面合同，双方当事人就著作财产权转让的意思表示达成一致即可发生权利变更，权利受让方面临较高的交易风险。由于著作权登记并不进行实质审查，著作权登记在权属证明方面的作用不大。在作品快速传播的融媒体技术背景下，部分投机的图片公司抢先登记孤儿作品甚至有明确作者的作品，如引发广泛争议的黑洞图片事件，不仅严重损害创作者和社会公众的利益，也将使用者置于未知的侵权风险中。除此之外，现阶段著作权登记业务的服务项目较为单一，仍停留在初级阶段，未能同产业的发展相关联，难以有效支撑著作权人对作品进行运营、质押、交易、孵化等一系列延展性工作。[4]

---

1 苏平：著作权登记制度完善的思考，《电子知识产权》2012年第8期。

2 索来军：著作权自愿登记仍然是多数国家著作权保护不可或缺的制度，网址：https://mp.weixin.qq.com/s/PdlAnzTQodI3AFidnvjs5Q，最后访问日期：2022年7月27日。

3 赵玺：论著作权登记写入著作权法的必要性，《出版发行研究》2016年第5期。

4 王悦彤：新时期著作权登记存在的问题与思考，《出版发行研究》2018年第8期。

2. NFT与区块链技术在版权确权方面的应用

随着数字金融的蓬勃发展，公私钥体系对传统的账户体系构成巨大挑战，确权不再必须通过账户体系完成。用户可以通过数字身份，对拥有的资产进行登记，经分布式网络中所有用户的一致认可后，完成数字资产的初始确认。[1] NFT数字作品属于数字资产，其价值与著作权是否具有权利瑕疵密切相关。当NFT数字作品铸造完成并在NFT交易平台上公开出售时，购买者通过与NFT交易平台签订协议获得NFT数字作品的权属，其中是否包含相关著作权权项的许可或移转需要依据合同的约定进行判断。NFT具有不可篡改性和可追溯性，且区块链向所有主体开放，NFT数字作品的交易流转信息被完整地记录下来，用户可以登录系统查询交易信息，[2] 透明公开的交易记录具有一定的公示性，可以有效避免NFT数字作品的权属争议。

加强著作权人控制的前提和第一步是解决确权问题，区块链技术的优势特点可以成为著作权登记的新选择。《著作权法》建立了自愿登记制度，《著作权法实施条例》中也规定著作权转让合同和专有许可合同应当登记备案。将区块链技术应用于著作权登记中，可以实现登记的去中心化，解决重复登记、登记信息割裂等问题，[3] 提高著作权登记的公示公信效力。目前我国已有利用区块链技术加固的版权申请服务平台"版权家""纸贵"，基于区块链的数字出版平台"亿书"以及从图片版权登记起步的"百度图腾"等。此类平台一般采用"区块链技术+作品登记"双重登记的方式，在全球范围内产生登记效力，登记确权的时间和金钱成本较低。[4]

---

1 刘鹏林：数字资产：资产数字化还是数字资产化，《中国信用卡》2021年第8期。
2 郭雅菲：基于区块链的数字作品发行权用尽研究，《上海法学研究》2020年第1期。
3 瞿灵敏：虚拟财产的概念共识与法律属性——兼论《民法总则》第127条的理解与适用，《东方法学》2017年第6期。
4 郭雅菲：基于区块链的数字作品发行权用尽研究，《上海法学研究》2020年第1期。

（二）NFT数字作品的版权维权

1.控制数字环境下复制件的数量

著作权体系以复制权为核心，数字时代作品的传播方式发生巨变，复制行为被赋予新的内涵。数字作品通过线上的方式进行转售，无法保证买受人购得的数字作品即为出让人所持有的数字作品，也难以阻止复制件在数字环境下的再复制。因此，在数字作品的转售过程中，复制件的数量往往呈几何式增长，数字作品的传播范围也由此脱离了著作权人的控制。而NFT数字作品具有唯一性，即使作品的内容完全相同，同一作品的每个复制件也有唯一的序列号与其对应。在NFT技术支撑下，一旦NFT数字作品的所有人将其所有的NFT数字作品转赠或出售，即丧失该NFT数字作品的权属，与传统纸媒时代作品交易的结果类似，实现了对作品数量的控制，保障了数字作品在转售行为中的唯一性和竞争性。[1]

2.简化数字版权的侵权举证程序

NFT是存储在区块链上不可互换的数据单元，是一种数字账本形式。区块链是一种寻址与数据内容、时间先后相关联的数据结构，[2]区块链技术所具有的时间戳特性和不可篡改性天然与数字版权保护的需求相契合。

区块链技术的应用能够有效防止侵权行为发生，简化侵权举证程序，维护著作权人的合法权益，数字作品的使用者也能获得有效的指引，提高数字作品的交易效率。区块链可以安全存储数字版权交易过程中产生的所有数据，包括创作者从最初的创作灵感到最终产生的成果这一系列的过程，并通过时间戳链条以及基于密码技术的连续数字签名，为任意一个特定的时间点提供存在证明和身份证明，[3]附有时间戳的NFT数字作品一经发布即具备了其独有的身份

1 黄玉烨，何蓉：数字环境下首次销售原则的适用困境与出路，《浙江大学学报（人文社会科学版）》2018年第6期。

2 王清，陈满婷：区块链技术在数字著作权保护中的运用与法律规制，《湖北大学学报（哲学社会科学版）》2019年第3期。

3 孟奇勋，吴乙婕：区块链视角下网络著作权交易的技术之道，《出版科学》2017年第6期。

信息。作品的使用和修改信息均记录在区块中，著作权的权利所有者以及相关的交易信息得以明晰，分布式存储技术能够快速追踪侵权人并确认侵权行为，维护权利所有人的利益。[1] 采用区块链技术作为存证方式也逐渐为法院所认可。区块链存证是利用区块链及其扩展技术在电子数据的生成、收集、传输、存储的全过程中，将需要存证的电子数据以交易的形式记录下来，加上时间戳记录在区块中，从而完成存证的过程。[2] 2018年发布的《最高人民法院关于互联网法院审理案件若干问题的规定》明确了区块链的证据定位，意味着经由最高人民法院的司法解释，用于个案判断的区块链技术上升为司法职业共同体的共识性标准。[3] 2022年5月25日，《最高人民法院关于加强区块链司法应用的意见》发布，进一步加强了区块链在司法领域的应用，充分发挥区块链在促进司法公信方面的作用。

四、NFT数字作品的版权交易

（一）NFT数字作品的交易流程

1.去中心化的交易模式

"去中心化"指信息由单一中心向外按层级传递的模式在互联网环境下逐渐向多中心、无层级、同步快速方式转型。[4] 首先，在原有中心化集权管理模式下，创作者受作品传播途径的限制，将自己的作品交由第三方运营后即丧失了对作品的绝对支配权。其次，各中心化平台的管理系统相互隔离，作品交易信息无法实现共享。新兴媒体技术及区块链的应用弱化了传播者在版权交易

---

1 孟奇勋，吴乙婕：区块链视角下网络著作权交易的技术之道，《出版科学》2017年第6期。

2 参见最高人民法院信息中心指导，中国信息通信研究院和上海市高级人民法院牵头，多省高院、互联网法院、中国司法大数据研究院等25家单位共同参与编写的《区块链司法存证应用白皮书》。

3 张玉洁：区块链技术的司法适用、体系难题与证据法革新，《东方法学》2019年第3期。

4 黄玉烨，何蓉：数字环境下首次销售原则的适用困境与出路，《浙江大学学报(人文社会科学版)》2018年第6期。

中的地位，创作者和使用者之间可以直接进行交易，分布式技术可以帮助消费者快速获取数字作品的权属及交易信息。在去中心化的交易模式下，公有链和联盟链下各交易平台的数据可以实现互通共享，能够有效避免第三方平台对交易数据的垄断。区块链技术维护每一个交易主体的独立平等地位，最大限度地摆脱了第三方平台对交易的束缚，[1] 提高了数字版权的交易效率。

2.交易所涉及的著作权项

NFT数字作品的铸造和发售涉及作品的复制权、发行权、信息网络传播权等，其中NFT数字作品的发售行为是否属于发行行为尚有争议。发行权是指著作权人以出售或赠与的方式向公众提供作品的原件或复制件的权利，传统理论认为提供作品原件或者复制件仅指转移有形物质载体的行为。然而，NFT数字作品已经具有不同于网络环境中一般数字作品的特征，实现了与传统物质载体类似的作品交易结果。因此笔者认为，在网络环境中不应完全否认发行权的适用，但是应当与信息网络传播权以及复制权的内容进行区分，信息网络传播权中的"使公众获得"仅指作品内容的可及性，并不关注受众能否实际获得作品，而发行权中的"提供作品"同时包含作品载体权属的转移。实施复制行为与发行行为的目的和效果不同，复制行为的效果是形成作品的复制件，至于该复制件是否以转移所有权的方式向公众提供（即"发行"），则在所不问。[2]信息网络传输完全建立在复制的基础上，[3] 因此当作品在网络环境中的复制行为仅构成交互式传播行为或发行行为中的一个步骤时，该行为应当被信息网络传播权或发行权所吸收。

（二）权利用尽原则在数字作品二次交易中的适用

在著作权领域，权利用尽原则体现为发行权一次用尽。若将发行权延伸

---

1 薛晗：基于区块链技术的数字版权交易机制完善路径，《出版发行研究》2020年第6期。
2 王迁：复制权与信息网络传播权的关系，《湖南师范大学社会科学学报》2022年第2期。
3 黄玉烨，何蓉：数字环境下首次销售原则的适用困境与出路，《浙江大学学报（人文社会科学版）》2018年第6期。

至网络环境中的数字作品，发行权用尽原则是否同样适用，各国采取了不同的做法。美国版权法中发行权延伸至网络环境，同样适用发行权用尽原则。但在美国国会唱片公司诉ReDigi公司案[1]中，法院认为发行行为伴随着复制行为，[2]适用发行权用尽原则将影响著作权人复制权的行使。上诉法院特别指出，复制是指在另一个新的载体上重复再现作品，至于产生新的复制物的同时，原来的副本是否删除，作品的数量是否增加，与是否构成复制行为无关。在欧盟联邦法院最终判决Tom Kabinet二手电子书案中，法院认为电子书转售不适用权利用尽原则。[3]欧盟联邦法院认为，提供在线下载电子书的行为不属于欧盟2001/29/EC号指令第4（1）条的发行行为，因而不受权利用尽制度的规制，权利用尽原则仅适用于物理/有形副本的发行。欧盟联邦法院进一步指出，在线下载电子书应归属于同一指令第3（1）条的"向公众传播"的行为。

网络环境中数字作品是否可以适用发行权用尽原则一直存有争议。在代代读公司诉阿帕比公司、国家图书馆著作权侵权纠纷案[4]中，法官认为在类似于实体发行的网络环境中可以适用"权利用尽原则"。NFT数字作品在技术上实现了转售过程中数量的唯一性，为促进数字作品二次交易市场的活跃度，提高数字版权的交易效率，保障社会公众作品的可及性，[5]应当将发行权及权利用尽原则适用于数字作品的二次交易中。而在"胖虎打疫苗"NFT作品侵权案[6]中，杭州互联网法院则采取了相反观点。法官认为，有体物分割了作品的财产权与著作权，是发行权用尽的基础，而作品在虚拟环境中缺少有形载体，其财产权与著作权无法分割，难以适用"发行权用尽"原则。数字环境下复制或为发行进行的复制行为能否被信息网络传播行为或发行行为所吸收，以

---

1 Capitol Records, LLC v. ReDigi Inc., 2018 WL6518076 (2nd Cir.(N.Y.), Dec 12, 2018.

2 张颖：区块链技术驱动下的著作权登记制度变革，《图书馆论坛》2019年第12期。

3 Nederlands Uitgeversverbond, Groep Algemene Uitgevers v. Tom Kabinet Internet BV, Tom Kabinet Holding BV, Tom Kabinet Uitgeverij BV.

4 北京市海淀区人民法院（2015）海民（知）初字26904号民事判决书。

5 陈全真：数字作品发行权用尽的解释立场及制度协调，《出版发行研究》2021年第9期。

6 杭州互联网法院(2022)浙0192民初1008号判决书。

及网络环境中能否适用权利用尽原则，仍需结合具体的数字交易技术背景予以判断。

（三）维护创作者的权益

1.创作者与传播者身份的演变

著作权法鼓励作品的创作和传播，作品来源于作者，是著作权法得以存在的基础。在著作权产业的分工中，创作行为被认为是最能体现智力劳动的环节，也是最不可替代的部分，正如有学者所言，"作品必须把带有独一无二天资与能力的个人智慧体现在创作活动中并把它的光辉展现出来"。[1]作品创作是著作权产生的前提，而后续权利的行使、作品经济价值的实现本质上又依靠作品的广泛传播，文化产品丰富的利用和消费方式使得著作权的权利价值不断增值，得益于出版社、录音录像制作者、广播组织等众多传播者和消费者的加入，一个完备的著作权交易市场得以构建并有效运行，从而进一步激励作品的创作、传播与消费。[2]技术发展使得传播者在实现作品价值过程中的作用日益凸显，作者往往需要把部分财产性权利让渡给版权运营平台，把部分经济利益以邻接权的形式让与传播者，借助这些版权运营平台和传播者的专业素养与专业经验等以更好地实现作品的物质与精神价值。[3]分散的作者群体在与传播者议价的过程中常常处于弱势地位，使得创作者和传播者的利益天平向传播者一端倾斜。

2.创作者的重复收益权

作品的创作、传播、使用三个环节缺一不可。从创作者和传播者之间的关系看，契约自由建立在双方当事人地位相对平等的预设之上，创作者和传播

---

1 [德]M·雷炳德：《著作权法》，张恩民译，法律出版社2004年版，第114页。

2 蒋一可：数字音乐著作权许可模式探究——兼议法定许可的必要性及其制度构建，《东方法学》2019年第1期。

3 谢晴川，何天翔：论著作权法对"创作者特权"的确认与限制——以"鬼吹灯"案中的作者续写权利主张为切入点，《交大法学》2020年第4期。

者往往在著作权合同缔约阶段就暴露出利益失衡的现象。投资者和传播者因掌握专业的传播技术和渠道而在著作权交易市场中占据优势地位，因此创作者在同传播者签订著作权许可或转让合同时常常处于弱势地位，这使得创作者难以充分实现其著作权。从创作者和使用者之间的关系来看，新媒体的传播特征使得侵权成本显著降低的同时，著作权人的维权成本却在不断攀升，因此在数字运营模式下应当更加关注创作者权益的保护。

在NFT技术背景下，部分NFT交易平台已经支持运用智能合约技术设置交易版税的比例，从而保证创作者能够从自己所创作的数字作品的每一次交易中赚取一定份额的佣金。智能合约的可编程性也使其可以通过编码拥有更多特性，为NFT版权交易设置出更多个性化的场景或条件。[1]作品的原始创作者无须对每一次作品的流转进行关注，即可自动获取溢价分成，原著作权人的信息也不会随着作品的多次流转而模糊灭失。发行权一次用尽的立足点在于保障社会公共利益，重复收益权的设置则可以弥补著作权人的利益损失，允许其对后续的转售享有一定的权限和范围，以便从中收回创作成本，适当获取利润。

五、NFT数字作品的交易风险及平台责任

（一）NFT数字作品在版权交易中的困境

1.NFT数字作品来源不明

虽然NFT数字作品在区块链中的交易明晰可查，但如果数字作品铸造及上链前在授权充分性、标的权益等方面存在问题，其后的流转交易都将存在权利瑕疵，不仅会破坏交易主体以及平台已经建立的信任机制，还将严重损害交易秩序的确定性以及交易相对人的合法权益，动摇NFT商业模式下的信任生

----

1 张亭来，史李寅等：NFT模式与关键法律问题蓝皮书，网址：https://new.qq.com/omn/20210917/20210917A0GN3J00.html，最后访问日期：2022年7月27日。

态。[1]区块链的架构依赖于匿名机制，以此来保护隐私结点，虽然公众能够看到所有的交易，但看不到相关的身份信息。为避免用户在交易过程中发生上述资产安全风险，NFT交易平台需要履行安全保障义务，对用户进行实名化认证。同时，平台对铸造时所登记的著作权人，需尽到提示说明的义务，要求其承担相应的权利瑕疵担保责任，对其后NFT作品流转过程中由此引发的著作权侵权承担连带责任。

2.NFT数字作品交易与版权合意分离

版权交易需双方当事人达成合意。NFT数字作品通过NFT交易平台上的智能合约技术自动执行交易规则，智能合约是由底层代码构成的可被自动执行的程序，并不包含当事人一致的意思表示或要约承诺，只能作为执行交易双方合意的工具。因此，仅通过智能合约的形式自动完成NFT交易并不代表作品的版权交易也一并完成，NFT本身无法提供版权许可或版权转让。

数字环境下海量的信息被更新和传播，要求权利人赋予利用人灵活使用信息的权利，以使得更多的有益信息被创造，增进社会整体利益。[2]以CC许可协议（Creative Commons License）为代表的开放著作权许可正是信息复制传播市场对于"互联网+"时代的回应。在CC许可协议中，许可人主要从署名（BY）、非商业性使用（NC）、禁止演绎（ND）、相同方式分享（SA）四个方面对授权内容作出一定的限制，即权利人可以自行选择对外授权的程度和条件，被许可人在使用作品时双方即达成版权许可合意。在NFT作品的交易过程中往往涉及多种权项，对于部分创作者来说，采用CC许可协议的方式可以扩大作品的传播范围，当被许可人希望进行商业性使用时，可以联系许可人单独就该作品的商业性使用达成协议，获得相应授权，由此保证许可人收益的同时扩大作品的传播范围。

----

1 在你还不知道什么是NFT作品的时候，"元宇宙侵权第一案"已经判了，网址：https://www.thepaper.cn/newsDetail_forward_18008562，最后访问日期：2022年7月27日。

2 黄璟：网络环境下开放著作权许可探析，网址：https://mp.weixin.qq.com/s/4NsiUHg-G8e2lldj6ml2nhA，最后访问日期：2022年8月21日。

（二）NFT交易平台的责任承担

1.NFT交易平台的运营模式

根据各NFT平台不同的开放程度，可以将其划分为邀请创作平台（PGC）和自由创作平台（UGC）。邀请创作平台对创作者采取邀请制或申请制，创作者往往具备专业知识和技能，创作内容的质量普遍较高，国内以鲸探为代表，国外以Zora为代表。自由创作平台不对创作者设限，平台用户均可创作内容并自行上传，国内以Bigverse为代表，国外以OpenSea为代表。NFT平台会根据作品本身的IP价值及其他因素，在该平台首页通过banner图或者"推荐"栏目进行NFT作品推荐。[1] 从平台的盈利模式来看，NFT交易平台通常在铸造作品时收取Gas费，并在每次作品交易成功后收取一定比例的佣金。

2.NFT交易平台的注意义务

在互联网产业发展初期，为避免因赋予平台过多的版权注意义务而遏制产业的健康发展，各国立法纷纷设立避风港规则，减轻平台因侵权行为承担的损害赔偿责任。随着算法、大数据等新技术的发展，传统避风港规则难以有效适应互联网产业的最新发展。2019年欧盟通过的《数字化单一市场版权指令》对避风港规则作了重大调整，引入版权过滤义务，颠覆了传统的"通知—删除"规则。我国《民法典》也将网络服务商的"通知—删除"规则改为"通知—必要措施"规则，提升了网络服务商的版权监管责任。

注意义务虽然和信息管理能力相关，却不完全取决于信息管理能力，还与平台实际的商业模式有关，需要在个案中予以判断。[2] 在"爱奇艺诉字节跳动"案[3]中，一审法院认为，字节跳动公司以其服务特点和技术优势帮助用户在移动互联网上高效率地获得更多的曝光和关注的同时，也为自身获取了更多的流量和市场竞争优势等利益。正因为存在获取更多优势、利益与带来更大侵

---

1 杭州互联网法院（2022）浙0192民初1008号民事判决书。

2 研讨综述 | 算法推荐与平台合规性学术研讨会，网址：https://mp.weixin.qq.com/s/8jeufwx-iiI0sARhjUBd9g，最后访问日期：2022年7月27日。

3 北京海淀区人民法院（2018）京0108民初49421号民事判决书。

权风险并存的上述情况，字节跳动公司与不采用算法推荐、仅提供信息存储空间服务的其他经营者相比，理应对用户的侵权行为负有更大的注意义务。同样在采用邀请制或申请制模式的NFT交易平台中，由于需要对创作者的身份进行审核以保证作品质量，同时NFT交易平台从每次NFT数字作品的交易中获取经济利益，因此理应尽到较大的注意义务，采取合理措施防止侵权行为的发生。对于提供NFT数字作品交易服务的网络平台，应结合NFT数字作品的特殊性及NFT数字作品的交易模式、技术特点、平台控制能力、盈利模式等方面综合评判NFT平台的责任边界。[1]

1　北京海淀区人民法院（2018）京0108民初49421号民事判决书。

虚拟偶像"表演"《著作权法》规制的困境及其破解

孙山*

摘要：虚拟偶像"表演"的本质是借助虚拟现实技术对作品进行复制、表演、广播、信息网络传播等方式的利用，虚拟偶像是以可视化方式展现的数据，"表演"过程中离不开"中之人"提供数据采集样本和同步数据。对虚拟偶像"表演"的规制，应当正视产业实践的商业逻辑。在具体路径上，可以借鉴人工智能生成内容著作权法保护的理论探索，在著作权法层面进行制度创新，将作为表演工具的虚拟偶像和提供数据采集样本、同步数据的"中之人"视为完成"表演"行为的整体，以"特殊职务表演"来确定权利归属及其限制。"中之人"享有"表明身份"的人身权利，虚拟偶像运营者享有"保护表演形象不受歪曲"的人身权利和其他财产权利，当事人可以在合同中对"表明身份"权利的行使作出限制性约定。

关键词：虚拟偶像；表演；著作权法；中之人；虚拟偶像运营者；表演者权；特殊职务表演。

★ 孙山，西南政法大学。

　　作为新生事物，虚拟偶像"表演"的《著作权法》规制必须解决如下难题：虚拟偶像"表演"法律性质的界定；虚拟偶像"表演者"身份的认定；"表演者权"的权利归属与内容配置。从视觉与听觉效果上看，虚拟偶像具备人的各种形象要素，但它所完成的"表演"，必须借助"中之人"[1]提供的数据采集样本与同步数据，而样本和同步数据的采集与虚拟偶像的日常操作，又要服从虚拟偶像运营者的指示。虚拟偶像"表演"的形成过程不同于人类"表演"，直接将没有生命的虚拟偶像认定为"表演者"进而享有"表演者权"，显然会引发著作权制度在规范与理念层面的重大变革。如果是选择将"中之人"归为"表演者"，《著作权法》中表演者享有"表明表演者身份和保护表演形象不受歪曲"的权利归属及其行使规则，又与"中之人"不得泄露身份信息的行业惯例发生直接冲突。稍加观察不难发现，虚拟偶像的商业化运营逻辑与著作权法的传统理念、规范设计存在一定差异。因此，虚拟偶像"表演"的法律规制，远比人类主体表演行为的法律规制复杂得多，很难从现行法中得出当然的、确定的答案，国内极少有学者对该问题作出正面切入式的回应。与此同时，虚拟偶像的"表演"需要人工智能技术的应用，人工智能生成内容的著作权法保护模式的选择思路对"表演"的保护有一定的借鉴意义。正视产业实践的商业逻辑，结合著作权法的基本原理，参酌人工智能生成内容著作权法保护的可选路径，提出规制虚拟偶像"表演"的建议，此即本文的研究思路。

一、虚拟偶像"表演"的现象分析

　　对于虚拟偶像，采用如下定义作为研究的前提：虚拟偶像是在人工智能时代互联网等虚拟场景或现实场景中进行偶像活动的无真实本体的架空形象，包含了技术手段和运营模式两方面的表征。在技术手段上，利用计算机图形、

---

[1] "中之人"的概念源自日本的声优行业，原本是指给角色配音的人，后来被扩大理解为在虚拟偶像背后提供人类身体活动要素的数据样本以辅助完成"表演"的人。

语音合成等手段人工制造"能说会唱"的虚拟存在；在运营模式上，仿照真实偶像进行演艺活动和开展形象运营。[1] 本文使用"虚拟偶像"的称谓，一是出于尊重国内现有商业实践与学术研究惯常用法的考虑，二是为了方便研究的展开与学术交流的有效进行，以期在研究范围的覆盖面上达成更多的共识。

目前，虚拟偶像商业化应用的领域主要分为以下四类：演艺类、主播类、导购类和代言类。演艺类应用出现最早，应用也最为广泛。主播类应用稍后面世，直播带货兴起后导购类应用随之出现，代言类应用的出现相对较晚。当然，上述分类只是初步的分析框架，并不意味着严格的行业领域限定。与真人一样，虚拟偶像跨界运营日渐成为常态，如淘宝就曾邀请"洛天依"直播带货。

需要注意，上述四类领域中虚拟偶像的商业化应用，只有部分行为可能构成《著作权法》意义上的"表演"。《著作权法》第10条第1款第（9）项规定："表演权，即公开表演作品，以及用各种手段公开播送作品的表演的权利。"从定义可以推知，《著作权法》意义上的"表演"，其对象必须是"作品"，脱离"作品"的"表演"只是生活语言范畴上的"表演"，没有法律意义，"没有作品被表演的情况下，演出不能成为本法保护的客体"。[2] 因此，在虚拟偶像导购类和代言类商业化应用的场景中，如果未使用作品，那么基本上不存在"表演"，演艺类和主播类商业化利用场景中才有讨论"表演"的必要性。虚拟偶像的"表演"主要发生在演唱会、综艺节目和直播间这三种场景下。

虚拟偶像"表演"的过程不同于人类主体借助自身肢体动作、声音等要素直接完成的表演。传统意义上的表演，是人类主体通过自身的肢体动作等再现作品，人类以其自身作为表演的工具载体，直接主导了整个表演过程。虚拟

---

1 喻国明，耿晓梦：试论人工智能时代虚拟偶像的技术赋能与拟象解构，《上海交通大学学报（哲学社会科学版）》2020年第1期。

2 黄薇，王雷鸣：《中华人民共和国著作权法导读与释义》，中国民主法制出版社2021年版，第204页。

偶像"表演"的完成则有所不同,人类主体并没有直接以自己的形象完成"表演",但他们通过提供肢体动作、声音等要素的样本数据、调适软件等行为,间接主导了整个"表演"过程,虚拟偶像成为完成"表演"的工具载体。虚拟偶像的现场"表演",是按照预设的结果调取相应的人类主体声音、图像等原始数据的采集样本或技术处理后的数据采集样本,呈现的是一个既定的结果。此时,人类虽未出场,但他主导了"表演"的全过程,同时也是虚拟偶像"表演"时所需要的各种基础数据的提供者与处理人,虚拟偶像只是间接完成"表演"的工具载体。人类主体的表演则需要他出场,直接以自己的形象完成表演;在排除对口型假唱的前提下,表演必须是现场完成,不需要借助事先准备好的数据材料等;如何表演取决于自己的独立意志,表演的结果具有一定程度上的不确定性。总而言之,虚拟偶像"表演"与人类主体的直接表演,在"表演"时的形象展示、"表演"时涉及的要素来源、"表演"结果的确定性程度等方面都存在明显的不同。

二、虚拟偶像"表演"《著作权法》规制主体"错位"困境的技术分析

从事实基础来看,虚拟偶像"表演"的完成依赖于人类主体提供身体活动要素的相应数据,虚拟偶像自身并不能独立形成"表演"所需的身体活动要素的采样数据。虚拟偶像的部分"表演"依托人类主体提供的原始数据采集样本或经过技术处理的数据采集样本,还有部分"表演"的完成则需要人类主体提供同步数据以完成现场直播。此处所谓数据采集样本,是指虚拟偶像运营者对由人类主体提供的包括声音、肢体动作等在内的身体活动要素,以数据的形式进行采集、存储,以便直接使用或经过技术处理后使用。同步数据则是指虚拟偶像运营者对由人类主体提供的包括声音、肢体动作等在内的身体活动要素,通过各种设备记录下来并进行同步传播的数据。

从"表演"过程中各方的角色及作用来看,虚拟偶像"表演"离不开

人类主体的主动介入和积极选择，虚拟偶像缺乏独立的意志，其作用等同于工具。台前是虚拟偶像在"表演"，幕后的主导者则是人类，存在明显的主体"错位"。虚拟偶像的存在和"表演"，都是虚拟现实技术应用的结果。虚拟现实属于综合性技术，由立体显示、3D建模和自然交互三大类技术组成。其中，自然交互技术包括动作捕捉、眼动跟踪、语音交互、触觉交互、嗅觉及其他感觉交互、脑机接口等，要求人类主体提供必要的身体活动要素的数据采集样本和同步数据。虚拟偶像"表演"至少涉及两类主体——虚拟偶像运营者和提供指定数据采集样本、同步数据的个体（业内通称为"中之人"），虚拟偶像本身的主体性质则存疑。虚拟偶像的"表演"既需要由"中之人"提供数据采集样本和同步数据，样本采集活动和"中之人"的同步"表演"本身又受到虚拟偶像运营者主观选择的限定，"表演"行为缺乏足够的独立性。虚拟现实技术是虚拟偶像"表演"在技术层面的必要支撑，借助该技术，虚拟偶像的"表演"才能给人带来真实的感觉，而虚拟现实技术的实施本身又需要"中之人"提供必需的数据采集样本和同步数据。当然，数据采集样本和同步数据的提供不是由"中之人"单方决定的，运营者会限定样本和同步数据的数量、风格等，通常还会对样本进行技术处理，以求获得更好的传播效果。

梳理整个过程不难发现，人类所提供的数据采集样本与同步数据，在"初音未来"这一类虚拟偶像"表演"过程中占据基础与主导性的地位。在"表演"时，虚拟偶像需要根据指令调用事先采集好的原始数据采集样本、经过技术处理的数据采集样本或者由人类提供的同步数据，没有独立完成"表演"的可能。在整个"表演"的过程中，虚拟偶像没有展现出任何独立意志，预先采集的数据样本和同步采集的数据也非源于自身的身体活动，它实际上扮演了类似于"显示器"的角色，属于人类完成特定表演的"可视化"工具。显然，完成可视化"表演"的虚拟偶像、提供数据采集样本和同步数据的"中之人"与主导整个"表演"的虚拟偶像运营者之间，存在明显的主体"错位"，缺少任何一环都将难以完成"表演"，但起主导作用的人类在"表演"过程中居于幕后，虚拟偶像独立完成"表演"只是表象而已。

基于与人类交互沟通的需要，虚拟偶像几乎都被赋予人的形象和行为模式，且都有相应的人物设定，但这种拟人化的操作并不会带来身份上的实质性变化。这种拟人化设定的背后，是商业逻辑在发挥作用，目的在于消除人类主体与非人类形象的计算机软件间的情感隔膜，在社会公众与虚拟偶像背后的运营者之间建立法律关系。拟人化的设定不是为了证明虚拟偶像具备了人类主体的情感和思想，可以理解人类行为的法律意义，更不意味着虚拟偶像具有独立的主体资格。从外形上看，国内的虚拟偶像大都被赋予二次元漫画的人物造型，与真实人类形象略有区别，肉眼容易分辨。但是，这种因文化输入所造就的差异，也会因本土文化的繁荣而改变，未来各个运营者更趋向于以接近传统审美和真实人物形象的造型完成虚拟偶像的设计。可以预见，在较长一段时间内，虚拟偶像"表演"仍然需以人的介入作为必要前提，"表演"离不开人类提供的数据采集样本和同步数据。人类形象、行为模式乃至人设的选择，对虚拟偶像本身没有任何法律意义，拟人化的设定是为了实现运营者的特定目的，尤其是商业目的。

人类形象的表象之下，虚拟偶像本身也只是数据的集合而已。虚拟偶像的"表演"需要人类提供数据支撑，而虚拟偶像的本体，同样可以还原为人类提供的数据。虚拟现实技术所包含的3D建模过程中涉及的计算机模型，是存储在计算机中的数据，出于技术处理方便的考虑，各种外部形象的可视性要素都被分解为小的几何形状，通常为三角形。[1]换言之，虚拟偶像的外部形象，本质上就是人类完成的数据集合。我们肉眼所见的虚拟偶像的外形，不是它本身固有的，在离开计算机技术辅助的情况下，虚拟偶像无法被人类所感知，构成虚拟偶像的各种形象要素都是存储在计算机系统中的数据。在还原为数据的层面上，任何关于虚拟偶像权利保护的后现代主义式的探讨，在

---

1 Adam Faier, Digital Slaves of the Render Farms: Virtual Actors and Intellectual Property Rights, U. ILL. J.L. TECH. & POL (2004), pp. 329-330.

笔者看来都是没有意义的，这也是笔者将虚拟偶像本身排除在权利主体之外的根本原因。

虚拟偶像"表演"的本质特征，是人类主体借助虚拟现实技术等，以虚拟偶像的外部形象，对作品进行复制、表演、广播、信息网络传播等方式的利用，有人类外形但无生物实体——"有形无体"。所有事物的特征都是在相对的意义上成立的，是在与它最为相似的对象比照下才获得普遍价值的。虚拟偶像"表演"的本质特征，应以人类主体的表演为参照系。人类主体的表演，是以自己的外部形象作为重要的表现工具，而人类的外部形象，有生物实体作为物理层面的支撑。因此，人类主体在表演过程中，不需要其他主体提供各种身体活动要素的数据支持，他可以独立自主地完成"有形有体"的表演活动。相比之下，由于缺少生物实体的支撑，虚拟偶像"表演"时只能通过技术手段实现形象的可见，身体活动要素还需要人类提供数据支撑，表演过程中"有形无体"，不能实现真正意义上的独立自主。正如一些学者所言，"迄今为止，（虚拟偶像）它们只不过是由技术木偶操纵者控制的视听木偶"。[1]

需要注意的是，在虚拟偶像"表演"作品的表象背后，人类主体不仅实施了《著作权法》第40条规定的表演行为，而且还实施了复制、广播和信息网络传播行为。作品的数字化和录音的行为属于复制；为虚拟偶像提供数据采集样本、同步数据的演员，借助技术设备，以动作、声音、表情等方式公开再现作品或演奏作品的行为属于表演；以虚拟现实技术传播作品的行为，根据传播时交互与非交互的技术特点，分别属于广播和信息网络传播。所以，虚拟偶像"表演"的范畴，并不局限于法条中的"表演"。为简化分析，本文则将研究范围限缩在法条意义的"表演"上。

---

1 Joseph J. Beard, Clones, Bones and Twilight Zones: Protecting the Digital Persona of the Quick, the Dead and the Imaginary, BERK. TECH. L.J. (2001), p. 1167.

三、虚拟偶像"表演"《著作权法》规制主体"错位"困境的规范分析

虚拟偶像"表演"的规制，最终应还原为对人类利益的保护。人类创制虚拟偶像，并不是为了虚拟偶像自身的利益——作为工具的虚拟偶像不存在自身的利益，而是为了通过偶像驱动，在文化消费过程中实现自身经济利益最大化。因此，要想有效解决虚拟偶像"表演"所产生的法律问题，必须穿透表象，明确"表演"涉及的利益主体，从产业链健康发展的视角，基于利益平衡的考虑设计各方的权利义务关系。

不论是否明确承认，各类商业机构推出虚拟偶像进行"表演"的目的都是获取经济利益，这本身也是无可厚非的。以立法方式规制虚拟偶像"表演"现象时，必须正视虚拟偶像的运营目的和《著作权法》的立法目的，厘清虚拟偶像与"中之人"之间的逻辑关系，合理确定虚拟偶像运营者和"中之人"间的权利义务关系。然而，在现行法律框架下，无法依据条文对呈现于大众眼前、在现场"表演"的虚拟偶像与隐藏在虚拟偶像背后的"中之人"、虚拟偶像运营者完成准确定位，法律规制处于主体"错位"的困境之中。

从规范层面的主体限定来看，"表演者"的身份被严格局限于人类自身，排除了虚拟偶像加入"表演者"行列的可能性。无论是国际公约，还是国内法，都规定表演者只能是人类自身。《世界知识产权组织表演和录音制品条约》中规定，"'表演者'指演员、歌唱家、音乐家、舞蹈家以及表演、歌唱、演说、朗诵、演奏、表现，或以其他方式表演文学或艺术作品或民间文学艺术作品的其他人员"。[1]《视听表演北京条约》相关条款的内容与上述规定保持一致。[2] 2010年《著作权法》第37条第1款采用了"表演者（演员、演出单位）"的表述，按此，表演者既包括自然人的表演者，也包括演出单位类的法

---

1 参见《世界知识产权组织表演和录音制品条约》第2条（a）款。
2 参见《视听表演北京条约》第2条（a）款。

人及非法人组织。尚未修订的《著作权法实施条例》与上述规定在立法精神上保持一致，"表演者，是指演员、演出单位或者其他表演文学、艺术作品的人"。[1] 新《著作权法》中，对表演者的主体范围规定发生了很大变化，第38条基本上保留了2010年《著作权法》第37条第1款的内容，但将"表演者（演员、演出单位）"精简为"表演者"。考虑到本次修法的重要背景之一是我国加入《世界知识产权组织表演与录音制品条约》和《视听表演北京条约》，而这两个条约均将"表演者"的概念限定为自然人，因此，对该变化只能作如下解释："'表演者'限定为自然人，演出单位不是表演者。"[2] 就现行规范而言，虚拟偶像不能成为《著作权法》意义上的"表演者"。

确认虚拟偶像的"表演者"身份存在法理与立法实效层面的困境，授予虚拟偶像"表演者权"不但不会发挥必要的激励功能，相反，会破坏著作权法的整体逻辑。由于生理层面的限制，虚拟偶像既不能自主生成声音等原始数据采集样本，也不能自主生成动作等数据样本以完成同步传播，它的提线木偶式的"表演"，归根结底，是"中之人"表演行为的技术性延伸，从洛克的财产权利劳动理论考量，欠缺赋权的正当性基础。正如人工智能生成内容著作权法保护所面临的逻辑困境，虚拟偶像没有任何物质层面的需求，不需要也不可能通过物质层面的损益来影响它的行为选择；而著作权法则是要通过保护著作权的手段来激励作品的创作与传播，将虚拟偶像列入"表演者"队伍无益于立法目的的实现。不但如此，确认无独立意志的虚拟偶像的表演者身份、赋予其表演者权的激进方案将使虚拟偶像运营者的权利失去正当性基础，利益受损时无法可依。享有权利的同时意味着需要就相应行为的结果对外承担责任，没有生命的虚拟偶像不能真正理解责任对自身的意义，由虚拟偶像享有权利和承担责任并不会对虚拟偶像的商业运营产生任何积极的影响。所以，从激励论的视角看，同样欠缺赋权给虚拟偶像的正当性基础。与此同时，由

---

[1] 《著作权法实施条例》第5条。

[2] 黄薇，王雷鸣：《中华人民共和国著作权法导读与释义》，中国民主法制出版社2021年版，第205页。

虚拟偶像享有表演者权也与权利许可的法律规定之间存在无法消解的矛盾，赋权没有任何实际意义。

"中之人"与虚拟偶像运营者之间通常存在雇佣关系。在虚拟偶像运营者的指示下，"中之人"提供了符合特定要求的原始数据采集样本和同步数据。虚拟偶像运营者既可能以汇编的方式直接使用原始数据采集样本和同步数据，也可能在技术处理之后以改编的方式使用数据采集样本和同步数据。"中之人"按照虚拟偶像运营者的要求提供原始数据采集样本，虚拟偶像运营者经过技术处理后获得数据采集样本及同步数据，借助虚拟偶像的具象化存在，将"表演"呈现于大众面前。整个过程中，虚拟偶像运营者的意志起主导作用，是演出单位；"中之人"按照虚拟偶像运营者的指示完成任务，是实际的演员；能被观众看到和了解的，只有可视化的"表演"工具——虚拟偶像。因此，"中之人"的行为可能构成2020年修法后新增的"职务表演"："演员为完成本演出单位的演出任务进行的表演为职务表演。"[1]

严格来讲，提供声音、图像等必要原始数据采集样本的"中之人"不是现行法意义上的"表演者"，提供同步数据的"中之人"则可能归入"表演者"。"中之人"虽然符合"表演者"必须是自然人的物理属性要求，但从技术原理看，他的行为与虚拟偶像的"表演"过程并不完全相符。在声音、动作等原始样本数据的采集过程中，"中之人"仅仅提供了大量单字、单词、单个动作等人类活动的素材，没有提供相对完整的句段篇章、动作组合等，更没有对任何特定作品本身进行直接的、完整的表演。虚拟偶像"表演"过程的完成还要依赖虚拟偶像运营者对数据采集样本进行技术处理，再由虚拟偶像运营者完成调取和播放。所以，提供原始数据样本的"中之人"不是严格意义上特定作品的表演者。同时，"中之人"所提供的是未经处理的数据采集样本，这些原始素材与虚拟偶像运营者经过技术处理后的数据采集样本存在一定改变，"中之人"主张权利的正当性基础并不是特别坚固可靠。而在提供声音、动作

1　新《著作权法》第40条第1款。

等身体活动的同步数据时，隐藏在背后的"中之人"与观众面前的虚拟偶像保持了一致性，此时"中之人"的行为可归类为《著作权法》意义上的"表演"。

从规范层面的权利归属规则的实效来看，确定"中之人"的表演者身份会造成现行规范与商业实践的冲突。《著作权法》第39条第1款第（3）项至第（6）项规定了表演者所享有的各种财产权利，第40条第1款规定构成职务表演时这些权利的归属由当事人约定，无约定或约定不明时归演出单位享有。这样的规定符合市场实践，将"中之人"的行为定性为表演并不会与之发生冲突。但是，《著作权法》第39条第1款第（1）项和第（2）项还规定了表演者对其表演享有"表明表演者身份"和"保护表演形象不受歪曲"的人身权利，第40条第1款又规定这两项权利由演员享有，也就是说，人身权利不可移转。不过，在商业实践中虚拟偶像的运营者则会要求"中之人"不得对外泄露其身份信息，"中之人"依合同不享有任何类型的表演者权，各项权利均归运营者所有，而上述人身权利恰恰是不可移转的，商业实践与现行规范间出现了不可消解的矛盾冲突。

对于虚拟偶像运营者而言，职务表演中演员保留相应人身权利的现行法规范与它所奉行的商业逻辑相悖，无法化解潜在的市场风险。我国现行法规范秉持人身权利不得移转的法律逻辑，表演者的人身权利能且只能由表演者享有。商业实践中虚拟偶像运营者之所以都会选择在合同中明确约定"中之人"必须保守个人信息不泄露，是因为虚拟偶像的价值最终由粉丝的关注度所决定，粉丝会在虚拟偶像身上形成联想和情感寄托，从传播学的视角看，虚拟偶像是一种自带关系的新型传播媒介。[1] 相比于真实偶像，虚拟偶像的比较优势之一就是人设不易坍塌。不过，当虚拟偶像背后的"中之人"身份信息主动曝光或被动泄露后，虚拟偶像的人设就可能坍塌，进而影响到虚拟偶像的持续

---

[1] 喻国明，杨名宜：虚拟偶像：一种自带关系属性的新型传播媒介，《新闻与写作》2020年第10期。

运营。以合同方式限制"中之人"泄露身份信息，是虚拟偶像运营者的理性选择，服从于商业逻辑。在人身权利的归属问题上，现行法规范与商业实践格格不入。

四、虚拟偶像"表演"《著作权法》规制的出路

虚拟偶像、"中之人"和虚拟偶像运营者，分属于同一产业链上的不同环节。社会公众所观赏的"表演"，按照现行法的逻辑，是由两项割裂的活动所组成的："中之人"按照虚拟偶像运营者的指示提供数据采集样本和同步数据，虚拟偶像"表演"的完成则需要虚拟偶像运营者通过计算机系统提取、调用原始的数据采集样本、加工处理后的数据采集样本或同步数据，拟合成相应的连续声音、动作等，通过虚拟偶像向大众"再现"作品。虚拟偶像"表演"的技术原理和外部呈现，造成了主体"错位"困境：幕后的"中之人"与虚拟偶像运营者并不为人所熟知，而台前的虚拟偶像只是完成"表演"的工具，是对外再现作品时形式意义上的主体，并非实际再现作品的主体；可能构成实际表演者的"中之人"按照虚拟偶像运营者的要求提供相应数据，整个"表演"过程则由虚拟偶像运营者掌控，实际"表演者"并不能决定再现作品的过程，实际"表演者"与"表演"过程的决策者不重合。

主体"错位"困境的破解，可以借鉴人工智能生成内容保护模式的构想。虚拟偶像"表演"中出现的主体"错位"困境，与人工智能生成内容的保护非常相似：人工智能设备的开发者设计并制作了人工智能设备，奠定了人工智能设备运行的技术基础，但只有在他同时也是人工智能设备所有者的情况下，才会在后续使用该设备；人工智能设备的所有者输入可以进行深度学习等提升人工智能自主学习水平的各种数据材料，人工智能在一定算法的支持下，形成了大量的人工智能生成内容；人工智能设备的所有者并没有直接实施"创作"行为，但他提供各种数据材料的行为对内容的生成又产生了实质性的影响；人工智能设备本身没有独立的利益需求，人工智能设备的运行服务于其所

有者经济利益的实现。因此，可以借鉴人工智能生成内容保护模式的构想，设计虚拟偶像"表演"的著作权法保护框架。人工智能生成内容保护模式对虚拟偶像"表演"规制的参考价值，主要体现在三个方面：其一，行为结果定性的解释方法；其二，参与各方的从属关系；其三，权利归属与权利内容配置的选择思路。以下分述之。

（一）虚拟偶像"表演"行为的定性

如果孤立地分析整个过程，虚拟偶像"表演"由两项割裂的活动组成，任何一项活动都不能被认定为"表演"。在只有"中之人"提供数据的情况下，无法向公众"再现"作品，自然不存在"表演"；而在只有虚拟偶像运营者操控虚拟偶像、缺少数据支持的情况下，由于表演者这一自然人的缺席，也无法构成《著作权法》意义上的"表演"。对于"表演"这一行为结果的定性，可以借鉴人工智能生成内容"作品"属性判定的解释方法，结合"中之人"提供数据采集样本、同步数据的内部安排和虚拟偶像运营者操控虚拟偶像完成相应语言、动作等要素输出的外部表现，将提供数据采集样本、同步数据的"中之人"与虚拟偶像视为一个整体，将其确定为《著作权法》意义上的"表演"。

在人工智能生成内容的作品属性判断问题上，独创性判断的对象只能是已经生成的表达本身，是否属于智力成果的结论只能根据已经生成的表达结果进行推定，在具备生成一定数量不重复内容可能性的情况下推定为智力成果，"思想""人格"不具有实质上的规范意义，人工智能生成内容符合作品的构成要件。[1]进而言之，"智力成果说的界定本身没有法律意义"。[2]当然，出于说理的需要，我们可将人工智能设备开发者的设计、所有者的数据输入和人工智能设备的运行视为一个整体，解决"智力成果"的来源问题，将人工智能生

---

1 孙山：人工智能生成内容著作权法保护的困境与出路，《知识产权》2018年第11期。
2 孙山：人工智能生成内容的作品属性证成，《上海政法学院学报（法治论丛）》2018年第5期。

成内容确定为《著作权法》意义上的作品。

与之类似，随着技术的发展，对于人类提供数据采集样本、同步数据和全息投影等技术的应用，在未被事先告知或了解的情况下，我们越来越难通过屏幕从外部表现上区分真实的人类表演与虚拟偶像"表演"。对于虚拟偶像的"表演"，可以从产业链的视角出发，将"中之人"提供数据采集样本和同步数据的行为和虚拟偶像完成的外部表现视为一个整体，将提供数据采集样本、同步数据奠定"表演"基础的"中之人"和充当"表演"工具的虚拟偶像视为一个整体，"中之人"是法律上的表演者，虚拟偶像是大众观念中的表演者，共同服务于虚拟偶像运营者经济利益的实现，也就是服务于对投资的合理保护。如此一来，虚拟偶像"表演"中的表演者依旧是自然人，符合现行法的规定。

（二）虚拟偶像"表演"中参与各方法律关系之厘清

就参与各方的从属关系而言，可以借鉴人工智能生成内容著作权人身份确定时的考量因素与分析方法，将虚拟偶像"表演"归类为职务表演，划分"中之人"与虚拟偶像运营者间的权利义务关系。著作权人身份的确认必须考虑《著作权法》的立法目的：鼓励作品的创作和传播。在人工智能设备的设计者和所有者之间，将所有者确立为著作权人的方案有助于作品的利用和再创作，实现社会公众、设备设计者、设备所有者的多方共赢。[1] 在主体资格上，可基于雇佣、转让或身份重合的具体情形，以人工智能设备的所有者吸收、取代设计者，将所有者输入数据的行为视为"创作"，设备所有者取得著作权。

出于解决问题、保障产业发展的相同考虑，可将提供数据采集样本、同步数据的"中之人"与虚拟偶像视为一个整体，明确虚拟偶像是"中之人"根据运营者的指示完成表演、实现经济利益的辅助工具，"中之人"的行为

1　孙山：人工智能生成内容的著作权法规制——基于对核心概念分析的证成，《浙江学刊》2018年第2期。

构成特殊的"职务表演"。受演艺行业专业化程度不断提升的影响，拥有资金、技术、渠道、媒体资源等竞争优势的演出机构在虚拟偶像运营中居于统治性地位，个人单独运营的虚拟偶像几乎可以忽略不计。"中之人"与虚拟偶像运营者通常存在雇佣关系，[1]"中之人"按照约定提供声音、动作等数据采集样本、同步数据的行为构成了职务表演的事实基础和部分法律依据。尽管"中之人"没有表演某个特定作品的明确意思表示，但他是清楚知晓自己所提供的数据采集样本、同步数据将会被用于"表演"某个作品的，因此，有理由推定"中之人"在提供数据采集样本、同步数据时有"表演"某作品的概括的意思表示。顺此，则"中之人"所提供的数据采集样本和同步数据构成虚拟偶像"表演"的实质内容，虚拟偶像是"中之人"完成"表演"的外部表现，二者结合在一起形成了完整的表演，"中之人"则因其自然人属性而获得表演者身份，"表演"因雇佣关系的存在而构成职务表演。

（三）虚拟偶像"表演"的权利归属及其限制的特别设计

从权利创设的立法目的来看，表演者权制度中的职务表演充分考虑了表演者与演出单位的利益平衡，由虚拟偶像运营者享有表演者权中的财产权利是妥当的。新《著作权法》中，演出单位虽然不再属于表演者，但立法者又通过新增的第40条，以"职务表演"的路径确认演出单位享有本应由演员享有的各项财产权利。"职务表演"中财产权利的归属充分体现了整个邻接权制度兼顾劳动与投资保护的立法目的：实行约定优先的原则，"有利于合理平衡演员与演出单位之间的经济利益"；[2]无约定或约定不明情形下财产权利归演出单位

---

[1] 而当"中之人"与虚拟偶像运营者间不存在雇佣关系时，二者发生关联的另一种可能前提是承揽合同的订立："中之人"按照虚拟偶像运营者的要求完成样本数据采集工作，虚拟偶像运营者接受样本数据并支付报酬。对于此种更为简单的法律关系，我们可以直接适用《民法典》第三编"合同"第二分编"典型合同"下第十七章"承揽合同"进行处理，无须另增篇幅展开分析。

[2] 黄薇，王雷鸣：《中华人民共和国著作权法导读与释义》，法律出版社2021年版，第214页。

享有，是侧重保护投资；财产权利归演员享有时演出单位的利益也得到了最低限度的保障，是在坚持约定优先原则的同时兼顾投资的保护。因此，演出单位基于其投资享有表演者权中的财产权利是合乎历史与现实的。具体到虚拟偶像"表演"的问题上，虚拟偶像和"中之人"结合成一个整体完成"表演"，虚拟偶像运营者是演出单位，由其享有相应的财产权利同样是妥当的。

如果直接沿用现行法中职务表演的权利归属规则，虚拟偶像运营者的利益将受到极大影响。根据《著作权法》第40条的规定，完成职务表演的演员"有表明身份和保护表演形象不受歪曲"的人身权利，财产权利则采约定优先原则，没有约定或约定不明时按法定原则由演出单位享有。立法者确立无约定或约定不明时财产权利归属的思路，是遵从体系解释的要求，适用《民法典》第510条[1]的规定，按照合同相关条款或者交易习惯确定合同的主要内容。[2]而在虚拟偶像运营的市场实践中，"中之人"必须保持身份的秘密性，否则就会构成违约，需要承担法律责任。显然，照搬《著作权法》第40条，由"中之人"享有上述权利，根本不符合可用于补充合同内容的交易习惯，无法满足虚拟偶像运营者的利益保护需求。

我们固然可以坚守人身权利不得移转的法理，但必须正视如下现实：虚拟偶像"表演"首先是一个商业行为，权利归属必须尊重商业逻辑。我们也不能选择性失明，忽略现行《著作权法》中长期存在的著作人身权由作者以外的主体享有的规定：特殊职务作品情形下作者只享有署名权，其他人身权利和所有的财产权利均由法人或者非法人组织享有；对于电影作品、电视剧作品这两类视听作品，编剧、导演等作者只享有署名权，其他人身权利和所有的财产权利都由制作者享有；除署名权只能归作者享有之外，"其他视听作品"的人身

1　《民法典》第510条："合同生效后，当事人就质量、价款或者报酬、履行地点等内容没有约定或者约定不明确的，可以协议补充；不能达成补充协议的，按照合同相关条款或者交易习惯确定。"

2　黄薇，王雷鸣：《中华人民共和国著作权法导读与释义》，中国民主法制出版社2021年版，第214页。

权利与财产权利归属都可由当事人约定；委托作品的著作权归属可以通过合同约定，法条中并没有出现署名权等人身权利不得转让的禁止性表述；法人作品情形下实际创作者更是被彻底取消了作者资格。上述规定中均出现了人身权利移转的情形，背后都展现了商业投资对著作权制度的影响。按照上述规定，除署名权之外的其他人身权利，都可以由作者以外的主体享有。

从权利创设的历史来看，表演者权制度的正当性基础是劳动与投资的保护。众所周知，表演者权的产生与留声机唱片、电影和无线电广播的发明密不可分，[1] 爱迪生的杰作使得大众不再受现场演出的限制，可以通过购买唱片等方式取代付费进场的现场观看，"而这些再现行为可以导致对艺术家们所应当获得的某种适当报酬的危害"。[2] 于是，生计受到影响的单个表演者借助工会的集体力量，对现场录制的行为进行控制，最终形成了表演者权制度。因此，从产生之初，表演者权制度就带有浓厚的工具主义特征，是利益再分配的工具。在作者权体系框架下，表演被认定为作品的"再现"，而"再现"是展示原作品之中的独创性表达，并非基于原作品"再创"新的独创性表达。[3] 换言之，表演受到保护，不是因为表演结果具有独创性，而是因为表演行为中蕴含着表演者的劳动。伴随着演艺活动的专业化，单个表演者独立演出的情形越来越少，加入演出机构的表演者成为常态，演出组织者的角色日趋重要，投资的保护就成为表演者权制度的另一正当性基础。

表演者权的权利归属，应以制度的正当性基础和立法目的的实现作为规范设计的依据。"法律概念的构成上'必须'考虑拟借助该法律概念来达到的目的或实现的价值"，[4] 概念设定遵循这样的限制条件，权利归属同样如此。知识产权法的基本功能是分配基于符号表达产生的市场利益，[5] 表演者权制度

1 《罗马公约和录音制品公约指南（附英文文本）》，刘波林译，中国人民大学出版社2002年版，第4–8页。

2 ［德］M.雷炳德：《著作权法》，张恩民译，法律出版社2005年版，第501页。

3 吴汉东：《知识产权法》，法律出版社2021年版，第222页。

4 黄茂荣：《法学方法与现代民法》，中国政法大学出版社2001年版，第46页。

5 李琛：知识产权法基本功能之重解，《知识产权》2014年第7期。

的正当性基础，是劳动与投资的保护，因此，表演者权的权利归属规范设计的优劣，同样应以市场利益的合理分配作为评判标准。即便是著作人身权，我国立法也未一概禁止移转至作者之外的主体，而只是规定"原则上"[1]不能转让，以特别规定确认人身权利移转行为的有效性，并不违背立法者的原意。退一步讲，即便考虑到《著作权法》大修大改的难度，继续坚守署名权不能移转的法理，我们也可以在立法中确认其他人身权利的移转，增加署名权行使受限的规定，实现产业逻辑与著作权法理的融通。行业实践之所以禁止"中之人"表明身份，是因为身份信息的泄露会导致人设坍塌、"脱粉"等足以影响虚拟偶像正常商业运营的现象出现，是不能突破的底线。因此，未来修法时应当尊重商业逻辑，确认虚拟偶像运营中"中之人"表演者权的归属与行使受到一定限制，作出特别处理。

基于虚拟偶像"表演"的特殊性，可以借鉴人工智能生成内容权利归属的选择思路，但应当考虑产业实践与商业逻辑，以"特殊职务表演"划定权利归属及其行使受限的规则。权利归属必须兼顾立法的可能性，在人工智能生成内容的保护问题上，由人工智能所有人享有著作财产权，排除其享有著作人身权的可能，是解决主体之问的最妥当选择。[2]同理，应由虚拟偶像运营者享有基于表演所产生的财产权利。略有区别的是，虚拟偶像运营者还享有"保护表演形象不受歪曲"的权利，以此来保障合法的商业利益和正当的市场秩序。"中之人"享有署名权，但署名权的行使受到合同的约束，虚拟偶像运营者基于合同要求"中之人"对身份信息保密的行为不构成侵权。作为表演者，因合同条款的限制，"中之人"的"表明身份"的权利处于隐而不发的状态。如果虚拟偶像运营者对"中之人"的身份信息作了错误的表述，那么"中之人"有权要求虚拟偶像运营者作出更正。"中之人"提供数据采集样本和同步数据的

1　黄薇，王雷鸣：《中华人民共和国著作权法导读与释义》，中国民主法制出版社2021年版，第80页。

2　孙山：人工智能生成内容的法律主体之问及其解决方案，《山东科技大学学报（社会科学版）》2020年第3期。

行为构成职务表演，但又与现行法中职务表演的权利归属规则有明显不同。因此，考虑到产业实践与商业逻辑，借鉴特殊职务作品的权利归属与权利内容配置的规定，未来修法时可在《著作权法》中创设"特殊职务表演"以回应虚拟偶像的商业运营问题，确认"中之人"享有"表明身份"的人身权利，虚拟偶像运营者享有"保护表演形象不受歪曲"的人身权利和所有财产权利，认可合同方式对"表明身份"的权利进行限制的合法性，兼顾产业链上不同环节主体的合法利益，推动虚拟偶像"表演"行业的健康、有序、可持续发展。